KB262176

우리에게
가난한 사람을 위한 경제학은
불가능한가

북오션은 책에 관한 아이디어와 원고를 설레는 마음으로 기다리고 있습니다. 책으로 만들고 싶은 아이디어가 있으신 분은 이메일(bookrose@naver.com)로 간단한 개요와 취지, 연락처 등을 보내주세요. 머뭇거리지 말고 문을 두드리세요. 길이 열릴 것입니다.

우리에게
가난한 사람을 위한 경제학은
불가능한가

초판 1쇄 인쇄 | 2014년 4월 15일
초판 1쇄 발행 | 2014년 4월 22일

지은이 | 박연수
펴낸이 | 박영욱
펴낸곳 | (주)북오션

경영총괄 | 정희숙
편집 | 이준호 · 지태진
마케팅 | 최석진 · 김태훈
디자인 | 서정희

주 소 | 서울시 마포구 서교동 468-2
이메일 | bookrose@naver.com
페이스북 | bookocean
전 화 | 편집문의: 02-325-9172   영업문의: 02-322-6709
팩 스 | 02-3143-3964

출판신고번호 | 제313-2007-000197호

ISBN 978-89-6799-042-8 (13320)

*이 도서의 국립중앙도서관 출판시도서목록(CIP)은 e-CIP홈페이지(http://www.nl.go.kr/ecip)와 국가자료
 공동목록시스템(http://www.nl.go.kr/kolisnet)에서 이용하실 수 있습니다.
 (CIP제어번호: CIP 2014009348)

*이 책은 북오션이 저작권자와의 계약에 따라 발행한 것이므로 내용의 일부 또는 전부를 이용하려면 반드
 시 북오션의 서면 동의를 받아야 합니다.
*책값은 뒤표지에 있습니다.
*잘못 만들어진 책은 구입하신 서점에서 교환해 드립니다.

우리에게
가난한 사람을 위한 경제학은
불가능한가

박연수 지음

북오션

가난해도
평등한 세상이 행복하다

우리가 사는 이곳이 천상인 세상.

피부색, 종교, 돈으로 차별하지 않는 세상.

더 이상 어린 병사의 죽음이 없는 세상.

우리의 자녀들이 교육, 육아, 학벌로부터

고통 받지 않는 세상.

이 땅에 사는 모든 이가 행복하다고 말할 수 있는 세상.

여러분, 이런 세상에서 살고 싶지 않으십니까?

디지털 문화는 빛의 속도로 발전하고 있고, GDP는 매년 성장하고 있다. 그런데 우리는 행복하지 않다. 경제성장이 삶의 질을 보장하지 않기 때문이다. 우리는 경제성장이 삶의 질을 보장한다는 환상에서 깨어나야 한다.

세계에서 국민의 행복 지수가 가장 높은 중남미의 소국 코스타리카의 1인당 GDP는 우리의 3분의 1에 불과하다. 그러나 이 나라 경제 수준으로는 불가능해 보이는 완벽한 사회복지가 실현되고 있다. 약자에 대한 배려 없이는 국가 통합과 국민의 행복이 존재할 수 없다는 사회연대의 가치가 이 나라에 살아 숨 쉬고 있기 때문에 가능한 일이다. 국가가 어려울수록 사회적 약자에 대한 복지는 더 중요해진다. 이 길만이 사회 통합을 이루고 국가를 발전시킬 수 있다.

오랜 기간 냉전시대가 지속돼오면서 '좌' 라는 말은 정치적으로 악용되어 왔다. 그러나 분명한 것은 우리가 성숙한 자본주의 국가의 모범으로 삼고 있는 유럽은 좌파 경제학을 이데올로기가 아닌 국가 통합의 수단으로 삼고 발전시켜 왔다는 것이다.

자국민들에게 파시즘 정부라고까지 비난받고 있는 프랑스와 독일의 우파 정권 아래에서도 사회적 약자는 국가가 보호한다는 사회연대의 가치가 흔들림 없이 지켜지고 있다.

경제 불황 속에서도 프랑스 대학생들은 여전히 100유로(약 15만 원)에 불과한 등록금을 내고 있고, 프랑스의 육아보육 지원예산은 150조 원으로 우리의 50배다. 이것이 자국민에게 우파 파시즘 정권이라고 비판받고 있는 정부 아래서 이뤄지고 있는 일이다.

우리는 새가 좌·우의 날개에 의지해 난다는 사실을 잊고 있었다. 근대 자본주의는 좌·우의 날개에 의해 발전되어 왔다.

그런데도 이 땅에서는 경쟁이 경제를 발전시킨다는 극단적 시장주의자들에 의해서 진실이 감춰지고 있다. 과연 누구를 위해 경제성장이 필요한지 따져볼 때다. 이런 경제 시스템에서는 '고용 없는' 성장이 계속되고, 빈곤층은 늘어나며, 우리의 워킹맘들은 육아와 직장생활을 병행해야 하는 고통에서 해방될 수 없다.

세원과 복지 예산 사이에서 고민하지 않는 정부는 세계 어느 나라에도 없다. 그럼에도 복지 예산을 줄이지 않는 것은 사회연대의 가치가 그 이상의 중요성을 갖고 있기 때문이다.

인간의 얼굴을 한 자본주의, 인간만이 인간을 구원한다는 사회연대의 가치, 그 목표를 지향하는 것이 좌파 경제학이다.

좌라는 '용어'에 보이는 적개심 때문에 좌파 경제학의 진정성이 왜곡되고 있다. 인간의 탐욕을 방임하고 자본의 논리가 지배하는 시장주의하에서는 경제적 불평등, 부의 양극화 탓에 사회 안전망이 위협받을 수밖에 없다.

좌파 경제학은 시장주의에 대항하는 반시장주의다. 반시장주의라고 해서 두려움을 가질 필요는 없다. 신자유주의에 유연하게 대응하면서 보편적 사회복지의 가치를 지키는 나라는 많다. 북유럽의 스칸디나비아 3개국, 덴마크, 네덜란드, 뉴질랜드, 호주, 캐나다 등의 영연방국가들 모두 좌파 경제학을 국가 통합, 발전의 이념으로 받아들였다.

주류 경제학의 창시자이며 시장주의자인 아담 스미스는 계몽주의의 영향을 많이 받은 사람이다. 그는 "합리적이며 이성적인 존재인 인간이 주체가 되는 시장은 방임해도 보이지 않는 손에 의해 선순환된다"고 말했다. 그의 말은 틀렸다. 시장을 방임하면 개인주의는 팽배해지고, 독점자본이 출현해 시장의 잉여가치를 독식한다. 현재 우리나라에서 벌어지는 현상이다. 독점적 자본의 시장 독식 현상은 생산, 유통 현장에서뿐만 아니라 투자시장에서도 경제적 잉여가치를 독식하고 있다.

허버트 스펜서는 『사회진화론』을 통해 "우월한 인간만이 살아남아야 인류는 계속적으로 발전한다"고 말했다. 이는 자본주의의 발전 과정을 제대로 성찰하지 못한 데서 온 오류다. 신자유주의자들은 자유와 경쟁만을 얘기한다. 인간의 탐욕을 통제하지 못하는 시장주의 하에서는 계급 간 갈등이 첨예화될 수밖에 없다.

적어도 21세기 사회복지국가의 이상에 가까이 접근했거나 이미

넘어선 국가들은 시장주의, 반시장주의에 유연하게 대응해온 나라
다. 시장주의, 반시장주의를 따질 이유가 없다. 결국 중요한 것은 '국
민의 행복 지수'를 높여 삶의 질을 향상시키는 것이다.

지독한 시장지상주의 국가, 본질은 외면하고 이념적 잣대로 정파
를 나누고, 이념을 정치의 도구화하는 이 황폐한 대한민국 현실에서
사회적 약자를 보호하고 사회 통합의 가치를 실현하는, 그래서 모두
가 행복한 국가를 건설하라는 좌파의 진정성이 왜곡된다면 불행한
일이 될 것이다. 대한민국은 변해야 한다. 그 누구를 위해서가 아니
리 모두를 위해서다.

좌파 경제학이 다루는 주제는 비단 경제 문제만이 아니다. 소위
말하는 1인당 GDP가 행복 지수에서 차지하는 비중은 30%에 불과
하다. 1인당 GDP 이상으로 환경, 표현의 자유, 인권, 사회 안전망,
문화, 의료, 사회복지의 수준이 중요하다.

세계 15위의 경제 대국이라는 나라에서 국민의 행복 지수가 경제
성장과 반비례해 떨어지고 있고, 청년들의 자살률이 왜 세계 최고인
가를 생각해봐야 한다. 그리고 이 흐름이 지속되는 이유에 대해 물어
야 하고, 그 해결책을 찾아야 한다. 아무리 GDP가 성장한다 해도 사
회적 약자에 대한 배려, 사회연대에 기초한 국가 통합 의지가 없다면
대한민국은 절대 행복한 국가가 될 수 없다. 대한민국은 사회 곳곳에

암초로 자리 잡고 있는 모순을 직시하고 분노해야 한다. 모두가 행복한, 행복의 교집합을 최대치로 하기 위해 '좌파 경제학'이 주장하는 가치는 그래서 소중하다.

대한민국이 지향하는 국가적 목표가 국민 모두가 원하는 사회복지국가의 실현이라면 참으로 많은 난관과 도전이 기다리고 있을 것이다. '양질의 복지는 예산 증대'만이 가능케 한다. 이것은 국민의 동의 없이 불가능한 일이다. '지출 개혁'만으로는 한계가 있다. 최근 사회에서 쟁점화되고 있는 대학 등록금을 절반으로 낮추는 데도 매년 약 7조 5천억 원(전체 대학생 등록금 15조 원 기준)의 예산이 있어야 한다. 쉬운 문제가 아니다. 대학생들의 97%가 등록금 인하를 바라고 있다. 그런데도 현 정부는 그 절박함을 모르는 듯하다.

정부는 2011년 4대강 본류의 보 준설 공사가 마무리되면 2015년까지 전국 90여 곳의 4대강 지류와 지천에 대해 대대적인 정비 사업을 한다고 한다. 친절하게도 여기에 투입되는 예산이 10조 원~20조 원이라고까지 말해주었다. 4대강 사업용으로 이미 확정된 예산 22조 원을 합하면 최대 42조 원이 들어간다. 우리나라의 국가 예산이 연 300조 원이다. 1년 국가 예산의 15%를 쏟아부을 정도로 4대강 사업이 국가적으로 당장 시행해야 하는 일인지 의심하지 않을 수 없다.

독일의 하천 전문가이며 수리학자인 칼스루에 공대의 베른하르트 교수는 유엔환경계획(UNEP) 사무처장에게 보낸 4대강 사업보고서에서 이렇게 말하고 있다. "하천 복원은 강을 자유롭게 흐르는 상태로 되돌리는 것이지 보로 막아 변형시킴으로써 경관을 파괴하는 것이 아니다. 한국의 4대강 사업은 건설업계에 대한 대규모 지원책에 불과하며 생태계 파괴의 정도를 알 수 없는 매우 심각한 결과를 초래할 것이다. 따라서 당장 중지하는 것만이 유일하고도 옳은 결정이다."

그의 말이 전적으로 맞다는 것은 아니다. 유럽의 강·하천과 우리의 강·하천은 지형과 생태 환경이 다르기 때문이다. 그러나 우리에게는 성장의 그늘에서 지치고 힘들어하는 사회적 약자가 있디. 그 시회적 약자라는 사람은 우리가 알지 못하는 그 누구가 아니고 대학등록금 때문에, 육아와 일을 병행하는 고통 때문에 힘겹게 살아가는 이 땅의 청년들이자 우리의 딸들이다. 이들이 받고 있는 고통보다 4대강 사업이 절박한 것인지 묻고 싶다. 4대강 사업을 하더라도 장기간 플랜을 짜서 오염원이 되는 지류·지천부터 정비하여 소규모로 시작할 수도 있었을 것이다. 42조 원이면 이 땅의 청년이 흘리는 눈물을 충분히 닦아줄 수 있는 돈이다.

왜, 이 쉬운 상식이 왜 대한민국에서는 불가능한 일이 돼버렸을까? 성장을 최고의 가치로 여기는 개발 독재의 후유증 때문이다. 인간은 자신이 보고 경험한 대로 생각하고 행동하는 존재다. 4대강 사업을 추진한 올드보이의 머릿속에는 성장과 경쟁이라는 소프트웨어 밖에 없다. 경쟁이 지배하는 시장에서 제일 멍청한 자가 시장의 소리를 듣지는 않고 고객은 이러이러할 것이라고 스스로 규정짓고 행동하는 자라고 한다.

권력의 주체이자 국가 재정의 원천인 국민의 소리를 듣지 못하는 정치 세력은 아무 의미가 없다.

군사독재, 압축 성장 시대를 살아오면서 우리는 한쪽 날개에만 의지해 날아왔다. 그런 상황이었기에 대학 등록금을 절반으로 줄이라고 주인이 명령하고 있음에도 예산 운운하고 좌파 포퓰리즘으로 몰아붙이고 있는 것이다. 경제 선진국 OECD 국가 중 육아 및 교육을 세금을 내는 주체의 개인 부담으로 돌리는 나라는 없다. 이러고서 국격 운운하는 이는 필시 제정신이 아닐 것이다. 자본주의는 일방이 아닌 좌·우의 날개에 의지해 발전되어 왔다. 지독히 우경화돼 있고 신자유주의의 그늘이 짙게 깔린 대한민국. 그 대한민국에서 국민 모두의 행복이 최대치의 교집합을 이루는 길은 사회적 약자를 국가가 보호한다는 복지국가의 이상을 향해 가는 길뿐이다.

박연수

Contents

오랜 기간 '좌'의 논리는 박해받았고 정치적으로 해석돼왔다. 그렇기 때문에 지속적인 성장만 외칠 줄 알았지, 경제성장의 폐해에 대한 어떠한 처방도 내놓지 못하는 것이다.
지금 대한민국을 뒤덮고 있는 암울한 그림자를 거둬내고 만인이 경제성장의 햇살을 받기 위해서는 대한민국 자본주의의 판을 갈아엎지 않으면 안 된다.

새는 좌·우의 날개로 난다
(이념)

이 장에서 난 한국의 이념 생성에 대해서 말한다. 좌와 우라는 개념이 어떻게 전파되었는지를 말하고 이데올로기 대신 지역주의가 자리 잡은 현실에 대해서 말한다. 그리고 이념과 기득권을 앞세워 젊은 세대에게 이 나라를 물려주지 않으려 하는 자들에 대해서 말한다. 그리고 이런 현실을 바로 잡기 위해서 우리가 무엇을 해야 하는지를 말한다.

01 새는 좌·우의 날개로 난다

사회적 약자는 국가가 보호한다는 민주공화국의 이상이 정파적 이념 앞에 굴복하는 사회에서는 희망이 없다. 인간은 자신이 살아온 배경, 경제적 수준에 따라 자신만의 사회·정치적 가치 체계가 형성된다. 이를 우리는 이데올로기 또는 이념이라고 한다. 개인의 이념에 대해서 누가 선이고 악인가를 가를 필요는 없다. 인간은 기본적으로 자신에게 이익이 돌아오는 쪽으로 줄을 선다. 이것이 투표의 결과로 나타나는 것이다. 그런데 우리는 이 이념을 왜곡하고, 스스로 자신의 정체성을 찾지 못하는 인간 군상들이 너무 많아 사회적 약자를 대변하는 정치 세력이 발붙이지 못했다.

오랜 정당 역사를 가진 영국의 보수당과 노동당은 경제적 계급 차이로 지지 당원이 확연히 다르다.

우리는 국가의 보호를 받아야 할 대상들이 오히려 경쟁 붙이기를 최고의 가치로 여기는 보수 쪽에 가서 자리 잡는다.

한국전쟁 이후 냉전 논리가 지배하던 한반도에서 좌라는 용어는 금기시 해야 되는 것이었고 정적들의 공격 대상이었다.

하지만 이념은 본래 이런 것이 아니다. 이념을 드러내고 논쟁해야 더 나은 길을 찾아 사회가 진보한다. 논쟁을 통한 사회 진보의 과정이 없었기 때문에 권력만 쫓는 신자유주의자들에게 좌파라는 말도 안 되는 평가를 내리는 것이다. 국민이 이러한 구도를 깨지 못하면 좌파의 가치는 광장으로 나오기 어렵다.

보수 쪽에서는 노무현을 좌파라고 몰아세웠지만 그는 좌파가 아니었다. 그의 정부가 국토 균형 개발 아젠다를 밀어붙여 전국 곳곳이 개발로 몸살을 앓았고 이 호재를 타고 전국의 땅값이 상승했다. 미국식 신자유주의 경제 모델을 받아들이는 데도 그는 적극적이었다. 대학 설립을 자유화하고 대학 등록금도 시장 논리에 맡겼다. 자유무역협정(FTA)를 적극적으로 받아들였다. 인권과 문화적 자유는 진보했을지 몰라도 경제적 불평등은 매우 심해졌다. 이 정도임에도 그를 좌파라고 몰아붙이는 자들은 정신병자다. 좌파는 그의 경제 정책과 대척점에 있는 자들이 말하는 가치다.

그리고 우파라고 스스로를 규정하는 정치 집단의 실상은 지역주의에 기생하는 극우 정치 집단일 뿐이다. 극우 논리가 판치다 보니 유럽 정당이 대부분 정책으로 받아들인 부유세, 부동산 보유세를 가지고도 좌파 포퓰리즘이라고 대중 조작에 나서도 통하는 것이다.

이런 정책들은 사회연대를 위한 중요한 테제임에도 정서적 반감에 부딪치고 있다. 세계화 경제를 받아들인 독일도 10년 이내의 부동산 시세 차익은 대부분 세금으로 환수한다. 때문에 부동산으로 돈 벌 생각을 하지 않고 대부분의 국민이 장기 공공 임대 주택에서 살고 있다. 이것이 정치를 떠나 균형과 사회정의를 지향하는 좌파 경제학이 실현된 모습 중 하나다.

오랜 기간 '좌'의 논리는 박해받았고 정치적으로 해석돼왔다. 그렇기 때문에 지속적인 성장만 외칠 줄 알았지, 경제성장의 폐해에 대한 어떠한 처방도 내놓지 못하는 것이다.

지금 대한민국을 뒤덮고 있는 암울한 그림자를 거둬내고 만인이 경제성장의 햇살을 받기 위해서는 대한민국 자본주의의 판을 갈아엎지 않으면 안 된다. 경제 위기에 칠판 경제학(주류 경제학)이 아무런 대책을 내놓지 못하면서 소위 행동경제학이 대안으로 떠오르고 있는 것처럼 이 모순 덩어리의 한국 자본주의를 극복하고 만인이 행복한 자본주의 국가가 되기 위해서는 새로운 성장 전략이 필요하다.

만인이 행복한 자본주의는 쉽게 얻어지는 것이 아니다. 경제성장이 안 되면 행복한 자본주의 국가가 될 수 없다는 논리는 도그마다.

핀란드는 보편적 사회복지를 실천하면서도, 신자유주의에 유연하게 대응해왔다. 어떠한 일에도 사회적 약자를 국가가 보호한다는 사회 연대의 가치는 흔들리지 않았다. 핀란드는 13세기에서 19세기 초

새는 좌·우의 날개로 난다 ●

까지 스웨덴의 지배를 받았고 이후 독립할 때까지 재정러시아 내의 핀란드공국이었다. 20세기 초에 독립의 꿈은 이뤘지만, 신생 독립국 핀란드의 경제·정치적 여건은 불안정했고 계층 간 갈등이 고조되는 상황이 계속됐다. 그러나 역설적이게도 이런 불리한 환경이 사회 통합의 기반을 다지는 계기로 이용됐다. 핀란드의 사회복지는 1895년에 재해보험제도를 도입하면서 시작됐다. 러시아에서 독립한 1917년, 8시간 노동제를 유럽 최초로 시작했고 의무교육법은 1921년에, 국민연금을 1937년에 만들었다. 이 시점을 시작으로 핀란드는 '국민 복지에 대한 책임은 국가가 진다'는 보편적 복지국가의 이상을 실현할 수 있게 되었다.

핀란드는 2차 세계대전 때 독일의 편에서 참전함으로써 종전 후 소련에 엄청난 배상금을 지불했다. 국가 재정은 파탄 났고 국민은 궁핍했다. 그럼에도 사회복지의 이상은 후퇴하지 않았다. 오히려 강화됐다. 국가가 어려울수록 과감한 개혁이 추진되고 복지국가 건설을 향한 노력이 가속화되었다는 점을 주목해 봐야 한다. 핀란드는 어려울수록 국민의 삶에 녹아드는 진보적 복지 프로그램을 내놨고 이를 사회통합의 계기로 삼았다.

1인당 GDP가 2만 달러가 넘는다는 나라에서 벌어지는 상황들과 비교해 보면 좋을 것이다. 당시 유럽의 후진국으로 국가적 역량이 부족했던 핀란드에서 이런 과감한 복지 정책이 짧은 기간에 추진됐다는 것을, 그것도 70년 전에 말이다. 허버트 스펜서의 사회진화론을 배경으로 하는 신자유주의가 판치는 나라에서는 납득되지도, 납득할 수도 없을 것이다. 핀란드는 GDP의 8%를 복지 정책에 쏟아부었지만 그 이상의 가치를 얻었다. 이를 통해 사회 통합을 이루었고 이것이 주춧돌이 되어 오늘날의 경제 부흥을 이끌었다. 이것이 얼마나 효용성 있는 정책이었는가를 결과가 증명하고 있다.

세계화가 만연된 신자유주의하에서도 각국의 정부들은 제한된 예산으로 최대치의 복지 수준을 만들기 위해 노력한다.

독일의 대학 진학률은 40%다. 독일 우파는 '왜 40%를 위해 전국민이 내는 세금이 쓰여야 하나' 라는 논리로 '사회적 평등' 의 역차별을 말했다. 결국 2006년 독일에 등록금제가 도입됐다. 이에 따라 독일 대학생들은 1학기에 500유로(약 75만 원)를 내게 됐다.

그러나 사회 불평등을 해소하기 위해 등록금제를 도입했다는 우파의 주장과 달리 등록금제 도입으로 저소득층 자녀들의 학업 중단 사태가 속출했다.

결국 대학 등록금 제도는 바이에른, 니더작센 두 개 주를 빼고(교육자치권이 자리 잡은 독일에서 등록금 문제는 주정부 관할이다) 대부분 폐지됐다. 등록금제가 폐지된 주에서는 학생카드비로 130유로(약 20만 원) 정도만 내면 각종 사회적인 혜택과 버스, 근거리 기차 등의 공공 교통 요금도 면제받는다. 생활비는 무이자로 대출받을 수 있다. 대학 진학률이 80%로 이미 의무교육 수준에 와 있는 대학민국에서는 역차별 문제가 상대적으로 적음에도 불구하고 감히 상상할 수 없는 일이다.

　대학 등록금 문제는 남의 문제가 아니라 우리의 문제다. 불행히도 우리에게는 이런 인식과 절박함이 없다. 여전히 세원 타령이다. 가본 적이 없는 길은 항상 두렵다. 그러나 그 길이 우리 모두를 행복하게 하는 길이라면 어떤 장애도 넘어서야 한다.

　그 대안은 20세기 복지국가 모델을 현실화시킨 좌파 경제학을 정치성을 배제하고 적극 수용하는 것이다.

　새가 한쪽 날개로 날 수 없는 것과 마찬가지로 한쪽 날개로 나는 경제 체제로는 만인의 행복을 기대할 수 없다.

02 이데올로기의 역습

　이데올로기란 국가 · 사회를 구성하는 개인 · 집단이 갖고 있는 가치 체계의 교집합을 대표하는 것이라고 앞에서 말했다.

　사회 구성원이 가치 체계를 대표하기도 하지만 이데올로기가 사회 구성원의 가치 체계를 강제하기도 한다. 우리는 역사적으로 사회 구성원이 주체가 되는 이데올로기를 만들어내지 못했다. 특정 권력 집단의 이익을 위한 도구로서 이데올로기가 이용되었을 뿐이다.

　우리 사회에서는 이데올로기 논쟁으로 정파 간의 전선이 확대되고 있고 그 간극은 평행선을 달리고 있다. 이데올로기 논쟁은 각 정파 간의 정치적 지분을 얻기 위한 경제 논리, 말하자면 시장 점유율을 높이기 위한 마케팅 전략과 같다.

한국 정치 지형을 두고 좌파와 우파, 보수와 진보로 구분하지만 각 정파의 상층권은 뚜렷한 공통점이 있는데 이들은 대부분 경제적으로 부르주아지에 속한다는 것이다.

민주당, 한나라당, 국민참여당은 무늬만 다를 뿐인 기득권 정당이다. 이들은 절대 기층 일반의 이익을 대변하지도 않을뿐더러 사회 계급간 갈등만 부추긴다.

한나라당이 중도 우파라는 것을 긍정할 수 없듯이 국민참여당을 진보 좌파라고 말하는 것은 웃기는 얘기다. 적어도 국민참여당이 진보 좌파라는 말을 들으려면 칠레 전 대통령 미첼 바첼레트만큼의 진보적 정치 결과물을 내놨어야 한다. 적어도 그녀는 재임 기간 동안 미혼모의 복지 수준을 획기적으로 높여 놓았다.

우리에게는 특정 계층의 이익을 대변하는 이념 정당이 필요하다.

우리는 역사 속에서 사회변혁기에 혁명의 수단으로 만든, 또는 권력 유지를 위해 소수의 집단이 톱-다운 방식으로 만든 인위적인 이데올로기로 민중을 공포로 몰아넣는 모습을 숱하게 봐왔다.

우리가 중세를 암흑기라 부르는 것은 교조적인 교회와 절대왕권이 지배하던 시대였기 때문이다. 이 시대에 민중은 주체가 아니었다.

20세기를 전쟁의 공포로 몰아넣은 파시즘, 냉전 등 이것 역시 교조적 이데올로기 때문에 벌어진 일들이다. 이데올로기로 대중을 공포로 몰아넣었다는 면에서 극우와 극좌는 등가를 성립한다.

우리 한반도는 실체도 없는 교조적 이데올로기 때문에 아직도 사회개혁을 하지 못하고 있다.

소중화주의(小中華主義) 의리론을 근간으로 하는 성리학 교조주의가 600년간 조선을 지배했었다. 그리고 일제강점기와 5·16 군부 등 강제된 권력에 의해 민중은 항상 수동적이어야만 했다. 서구와 같은 계급 간 충돌이 사회변혁을 가져온 적은 없었다.

국민의 투표에 의해 선택받았다면 극좌·극우파도 의회에 들어오는, 완전한 형태의 의회민주주의가 정착된 사회에서는 어떤 특정 정파가 특정한 이데올로기를 지녔다고 해서 그들을 비판하지는 않는다. 다만 그 정파가 지닌 이데올로기의 지향점이 무엇이냐를 중요하게 생각한다.

대중 정당으로서 사회 기층 일반의 삶의 질을 높이는 일이라면 국민의 정서와 반하는 부분은 과감히 도려내야 한다. 이데올로기를 위한 이데올로기는 필요하지 않다.

현저한 양극화가 진행되는 사회, 빈곤층으로 추락하는 중산층이 늘고 있고, 고용 없는 성장으로 청년층의 실업이 상수(常數)가 된 시대, 뉴타운·재개발로 멸실 가구가 증가한 탓에 세입자의 고통이 커지는 기대에 왜 민노당의 대중적 지지율은 추락하고 있는지를 따져 보아야 한다. 바로 소수 그룹이 주장하는 이데올로기에 대한 국민의 반감 때문이다.

우리나라의 정파들이 나의 이념을 위해, 나의 출세를 위해, 상대를 제압하기 위해서 하는 정치는 그만둬야 할 때가 되었다.

우리나라는 진보 정당이 들어설 틈이 좁다. 외세에 의해 만들어진 냉전 구도가 오랜 기간 한반도를 지배하면서 '좌'라는 용어는 금기시 되어온 시대적 흐름과 무관치 않다. 또 진보 진영의 운동 방식에도 문제가 있다. '레드 콤플렉스' 공포가 여전한 국민 정서를 안다면 같은 진영 내에서 'NL'이니 'PD'니 하는 노선 싸움은 국민들에게 '너희만의 리그'로 비춰지게 할 뿐이란 사실을 알아야 한다. 대중 속으로 들어가서 이 땅의 서민, 노동자들이 무엇을 원하는지 들어야 한다.

우리나라 국민들은 대다수 '유사 부르주아지 증후군' 환자 상태다. 자신이 부르주아지가 아님에도 부르주아지처럼 생각하고 소비하고 정치적 선택을 한다.

그렇지 않다면 노회창, 심상정이 지역구에서조차 지역 주민에게 버림받은 것은 과학적으로 설명되지 않는다. 그것도 육아, 청년 실업 문제에 가장 민감한 계층이 많이 사는 지역에서 말이다.

이런 척박한 정치 풍토에서 이념 정당이 대중의 지지를 받을 수 있는 길은 낡은 이념적 프레임은 버리고 좀 더 세련되게 대중에게 접근하는 것이다.

전체적인 국민의 삶을 질적으로 높이기 위해서 이념 정당의 대중 정당화가 필요하다. 사회적 약자의 입장에서 보자면 보수정당은 기대할 것 없는 '루저'다.

또 자신들의 정치적 입지를 위해 주군의 유지조차 발로 차버리는 국민참여당에게도 기대할 것이 없다. 그들이 헤게모니를 장악한다 해도 과거 5년을 되풀이할 뿐이다. 그들은 근본적으로 우리 사회의 부르주아지 출신들이다.

그들이 입으로 내뱉는 사회정의, 역사의 진보, 사회적 약자를 위한 정치를 원한다면 민노당, 진보신당과 같은 진보 정당과 손을 잡아야 한다.

그들은 민중을 위한 정치를 하지 않고 자신의 출세를 위한 정치를 해왔다. 우리나라는 어린아이, 어른 할 것 없이 징그럽게도 돈·돈·돈 한다. 소위 사회 진보를 자신의 신념으로 삼는다는 정치 그룹이 부패의 고리에서만큼은 보수 진영과 같은 '집단동조화'의 늪에 빠져 있다. 이들 '정치 그룹'의 지지층은 자신이 보고 싶은 것만 볼 뿐 그들의 악취 나는 부패는 외면한다. 또 부패 문제를 고발이라도 할라치면 벌 떼처럼 달려든다. 이래서야 사회 진보라는 것도 불가능하다.

민노당, 민노총, 전교조가 합법화된 지 10년 이상의 시간이 지났다. 그러나 아직도 대한민국 국회는 보수 정파가 지배하고 노동 현장에서는 비정규직 노동자가 늘어난다. 교육 현장에서는 공교육이 붕괴되었다는 소리만 들린다.

진보 진영이라고 자처하는 정치 그룹은 반성해야 되고 겸손해져야 한다. '진보 진영'이 추구하는 가치가 개인의 이익이 아니고 사회의 발전이라면 가슴에 단 훈장들은 내려놓자. 국민들의 눈에는 '너희들만의 잔치'로 보일 뿐이다.

이데올로기 싸움의 과잉은 항상 반동을 낳는다. 지금 우리 사회에서 이데올로기의 전리품을 챙기는 이들이 누구인가를 생각해보자. 극우 뉴라이트 계열이다. 갑자기 나타난 이들은 문화, 예술계를 뒤집어엎고 방송계를 장악했다. 이들의 정신 나간 행보를 지지할 국민은 없다. 이들은 현재 권력에 기생하는 집단이다. 신념도 없이, 가장한 이데올로기로 정치권력에 기생하는 집단이 극우 뉴라이트다.

한국적 이데올로기의 기원이라는 식민지 해방 공간에서도 혁혁한 전공을 낸 이들은 탈 이데올로기 혁명가들이었다. 식민지 해방 항쟁에서 3대 대첩으로 삼는 봉오동, 청산리, 대전자령 전투의 사령관 홍범도, 김좌진, 지정천은 민족주의를 근간으로 하는 나철 선생의 대종교 세력이었다.

임시정부 의정원 29인 중 22명이 대종교 세력이었고 임정 국무위원이었던 이동령 의장, 이시영, 조완구, 조성환, 차이석 선생 역시 대종교주의자였으며 민족사학자 신채호, 박은식 선생, 조선어학회의 주시경, 최현배 선생 역시 대종교 세력이었음은 다 알려진 사실이다.

이들은 해방된 조국에서조차 영화를 누리지 못하고 역사에 묻혔다.

해방된 조국에서 권력을 얻은 자들은 남과 북에서 모두 냉전을 등에 업은 세력들이었다.

다시 한 번 말하자면 우리는 경제적 토대를 기초로 하는 이데올로기를 가져본 적이 없다. 이제 시작이다. 그런 면에서 교조적 이데올로기는 버려야 한다.

식민지 공간에서의 혁명가는 좌·우의 이념가들이 아니었다. 그들에게는 민족 해방을 위해 무엇이, 어느 세력이 실질적인 도움을 주느냐에 관심이 컸다. 식민지 해방 전쟁 전개 과정에서 좌·우의 운동 노선을 두고 벌인 헤게모니 싸움은 매우 불필요하고 소모적이었다. 식민지 공간에서 시베리아의 파리라고 하는 아름다운 도시 이루크츠크의 동방대학에 열혈 청년이 몰려든 것은, 이념이 아니라 당시 볼세비키가 피압박 민족의 해방을 위해 실질적인 지원을 해줬기 때문이다. 그들에게 오늘의 눈으로 당신은 왜 '좌'를 선택하셨습니까? 라고 묻고 단죄할 수는 없다. 그 시대에서는 그 선택이 '시대의 정의'였다.

1951년 프랑크프루트 선언으로 급진적 사회주의 정당마저 마르코스—레닌주의 노선과 결별하고 '자국의 의회'에 들어온 지 60년이 지난 지금, 이데올로기로 상대를 공격하는 것은 시대착오적이다.

아래는 조선일보 논설과 김대중 컬럼의 글이다.

"등록금을 반값으로 만들기 위해 연간 4조 원가량의 예산을 투입하기로 결정했다면 그에 따라 복지 예산 항목이나 비복지 예산 분야에서 그만한 액수를 줄여야 한다. 같은 복지라도 복지 정당의 복지에 대한 비전은 좌파 정당의 그것과는 달라야 하고 다를 수밖에 없다."

"그것은 단순한 '교육 자치'의 연대가 아니다. 보는 사람에 따라 그것은 정권 탈환과 '좌파 혁명'의 기치를 내거는 행위였다. 좌파의

새는 좌·우의 날개로 난다 ●

주창이 '교육을 잡으면 대권을 잡는다' 는 것이라고는 했다지만, 이제는 '교육을 잡으면 나라를 잡는다' 는 확신이 넘쳐 보였다. 이제까지 교육의 좌(左)클릭이 물밑에서 점진적으로 추진돼 왔다면 이날 여섯 교육감의 회동은 그것을 드러내놓고 하겠다는 공개적 선언이었다.”

위의 글들을 보면 과연 이 자들이 그들의 논리적 기반이 되고 있는 단 한 권의 주류 정치학, 경제학 텍스트를 읽어보았는지 의심하지 않을 수 없다. 또 19세기 말부터 거의 1세기가 넘는 기간의 근대 자본주의 변혁 과정을 알고나 있는지 모르겠다. 그렇다면 좌파와 우파의 경계가 어떻게 나뉘는지 정도는 알고 있을 것이다. 과연 이들의 글에서 말하는 좌파 정당이 누구를 가리키는 것인가. 그것이 민주당이라면 번지수를 한참 잘못 짚었다. 그들은 이들과 똑같은 가치를 공유하는 우파이며 보수정당이다. 혹시 민노당이라면 그것 역시 수사에 불과하다. 한국의 진보 정당은 민노당, 진보신당을 다 합해도 국회 의석이 10석도 안 된다. 이런 이들이 어떻게 국회에서 자신들의 정책을 관철시킬 수 있는가.

현재의 사회복지 논쟁은 우리나라가 극단적 시장주의 국가로 가면서 양극화의 골이 너무 심해져 국가 통합을 위해 선택할 수밖에 없는 길이지 이데올로기 논쟁거리가 아니다.

서울·경기도 교육감의 교육 정책은 세계의 모든 민주공화국에서 상식적, 보편적으로 실행되는 가치들이다. 이를 두고 좌파 운운하는 것은 시대착오적 행태다. 이들의 머릿속에 자리 잡고 있는 이념이라는 가치는 상대를 공격하기 위한 수단일 뿐이다. 이들이 같은 하늘에서 같은 시대를 살고 있는 사람들의 아픔과 분노를 알고나 있는지 모르겠다. 하긴 이들은 시대를 불문하고 양지에서만 살아 왔다. 한쪽 눈을 가리고 자신들이 보고 싶은 세상만 보고 살았다. 경제를 이해하는 지식도 없고 세상을 보는 통찰력까지 없으니 약자의 분노가 하늘을 찌르는 순간에도 헛소리만 하는 것이다. 국내 최초로 부자학을 개척한 서울여대 한동철 교수조차 "세계적으로 빈부 격차가 극에 달했을 때 부자들은 타도의 대상이 되고 폭력과 혁명으로 이어진다"고 말하고 있는 상황에서 이들은 존재하지도 않는 이데올로기를 가지고 극우적인 행보를 하고 있다.

극우와 극좌주의자는 우리 사회 공동의 적이다. 콘텐츠 생산 능력에서 타 신문보다 압도적 우위를 갖고 있는 조선일보가 왜 이런 시대착오적이며 화석 같은 인물들에게 지면을 허용해 불매 운동을 자초하는지 상업적으로도 이해되지 않는다. 조선일보를 보는 애독자로서 안타까울 뿐이다.

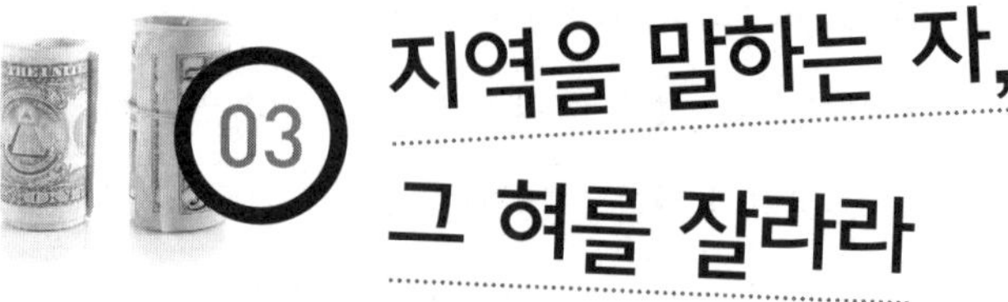

지역을 말하는 자, 그 혀를 잘라라

우리 세대의 소중한 시간들을 슬픔과 고통으로 바꿔놓은 전두환이 호사스러운 팔순 잔치를 치렀다. 그의 아들들은 돈이 어디서 났는지 모르나 큰놈은 출판재벌이 됐고 그 아랫놈은 애정 행각과 부도덕한 사업질로 신문 사회면에 종종 오르곤 했다. 그래도 그들은 여전히 호사를 누리고 살고 있다. 아마 우리 후세들은 전두환의 행복한 노후를 보면서 역사는 정의롭지 않으며 진실에 저항하는 일은 어리석은 짓이라고 말할 것이다.

전두환이 호사스러운 노후를 보낼 수 있는 것은 지역주의 덕분이다. 전두환이 빨가벗겨지는 것을 지역 민심이 가만두지 않기 때문이다. 그를 단죄하는 것은 정치적으로 아무 이득이 없다. 지역주의 앞에 정의는 한낱 종잇장에 불과하다.

나는 25살 되던 해 처음으로 경상도 땅을 밟았다. 훈련소가 있는 진해가 그곳에 있었다. 그때까지 서울, 경기도를 단 한 번도 벗어나 본 적이 없다.

내 부모님은 황해도 연백 사람이다. 해방 전 우리 부모님은 고향을 떠나 서울 마포 신공덕동에 둥지를 틀었다. 한국전쟁이 발발하면서, 우리 부모님은 고향에 간다고 북으로 가서 1·4후퇴 때 다시 남으로 내려와 김포에 잠시 거주하다가 당시 도꼬마리라고 부르던 서울 변두리 이문동 산동네에 자리 잡았다.

당시 이문동은 산업화의 모순이 집중된 곳이었다. 정부의 저미가 정책으로 전국 각지의 소작농이 서울로 이주해 집단촌을 이루던 곳이다.

중랑천에는 수십만 명이 둥지를 틀었다. 그곳에 살던 친구 집을 방문 했을 때 수십 가구가 겨우 하나의 재래식 화장실을 사용하고 거의 똥물인 중랑천에서 멱을 감는 것을 보았다. 지금 와서 생각해보면 지옥이 따로 없었다.

내가 다닌 이문초등학교는 석관초등학교와 분교를 했음에도 한 학급생이 90명 이상으로 전체 학생수가 1만 명에 이르렀다. 겨울에는 흰 눈을 볼 수 없었다. 중랑천 인근에 자리 잡은 연탄 공장에서 불어온 연탄 가루가 운동장을 덮다시피 했기 때문이다.

나와 친구들은 서로의 고향을 묻지 않았다. 그가 어느 곳에서 이주 해왔든지 시골에서 왔다면 그것이 부러웠다. 맑은 냇가가 흐르고 메

뚜기, 방아깨비를 잡을 수 있었던 것만으로도 부러웠다. 중학교, 고등학교를 다니면서 만난 친구들도 고향을 묻지 않았다. 왜 그랬는지 모르지만 그때는 그랬다. 돌이켜보면 내 친구 중에 전라도, 경상도, 충청도에서 이주해온 사람이 많았을 것이다. 나는 지금도 그들의 고향을 알지 못한다.

내가 지역에 대해서 처음 인식한 것이 '광주'였다. 내 선배가, 내 동기가, 내 후배가 차가운 창살에 갇히는 것을 두 눈 뜨고 지켜봐야만 했다.

해군에 들어가서 제대할 때까지 장교, 부사관 등 많은 직업군인과 함께 근무했다. 군대는 인사철이 되면 전부대가 술렁인다. 특히 장군 진급 심사 시기는 진급과 무관한 부대원들조차, 모든 화제가 여기에 쏠린다. 나는 직업군인으로 남을 사람이 아니니까 허심탄회하게 사관학교 출신들과 격의 없이 대화를 나눌 기회가 많았다.

그때 알았다. 해군 장성 30여 명 중 경상도 출신이 대다수이고 타 지역 출신은 2~3명에 불과하다는 것을. 그들은 모두 사관학교 출신이다. 그들 안에서조차 개인의 능력을 고려한 인사 평가를 하지 않았다. 출신이 좋고 줄을 잘 서면 그 사람이 장성이 되는 것이다.

국가에 대한 충성심이 경상도 출신이라서 높고 타 지역 출신이라서 낮은 것은 아니다. 개인의 능력도 마찬가지다. 까까머리의 어린 학생이 청운의 꿈을 품고 사관학교에 진학해 국가에 충성을 맹세했는데 경상도 출신이 아니라서 장성이 될 수 없다면 그들의 충성심은 온전히 유지될 수가 없다.

제대할 때까지 3차례의 진급 심사를 지켜보면서 대한민국 군대가 참 우스웠다. 군대의 주인은 자신의 젊음을 숭고하게 바친 병사들이다. 그런데 그 대한민국 군대가 사관학교 출신들의 입신영달을 위한 하부 조직으로서 존재했다.

지금도 변한 것이 없다. 사관학교 출신들이 3군을 장악하고 인사를 독점한다. 그들만의 리그에서 경쟁 세력은 없다.

사관학교는 일반 대학과 다르다. 거의 병영 수준이다. 커리큘럼도 열악하다. 나는 군대 생활 3년 내내 우물 안에서 자기들끼리 도토리 키 재기나 하고 살아온 이 멍청한 자들이 어떻게 대한민국 군대의 상층부 자리를 죄다 차지하고 군대의 주인 노릇을 하는지에 대해 분노했다. 나의 개인적 경험은 주관이 아니다. 3년 이상 군대 생활을 한 사람의 주관은 객관을 담보하고 있다.

사관학교 장교들이 똑똑한 것은 아니지만 착하고 단순한 것은 맞다. 그들과 모이면 하는 이야기가 기수 간 군기 이야기, 먹는 이야기다. 이런 이야기 빼면 기억나는 것이 아무것도 없다. 그들은 군대가 직업이기 때문에 당연히 직무에는 충실하다. 진급 누락은 그들에게 인생의 사형선고나 다름없다. 그래서 그들은 진급을 위해서라면 무슨 짓이라도 한다. 사고가 터질 때마다 군대가 국민의 정서와 한참 동떨어진 사고 대책을 내놓는 이유는 쉽게 말로 설명되지 않는 구조적 문제에 있다.

일반 장교들은 자질을 논하기 전에 인적자원의 스펙트럼이 넓다. 이들에게 똑같은 기회를 주고 평가한다면, 대한민국 군대는 다양한 경험을 가진 인적자원을 확보할 수 있고 경쟁을 통해서 장교들의 질도 향상될 수 있다.

군사력은 인적자원보다 물적 자원에 의존한다. 대부분 장비 조작은 기술 부사관들이 맡고 있다. 그들은 국내 조선소, ADD, 군수 업체, 해외 군납 업체의 전문가들보다 무기 조작 평가에서 우수한 성적을 받은 사람들이고, 어학도 수준급이다. 그러나 그들에게는 무기 도입에 대한 의사 결정권이 없다. 그것은 오로지 정치적으로 결정된다. 전문가 집단이 배재된 채 무기 도입이 이뤄지는 것이다. 그래서 말도 많고 탈도 많다.

사관학교 출신들이 독점하고 있는 군 인사 시스템의 문호를 개방해야만 한다. 그런데로 군 인사는 여전히 지역주의에서 탈피하지 못하고 있다.

경상도에서 전라도로 정권이 바뀌든, 전라도에서 경상도로 정권이 바뀌든 그 지역 엘리트들에게는 입신양명의 기회가 주어지지만 일반 서민들의 생활은 어느 지역 출신이 정권을 잡든 과거와 다를 바가 없다. 지역에 기반한 정치는 사회적 퇴행을 가져올 뿐이다. 천안함 사태를 봐도 그렇다. 서해 NLL에서 근무한 경험이 있는 작전장교라면 그 상황을 자신의 경험과 전문 지식으로 정확히 알려줄 수 있음에도 그 누구도 진실을 말하지 않았다. 말하고 싶어도 진실을 말하지 못했을 것이다. 그들에게 중요한 것은 국민이 아니라 그들의 '인사권'을 쥐고 있는 상급자였을 테니까.

지역을 배제한 정당한 인사평가 툴(Tool)을 만들고 상호 견제·감시하는 시스템을 만들어 놓았다면 이런 '당나라' 군대 같은 행동으로 국민들의 비웃음을 사지는 않았을 것이다.

국민들은 이를 직시해야 한다. 선거철만 되면 고향을 보고 투표하는 행위는 이제 그만둬야 한다.

현재 사회적으로 가장 큰 이슈가 되고 있는 청년 실업, 고령자 복지, 유아 관련 예산은 2008년 이후 오히려 적어졌다. 그런데 4대강 사업에만 최고 42조 원이 들어간다.

이 모든 것이 국민의 혈세다. 국민의 혈세가 엉뚱한 곳에 쓰이고 있는데 이를 저지할 정치 세력이 없다. 가치와 이념을 보지 않고 고향을 보고 투표한 결과가 결국 국민을 불행하게 한다는 것을 깨달아야 한다.

지금은 21세기다. 그럼에도 우리 정치는 지역주의에서 한 걸음도 떼지 못하고 있다. 대선에서 지고 동작구 국회의원 선거에서조차 정몽준에게 패배한 정동영이 찾아간 곳은 자신이 태어나고 성장한 지역이었다. 지역민들은 기꺼이 그를 다시 품어 주었다. 정동영은 날개를 달고 다시 여의도 정치에 합류했다. 그러나 지역주의에 몸을 맡긴 이상 정동영의 한계는 명확하다. 국민들은 그에게서 어떤 희망도 찾지 않는다. 민주당이고 한나라당이고 간에 그들이 볼모로 잡고 있는 지역에서는 하자가 있는 인간도 깃발만 꽂으면 당선된다. 참으로 아이러니한 것은 지역주의 때문에 피해를 본 당사자인 국민들이 선거철만 돌아오면 스스로 알아서 '고향 앞으로'를 외친다는 것이다. 지역 정치 구도하에서 얼마나 많은 불량품들이 여의도 정치에 입문했는지 그 수를 헤아릴 수 없을 정도다. 대선에 나가서 두 번씩이나 떨어졌으면 정계를 은퇴할 만도 한데, 이회창이 최종적으로 선택한 곳은 그의 원적지인 충청도였다. 지긋지긋하겠지만 이것이 상위 1%라는 잉여 인간들의 참모습이다. 그들은 그들의 정치적 자산을 죽는 날까지 자신의 일신만을 위해 소모한다. 조국의 미래를 위해서 신진 정치인들이 올곧게 성장할 수 있도록 외풍을 막아주고 지지하는 데는 관심이 없다.

묘지에 들어갈 날도 얼마 남지 않은 사람들이 아직도 설치고 다닐 수 있는 것도 우리의 자애로운, 고향을 각별히 사랑하시는 국민 때문이다.

이런 정치 풍토에서는 정의로운 정치인이 탄생할 수 없다.

건강한 이념 정당이 생겨날 수 없는 지역 정치 구도하에서의 정치는 패거리 싸움이 된다. 패거리 싸움에서 상대방을 누르는 것은 숫자밖에 없다. 이념이고 뭐고 상관하지 않고 당선 가능성이 높으면 무조건 그를 선택한다. 내 편이라고 생각하면 끌어들이고 본다. 이러니 공천 과정에서 불순물이 걸러지지 않는다.

각료 인선도 마찬가지다. 각료들이 국민의 정서와는 상관없이 완장을 차고 교육, 문화, 학술계 곳곳에서 충돌을 일으키고 있다.

문체부가 대표적이었다. 평생 예술했다는 인간이 어느 날 완장을 차고 나타나 예술가들의 영혼을 돈으로 흥정했다. 예술계에서는 한 줌도 되지 않는 권력 지향적 극우 보수주의자들의 자리를 만들기 위해 군부 독재 시대에 우리의 영혼을 깨워주던 저항 시인 황지우를 한예종 총장 자리에서 내쫓았다. 오늘날 한예종이 한국 예술의 중심 교육기관이 된 이유를 생각해봐야 한다. 가치의 다양성을 존중한 진정한 예술 교육이 지금의 한예종을 만들었다. 가치의 다양성, 인권의 존중, 표현의 자유 이 또한 좌파 경제학이 추구하는 중요한 목표다.

예술에는 좌파도 없고, 우파도 없다. 예술은 예술일 뿐이다.

이데올로기로 예술가의 영혼을 심판하는 국가에서는 이매진을 노래하던 존 레논, 베트남 전쟁이 한창이던 시대에 반전을 노래하던 밥 딜런 같은 예술가는 탄생할 수가 없다.

이명박 정부의 적이 민주당이 아니듯 민주당의 적도 이명박 정부가 아니다.

우리 사회의 적은 지역주의 구도에서 스멀스멀 기어 나오는 극우주의자, 극좌 모험주의자들이라는 것을 바로 알아야 한다.

04 좋은 정치가가 절실한 사회

사람은 살아온 배경, 개인의 철학, 신념에 따라 사물을 보는 관점, 역사의식이 다를 수 있다. 그러나 사회적 약자는 국가가 보호한다는 사회 통합의 가치는 동시대를 사는 사람들이 공유해야 하는 절대적 가치다. 이를 부정하는 행위은 열린 사회의 적이다.

군부 통치를 종식시켰던 1987년 6월항쟁 이후 20년이 지난 지금까지도 민주주의는 왜곡되고 지역 정치에 매몰돼 있다. 민주화는 국민의 희생으로 쟁취한 것이다. 일부 세력이 독점할 성질의 것이 아니다. 그러나 우리 정치 그룹들은 국민 분열의 단초가 되는 지역주의를 자신의 정치 생명을 위해 서슴없이 이용했다. 이들이 지역 정치에 몰두하는 과정에서 우리는 민족 반역 세력, 군부 세력들을 가혹하게 처단하지 못했다. 민주화 이후 집권 세력의 정치 행태는 폐쇄적 인사 그리고 자본이 흘린 잉여가치의 독식과 부패로 얼룩졌다는 면에서 군복만 안 입었다 뿐이지 군인들의 정치와 다를 바 없는 그들만의 리그였다.

서구 민주주의는 피의 결과라고들 한다. 수백 년 이상에 걸친 전쟁, 혁명, 계급 간 투쟁의 결과로 사회의 모순을 점진적으로 해결하고 타협해서 인권 신장, 개인의 참정권 실현, 노동권의 보장, 약자에 대한 사회연대의 가치를 획득했다. 우리는 이런 경험이 일천하다. 경제는 압축 성장할 수 있다. 정치는 그렇게 할 수 없다. 그래서 조국을 사랑하는 위대한 살신성인의 정치 그룹과 지도자가 있어야 한다.

오스만 튀르크가 단기간에 이슬람 국가에서 서구식 민주국가로 발전한 것은 터키의 초대 대통령 케말 파샤의 헌신과 국제 정세를 읽는 지혜가 있었기에 가능했다. 300년에 걸친 제국주의 전쟁에서 식민지 국가로서 제국과 싸워 유일하게 이긴 베트남에는 호치민이라는 위대한 인물이 있었다. 그는 국민에 대한 사랑, 관용, 포용 정신을 갖고 권력을 탐하지 않고 조국의 미래를 위해 후계자 양성에 힘을 쏟았다.

왜 우리에게는 이런 지도자가 없을까? 동독 출신의 재혼 여성 앙겔라 메르켈을 수상으로 만든 독일의 기독민주연합(CDU), 40대의 젊은 흑인을 대통령으로 이끈 미국 민주당. 이러한 개방적이고 전향적인 사고를 가진 정당이 대한민국에는 왜 없을까? 위대한 정치인이 되는 것보다 위대한 정치가를 키우는 일이 더 위대한 일이다.

새는 좌 · 우의 날개로 난다 ●

대한민국을 둘러싼 한반도의 국제 정세는 일촉즉발의 상태다.

세계경제는 블록화되고 있고 FTA로 인해 우리 농민들의 생존은 위협받고 있다. 중국의 국력은 비약적으로 강해지고 있다. 반면 우리는 국력은 정체되었고, 국론 분열은 오히려 고조되고 있다. 고용 없는 성장이 지속되는 반면 우리 사회는 그것을 감당하지 못하고 있다. 여성들은 육아 문제에 힘겨워하고, 고령자의 수는 급격히 증가하고 있다.

위대한 지도자가 절박하게 필요한 시점이다. 한국 사회의 부패 고리, 지역성으로부터 자유롭고 자신의 정치적 신념은 온전히 지켜나갈 수 있는 정치 지도자가 필요하다. 또 국민은 그를 보호하고 지킬 수 있어야 한다. 자신의 정치 생명을 포기하고서라도 그를 지지하고 보호할 수 있는 정치 그룹이 있어야 한다. 위대한 정치가라도 지지 그룹이 없으면 흙탕물 싸움만 하다 끝난다.

노무현 전 대통령을 생각하면 마음 아플 사람이 많을 것이다. 그는 훌륭한 대통령은 아니었지만 좋은 대통령이었다. 따뜻한 사람이었다. 노무현 대통령은 조국에 대한 열렬한 쇼비니스트였다. 그는 실용주의자이기도 하다. 그러나 그의 이상은 현실 정치에서 무력했다. 그는 정치적으로 소수파였고 지역 정치 앞에 한 발자국도 나갈 수 없었다. 그의 곁에 권력을 위해서가 아니라 조국의 미래에 자신을 걸 헌신적인 정치 그룹, 지도자가 있었다면 우리 조국은 분명히 진보했을 것이다.

　진보 진영에서조차 왜 그토록 무섭게 그를 압박하고 궁지에 몰아넣었는가 하는 점은 아직까지도 이해되지 않는다. 그는 결국 보수와 진보의 대척점이라는 프레임에 갇혀 옴짝달싹 못하게 되었다.

　노무현 정부는 진보 사회 진영에 이름을 올린 명망가들을 주축으로 인재 공급을 했다. 그런데 이 명망가들은 기득권 계층의 기회주의적 속성을 버리지 못했다. 노무현과 다른 역사관, 세계관을 가진 사람들이었다. 권력이 주는 특혜는 다 누리면서 정작 대통령의 편이 되어주지 못하였다. 노무현은 떠났고, 그에게 훈장을 받은 자들은 여전히 건재하다.

　우리 정치권에 좋은 정치인이 없는 것은 아니다. 그러나 국민이 그들을 외면하고 있다. 정성도 한두 번이지 자신의 진정성이 계속 외면받는다면 이들 또한 타협하고 변절할 수 있다. 우리는 이들을 지켜내야 한다.

　진보신당의 노회찬, 심상정, 조승수는 국민이 보호하고 키워야 할 자산이다. 아쉽게도 이들 정치인들은 데마고그에 약하고, 지역에 기초하지 않기 때문에 헤게모니 싸움에 약하다.

　어느 날 역전 쇼핑몰에서 심상정이 배우 문소리와 함께 선거 홍보물을 나눠주는 광경을 꽤 오랜 시간 지켜봤다. 많은 인파가 오고가는 그 번잡스러운 곳에서 심상정에게 관심을 주는 사람은 거의 없었다. 심상정은 그 해 선거에서 떨어졌다.

　노회찬은 서민 밀집 아파트가 밀집해 있는 지역구에서 낙선했다.

그의 경쟁 상대가 누구였는지는 다 알 것이다. 참담했을 것이다. 이 게 대한민국의 정치 수준인가 의심이 갔다. 이런 국민들의 무관심 속에서 대한민국이 미래를 열 수 있을지도 의심했다.

국민들이 변해야 한다. 무엇이 우리를 위하는 것인지 생각해야 한다. 좋은 정치 지도자는 국민이 키우는 것이다. 그러나 현재와 같은 국민의 정치의식 수준, 지역에 기초하는 정치 풍토에서는 꿈 같은 일이다. 그래도 나는 그들을 지지한다. 만약 이들이 헤게모니를 쟁취한다면 우리 사회의 중산층, 서민들의 행복 지수는 높아질 것이 분명하기 때문이다.

좋은 정치가는 세상을 바꿀 수 있다고 굳게 믿고 있다. 그러나 그의 현명함과 조국에 대해 헌신하는 마음을 국민이 지지하고 지켜주지 않으면 아수라장 같은 한국 정치 지형에서 그들은 좌절하고 현실과 타협할 것이다.

스웨덴은 일찍이 미래를 내다보는 지도자와 그를 지지하고 지켜주는 국민이 있기에 복지국가의 이상을 실현할 수 있었다. 아래의 글은 페르 알빈 한손(Per Albin Hansson) 사민당 지도자가 1928년 스웨덴 의회에서 연설한 내용의 일부분이다.

"오늘날의 스웨덴은 유감스럽게도 좋은 집이 못 된다. 정치적으로는 동등한 권리를 인정하면서도 사회는 계급적 격차가 심화되고 있으며 국가 경제는 소수의 특권층에 의해 좌우된다. ……지금의 스웨덴 사회는 사회 구성원 간의 진정한 평등을 요구받고 있다."

현재의 한국 상황은 당시 스웨덴의 데쟈뷰다. 정치적 민주화는 이뤘어도 경제 불평등은 나아지지 않는 현실이 그렇다.

1932년 스웨덴에 사민당이 집권하면서 그의 연설은 미래가 아닌 현실이 됐다. 현재 스웨덴의 사회복지 예산은 GDP 대비 30%다. 이를 위해 국민은 소득의 50%를 세금으로 내야 한다. 그럼에도 저항은 없다. 국민이 스스로 권리를 만들고 지켜야 한다는 사회연대의 인식이 뿌리내리고 있기 때문이다. 사회복지는 경험한 자만이 가치를 알 수 있다. 이 위대한 이상을 실현하기 위해 위대한 정치가 한 명, 그리고 그를 지지할 국민의 정치의식이 절실한 시점이다.

MB정부의 레임덕은 현실이 되었고, 선거 열기는 점차 고조되고 있다. 다음 대선의 승자는 누구일지 궁금해진다. 그러나 불행히도 다음 대선의 결과가 우리를 행복하게 하지는 못할 것 같다. 이변이 없는 현재 거론되는 사람들 중 누가 되든 과거 5년, 10년의 반복이 될 것이다. 정치·사회적으로 '신자유주의'와 정치적 생명을 걸고 맞설 수 있는 용기 있는 사람이 나와야 한다. 그러나 불행히도 그 가능성이 큰 사람이 없다.

우리는 때로 다른 선택의 여지없이 나쁜 카드만 손에 쥐고 있을 때가 있다. 그럼에도 옥석을 가르는 것은 중요하다. 현재의 정치 상황이 그렇다.

2011년 7월, 한나라당 전당대회가 열렸다. 대표최고의원에 홍준표, 최고의원에 유승민, 나경원, 원희룡, 남경필이 선출됐다.

새는 좌·우의 날개로 난다 ●

이들 중에서 유승민을 제외한다면 개그콘서트의 달인 코너 이상의 조합이다.

말투부터 '검새' 스러운 홍준표, 왜 이 사람이 정치를 하고 있는 것인지 의심스러운 나경원, 한나라당의 소장개혁파를 대표한다면서 개혁과는 담 쌓고 양지만 쫓는 원희룡, 정치권의 오렌지족 남경필.

의회 다수를 차지하는 대중 정당의 최고의원 중에서 우리가 일상 속에서 보아왔던 유형의 사람이 한 사람도 없다. 그들이 그들을 지지하는 대다수 서민들의 삶을 알기나 하고 고통을 체감할 수 있겠는가.

제정러시아 시대의 지식 계층은 '민중 속으로' 라는 구호를 몸으로 받아들이기 위해 기층 일반과 함께 생활하며 그들을 위한 사회변혁의 대안을 내놓았다. 이것이 포퓰리즘의 역사적 기원이다. 정치인은 행동할 때 진정성을 갖는다.

한나라당에서 유승민만이 그래도 진정성이 있다. 정치적 이해와 상관없이 제대로 경제학을 공부한 학자로서의 양심이 살아 있다는 점 때문이다. 경제학에서는 부의 양극화가 공동체의 가치를 무너뜨리고 국가 통합을 훼손시킨다고 말하고 있다. 우리의 문제는 경제학을 전혀 모르는 사람들의 목소리가 너무 크다는 것이다.

유승민 정도의 상식적인 사람이 보수정당에 있다는 것이 그나마 다행이다.

사회적 약자는 국가가 보호한다는 민주공화국의 이념과 국가 통합의 가치를 실현할 정치 세력은 누구인가. 이 문제는 정치 세력에서 찾을 문제가 아니다. 정치 세력은 그들의 이상이 가진 가치가 아무리 훌륭해도 국민이 지지하지 않으면 그 이상은 뜬 구름 같은 것이다.

국민이 시대정신을 정확히 읽고 지지 정당을 고르는 정치 행위는 중요하다. 보수 언론의 여론 조작에 휘말려 자신의 정치적 의결권을 제대로 행사 못하는 국민들이 많은 한 우리는 절대 사회복지국가를 건설할 수 없다.

한국 정치 지형에서 진보신당의 조승수, 심상정, 노회찬은 훌륭한 정치인이다. 그러나 그들의 지지도는 존재감이 없을 정도로 형편없다. 힘 빠지는 일이다. 사회 저변에 진보의 기운이 치솟은 상황에서 진보신당이 다음 총선에는 고사해버릴지도 모른다고까지 생각이 드는 것은 우리 정치의 비극이다.

이미지 정치가 활성화되어 있는 현대 정치일지라도 자신의 입신양명을 위해 국민의 혈세를 마음껏 써대는 오세훈 같은 인물이 서울시장을 하고 평생을 기층 일반과 시대의 고통을 함께 해 온 심상정, 노회찬 같은 정치인은 패배해서는 안 된다. 아무리 이미지 정치의 시대라도 이들이 최소한 숨 쉴 수 있는 정치적 공간을 만들어주는 것이 국민의 도리다. 그래야 우리 아이들에게 사회정의는 무너지지 않았다고 변명이라도 할 수 있을 테니까.

새는 좌·우의 날개로 난다 ●

05 아름다운 퇴장

필자는 한국형 베이비부머의 끝 세대다. 박정희가 김재규에 의해 불의의 객이 된 10월의 마지막 밤, 고등학교 1학년이었다. 전두환이 12 · 12 군사 쿠데타로 정권을 찬탈한 이듬해 고등학교 2학년이 됐고 그해 5월은 해방 전후 우리 근대사에서 씻을 수 없는 상처인 광주민중항쟁이 일어났다. 푸른 제복을 입은 군인이 그들이 지켜야 할 국민을 살상한, 가슴 아프고도 치욕적인 일이 발생했다.

1975년 내가 초등학교 6학년 때 우리나라 국무총리는 김종필이었다. 김종필은 끈덕지게 살아남아 DJP연합을 통해 민주정부하에서도 특정 지역의 맹주로서 지분을 보장받았다. 지금도 한국 정치 지형에서 조커 역할을 톡톡히 하는 충청권의 원로로 살아 있는 권력이다.

광주민중항쟁을 취재한 동아일보의 윤재걸 기자는 진실을 썼다는 이유로 무진장한 고문을 받고 언론에서 퇴출되었다. 반면 조선일보 김대중(하필 이름도 김대중이다)은 기자의 본분인 '팩트'를 외면함으로써 군부 정부하에서 승승장구하였고 지금까지 살아남아 조국의 미래에 재를 뿌리고 있다.

반역의 편에 섰던 수많은 인간 군상들이 아직까지도 원로라는 이름으로 살아남아 있음을 기억해야 한다. 출세주의 욕망에 가득 차 있는 486정치 세력들도 진보의 가치를 상실한 지 오래다. 이들은 보수 정치 집단과 결탁해 정치 생명을 연장하는 것에만 관심이 있다.

이들 중 대중 정치인으로 입신한 자들은 그 성향이 애초부터 출세 지향적 부르주아지였다. 말로는 진보의 가치를 얘기하고 있지만 지역 정치와 정치권력에 자신의 영혼을 팔아먹은 자들이다.

어떤 측면에서는 더 교활하고 타락했다. 거대 적과 싸우기 위해서 필요한 전쟁의 논리를 자신의 입신양명을 위해 써온 것이다. 정말 진보의 가치를 위해 헌신한다면 지금이라도 기득권을 포기하고 진보 정당 건설에 힘을 합해야만 한다. 그러나 이들은 육체와 영혼은 이미 썩어버렸다.

지금에 와서 돌을 손에 쥐고 그들의 과오를 단죄하자고 말하고 싶지 않다. 그들뿐 아니라 우리 세대 모두 부끄러운 공범이기 때문이다.

노무현이 정동영을 누르고 민주당 대선 후보가 되던 날, 많은 사람들이 눈물을 흘렸다. 그는 지금과는 다른 세상을 꿈꾸는 사람이라고

새는 좌 · 우의 날개로 난다 ●

믿었고, 그만이 지역 정치에서 자유로울 것이라고 생각했기 때문이다. 결과는 실패했다. 경제 부문에서의 진보적 가치는 오히려 후퇴했다.

그의 실패는 예견된 것이었다.

그는 정파적 승리에만 몰두해 있는, 또 다른 그룹의 정치 틀에 갇혀 있었다. 그에게는 정적으로부터 막아주고 그의 정치를 진정으로 믿고 따라주는 사람이 없었다. 그의 정치가 해답은 아니었지만 그의 정치가 이처럼 무참히 깨진 것은 우리 민주주의에도 참으로 안타까운 일이다.

지금 같은 상황이라면 제2의 노무현이 나온다 해도 지역·정파 정치의 벽을 깨지 못한다.

지역 간, 정파 간, 보수와 진보 간에 격렬히 대치하는 상황에서 변절과 돈으로부터 자유로운 정치 세력은 없다. 현재 정치 수준에서 봤을 때 이상적인 사회연대, 사회보장 시스템, 투명한 정치를 기대하기는 어렵다.

지역, 정파적 이데올로기, 과거로부터의 빚이 없는 젊은 세대를 보호하고 키워야 한다.

비교적 편향적이지 않은 이데올로기 교육을 받았고, 해외여행을 통해 다양한 가치를 인정하는 혜안을 갖고 있고, 디지털 문명을 일찍 접했으며 웹 2.0시대를 스스로 만들어낸 세대, 과거의 낡은 정치 프레임으로부터 자유로운 세대. 이들 세대는 70년대 초반 이후 출생한 연령층부터다.

보통 서구 정치를 보면 한 정권이 무너졌다가 다시 그들이 정권을 잡는 시기에 내세우는 주자는 과거 정치로부터 자유롭고 새로운 미래를 만들어 낼 수 있는 새로운 정치인이다.

원로 그룹은 정적들의 공격으로부터 새로운 주자를 보호하고 그를 통해 새로운 국가 건설을 꿈꾼다. 원로 그룹이 해야 할 일이 바로 이것이다.

우리는 과거 사반세기 동안 계속되었던 군부 통치하에서 굴욕을 택함으로써 용케 살아남은 인간들이 과거를 반성하지는 못하고 현재 다시 귀환해 완장을 차고 조국의 미래에 재를 뿌리고 있다.

한국전쟁, 베트남전쟁의 희생자들이 자신들을 전쟁의 포화 속으로 집어넣은 이념을 앞세워, 아직 꽃피우지도 못한 젊은 세대를 향해 폭력을 행사하고 있다. 사회의 보호 대상인 그들이 속해야 할 곳은 그들이 칼을 겨누고 있는 진보 정치 그룹이다.

종교계도 마찬가지다.

기독교에서 말하는 하나님이 실제로 있다면 그 하나님은 이렇게 말할 것이다. "오! 사랑하는 나의 백성들아. 너희는 너희가 사는 세상에서 빵을 나누고 정의를 세우라"라고……

원로 목사들은 교회 헌금을 사유화하고 교회까지 자식들에게 대물림한다. 사학법 개정에서 보듯이 자신의 기득권에 조금의 손해라도 있으면 광장에 나가 머리를 빡빡 민다. 이것이 과연 성직자의 행동인지 묻고 싶다.

중세암흑기에나 있었을 법한 일들이 서울 강남 한복판에서 벌어지고 있다. 수천억 원을 들여 교회를 짓는다. 이미 대형 교회들은 다 강남에 자리 잡고 있다. 예수님은 세상에서 가장 가난하고 누추한 곳에서 그들과 함께하셨다. 그의 제자를 자처하는 이 땅의 목사들은 가장 부유한 곳에서 부자처럼 살고 부자처럼 생각하고 스스로 우상을 세우고 있다. 하나님은 우상을 섬기지 말라고 하셨다. 결국 그들이 말하는 신조차 부정하는 것이다.

남미의 성직자들은 세상의 고통을 함께하고 빵의 구원을 위해 기꺼이 총까지 들었다.

탐욕스런 원로 목사들이 사라지지 않는 한 안티 기독교 세력은 늘어날 것이고 유럽 교회처럼 화려한 성전은 있으나 교인은 없는 교회가 될 것이다.

올드보이들이여, 난세에 그만하면 잘 먹고 잘 살았다. 이제 제발 그만 사라져주시길……. 그래도 끝은 아름다워야 하지 않겠는가.

06 인간을 구원하는 것은 인간이다

인간을 구원하는 것은 인간이다. 신은 인간을 구원하지 않는다. 국내 교회의 부동산 규모는 알려진 것만 80조 원이며, 헌금 규모는 4조 5천억 원이다. 교회에 내는 십일조가 사회적 약자를 위해 쓰여졌다면 우리 사회의 빈곤 문제는 일찍이 해결되었을 것이다.

인류 문명이 태동하면서 학습력이 있는 인간은 삶과 죽음에 대한 위로를 받기 위해 신이라는 존재를 만들었다. 그러나 아이러니한 것은 인간이 만든 신 때문에, 신의 이름으로 수많은 전쟁을 치렀고 또 수도 없이 많은 사람이 죽었다. 이는 지금도 현재 진행형이다. 그래서 우리는 신이 아닌 정치에 많은 기대를 한다.

정치권이 말하는 진보나 보수는 권력을 잡기 위한 레소틱으로, 기업으로 치면 마케팅을 위한 대중 조작에 불과하다. 양대 보수정당의 주력은 기득권층이다. 과거 10년 동안 신자유주의가 급속히 전파된 결과, 부의 균형은 심각할 정도로 훼손됐고, 고용 없는 성장 시대가 되고 말았다. 이를 전부 정치권력의 잘못이라고 말할 수는 없어도 우리 사회의 진보적 가치가 훼손된 것만은 사실이다.

정치 지형으로는 지역적 구도가 더 고착화됐다. 이것이 매우 우려스러운 것은 양대 보수정당 간의 정권 교체가 이루어 질 때마다, 우리 사회를 위협하는 극좌 · 극우세력들이 자생 공간을 확장한다는 것이다. 친북주의, 뉴라이트 세력은 극과 극에 위치하지만 사회변혁 측면에서는 마찬가지로 역사의 걸림돌이다.

개인의 인권, 약자에 대한 사회보장, 육아, 교육의 문제는 이념의 문제가 아니다. 우파든 좌파든 민주공화국 체제에서는 당연히 추구해야 할 공동의 선이다. 프랑스, 독일에 우파 정부가 들어섰다고 해도 이들이 함부로 사회보장 시스템을 손 대지 않았다. 이것은 국민이 누려야 할 당연한 기본 권리라는 생각을 하고 있기 때문이다.

이제 우리 사회에 제대로 된 이념 정당이 출현해야 할 시점에 와 있다. 우리 사회를 위협하는 당면 과제들은 경제성장으로 해결될 수 없다. 국가 총생산이 늘어난다고 일자리가 늘어나는 것이 아니다. 결국 정치적으로 해결할 수밖에 없다.

그러나 지금 지역을 볼모로 정치 생명의 연장에만 매달리는 우리 정당들이 무엇을 할 수 있으며 또 그들에게 무엇을 기대할 것인가. 사회 구성 계층 어느 한쪽이 일방적으로 불이익을 받는 상태가 지속되면 극좌·극우 세력이 정치판을 뒤집어엎을 수 있다.

20세기, 가장 이상적 민주체제라는 바이마르 헌법을 만든 독일이 그 헌법에 기초한 민주적인 선거를 통해서 나치가 집권하게 된 과정을 생각해보면 얼마든지 가능한 일이다. 프랑스 의회에서 의원수로 따지면 공산당이 3대 정당이다. 정치적 혼란이 계속되고 경제 불평등이 개선되지 않으면 국민은 극단의 정치 선택을 할 수 있다. 유럽에서 극우 세력들이 계속 지지층을 늘려 나가는 현실을 보라.

허경영을 정치 사기, 정치 쇼라고 아예 무시해버리지만, 그렇게 간단한 문제가 아니다. 그는 매스미디어를 이용한 이미지 정치의 달인이다. 만약 그가 정치 자금을 모으고 집행하는 과정을 투명하게 하고, 정치적 지향점을 좀 더 세련되게 포장하고, 논리적 기반을 갖는다면 얼마든지 정치 세력화될 수 있다. 시간이 흐르면 매우 파워풀해진 제2의, 제3의 허경영이 나올 수 있다. 웃긴 정치가 현실정치가 되는 것이다. 이런 일이 현실이 되지 않기 위해서는 기존 정당은 국민의 소리에 더 귀 기울여야 한다.

국민은 양대 보수 정당이 하는 짓을 정치 쇼로 받아들인다. 국민이 보기에는 그놈이 그놈이다. 정부의 기업 프랜들리 정책으로 막대한 자본 이득을 얻고 있는 기업들이, 효율이니 생산성이니 하는 말은 그만두고 절박한 처지에 있는 실업자들이 언제든지 일하고 돈을 벌 수 있도록 바우처 제도 같은 것이라도 만들어내야 한다.

"사람들이 일한 만큼 정당한 대가를 받는다면 경제가 산다."

전 브라질 대통령 룰라가 한말이다. 실제 그는 대다수 서민의 소득 수준을 향상시켜 이들을 소비 계층화함으로써 구매력 있는 중산층의 수를 늘렸다. 소득이 소수의 계층에게 집중되면 소비가 늘지 않는다. 소득 분포가 넓게 균형을 이룰수록 소비가 촉진되고, 경기가 선순환 된다. 실업자들을 위한 공공 일자리를 늘리고 이들에게 돈을 지급하는 것은 경제의 큰 틀에서 긍정적이다. 이들에게 수조 원, 그 이상의 돈을 지출한다고 해도 이를 방치해서 발생할 사회적 비용보다는 적다. 이들이 돈을 벌 수 있어야 국가재정의 근간이 되는 건강한 납세자가 되고, 시장의 수요층이 된다. 생각을 바꾸면 사회적 약자를 구원할 수 있는 방법이 얼마든지 있다. 약자들에게 베풀어도 국가 총 수요량은 똑같아진다. 그러나 우리 사회가 얻는 것은 너무도 많다.

지금의 우리의 정치 구도에서는 힘들 수도 있다. 약자를 대변하는 정당이 필요하고 정치적 지향점이 대중 정당이어야 한다. 대기업 노조, 전교조, 여기에 친북주의까지 덧칠한 정당으로는 대중 정당이 될 수 없다. 이러니 사회적 약자, 빈곤층이 전체 국민의 40%에 육박하는데도 소위 진보 정당의 진성 당원이 얼마 안 되는 것이다. 실상 우리나라에서 이념적 대중 정당이 출현하기는 어렵다.

우리 국민들은 크건 작건 간에 레드 콤플렉스가 있고 지나친 평등주의 사고관의 영향으로 자신이 어느 위치에 있는지 계급적 경계가 뚜렷하지 않기 때문이다. 초기에 지지층을 넓히기 위해서는 인물을 내세우는 전략이 절실하다.

진보의 가치를 앞세웠던 노무현 적통 세력임을 주장하는 정치인과 전직 관료들은 민주당에 자리를 잡거나 새로운 보수정당을 만들기 보다는 새로운 진보 정당을 만들었어야 한다. 권력을 누릴 만큼 누려 봤으면 무엇이 되기보다, 무엇을 위해 살 때도 되지 않았는가.

기존 진보 정당들도 국민들이 불편해하는 친북주의, 과잉된 정치 이념을 버리고 국민의 행복 지수를 높이는 정치를 해야 한다.

인간을 구원하는 존재는 인간임을 믿기에 이들에게 기대하는 것이다.

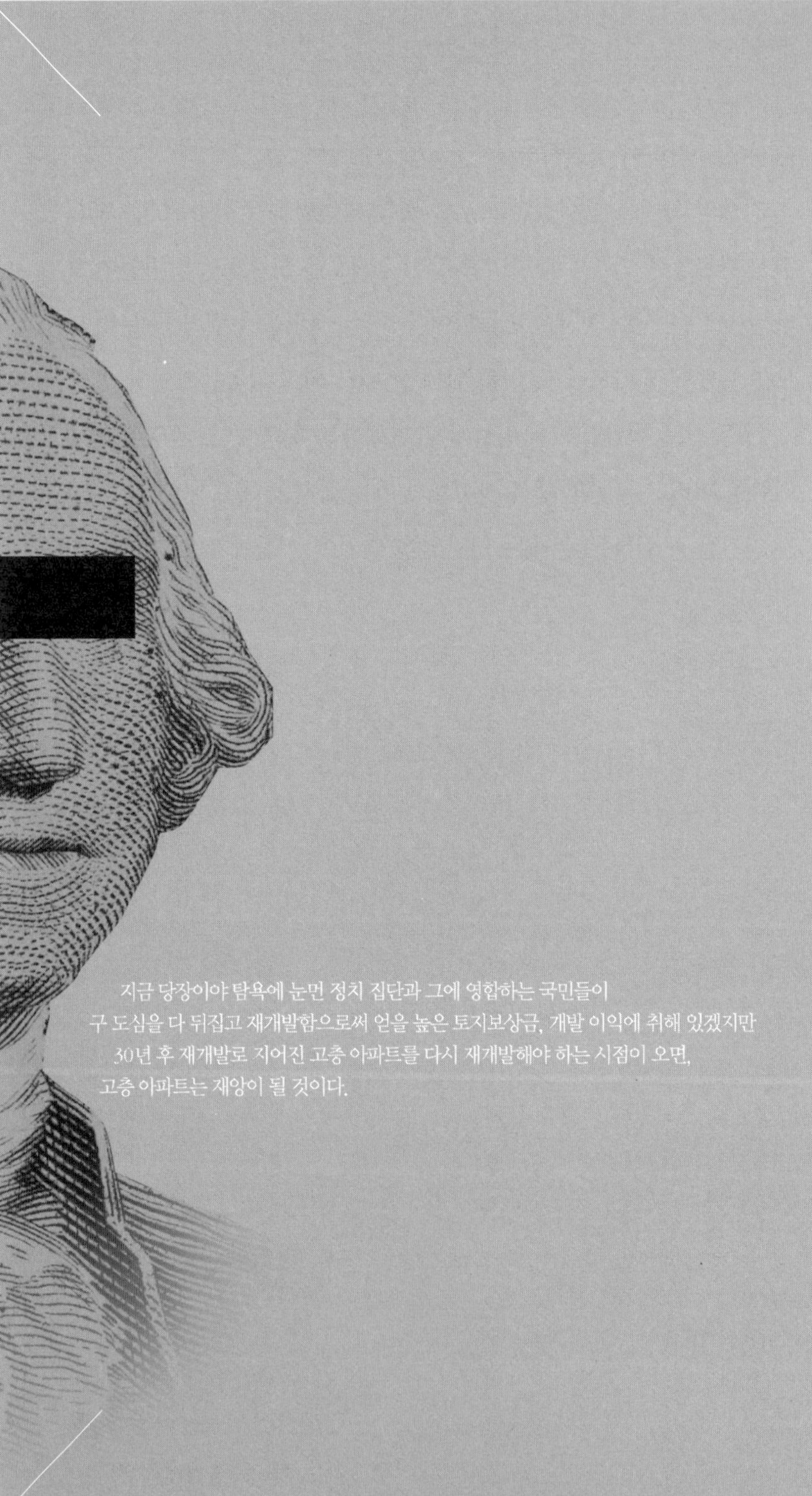

지금 당장이야 탐욕에 눈먼 정치 집단과 그에 영합하는 국민들이
구 도심을 다 뒤집고 재개발함으로써 얻을 높은 토지보상금, 개발 이익에 취해 있겠지만
30년 후 재개발로 지어진 고층 아파트를 다시 재개발해야 하는 시점이 오면,
고층 아파트는 재앙이 될 것이다.

변하지 말아야 할 것을 지키는 것이 진정한 변화다 (부동산)

- 위험한 경제학이 위험한 이유
- 국민이 똑똑해야 나라가 바로 선다
- 변하지 말아야 할 것을 지키는 것이 진정한 변화다

이 상에서 난 한국 부동신 버블이 일으킨 문제를 말한다. 부동산 버블은 부의 양극화를 초래하였고, 기업을 떠나게 하였다. 우리의 후대들은 바로 우리들 때문에 과다하게 오른 집값을 걱정하다가 결혼을 늦추고, 출산을 늦춘다. 그리고 떠난 기업들 때문에 적어진 일자리는 실업자를 양산하는 악순환을 반복하게 됨을 이야기한다.

01 위험한 경제학이 위험한 이유

국민들의 소득 편차를 나타내는 지수가 지니 계수(Gni coeffcient)다.

지니 계수는 유신시대 때 제일 낮았고, 진보 진영이라는 노무현정부 시절 제일 높았다. 부의 균형을 경제 운용의 첫 번째 정책으로 삼았던 정권에서 국민의 부의 균형이 심히 악화됐다는 것은 불행한 일이다.

지니 계수가 단기간에 이처럼 악화된 것은 주택 지니 계수 때문이다. 즉 부동산 버블이 야기한 가처분소득이 부의 왜곡 현상을 심화시켰다. 선진국은 이런 불로소득은 거의 국고로 환수하는 것에 국민들 저항이 미약하지만 우리는 부자나 서민이나 이를 용인치 않는다.

2000년 이후 계속된 세계적 경기 호황과 유동성 급증으로 부동산

변하지 말아야 할 것을 지키는 것이 진정한 변화다

상승은 전 세계적 흐름이었다. 국내에서는 2002년부터 부동산 버블이 꺼지기 직전인 2007년까지, 전국구 부동산으로 부르는 수도권은 소위 경부라인, 버블세븐의 핵심권역이 아니라도 거의 모든 아파트가 최소 2배 이상 올랐다.

타워펠리스는 90년대 말 최초 분양 때는 미분양에 분양가도 평당 900만 원이었지만 불과 5~6년 사이에 분양가 대비 4~5배나 올랐다. 서울, 경기도 전역에서 추진된 뉴타운 붐으로 이 지역 내 구옥들도 평당 지분 가격이 3~4배 오르는 것이 보통 이었다. 그러니 전 국민이 뉴타운, 재개발에 미쳐 있었고, 정치권은 정파와 무관하게 뉴타운, 재개발을 공약으로 들고 나왔다.

투자에 이런 격언이 있다.

"남들이 욕심낼 때 두려워하고 남들이 두려워할 때 욕심내라."

결국 지나친 욕심은 화를 부르고 투자는 돈이 아니라 독으로 돌아왔다. 심정이야 부동산 붕괴를 동조해도 이게 자신의 문제라면 박수만 칠 수는 없다. 언제나 그렇듯이 막차를 탄 사람은 과도한 레버러지를 노리고 투자한 서민이다. 부동산 붕괴는 시장이 사라지는 것이므로 이 과정에서 가장 큰 피해자는 서민일 수밖에 없다.

용산참사로 아무 죄 없는 세입자, 경찰관이 죽었다. 이들의 죽음에 우리는 모두 공범자다. 우리가 탐욕에서 벗어나지 않는 한 제2, 제3의 용산참사는 언제든지 재연된다. 뉴타운이 그 누군가에 의해 계획되지 않았다면 구 도심은 도시의 역사를 말해주는 멋진 유산, 관광 자원이 됐을 것이다.

시장의 논리라는 것은 근시안적이고 가볍다.

돈 걸고 돈 먹는 도박판에서도 자비는 있다. 그 판에서는 패자에게 꽁지돈이라도 쥐어준다. 그러나 시장이라는 곳은 피도 눈물도 없다. 승자가 모든 것을 독식한다. 승자가 모든 것을 독식하는 구조가 계속되면 시장의 먹이사슬 구조가 붕괴해 시장 자체가 사라진다.

부동산 버블을 이성적으로는 부정해도 부동산 버블이 재연되기를 기대하는 것이 시장에 둥지를 틀고 사는 경제적 인간의 숙명이다.

개인적으로 부동산 시장은 붕괴되지 않는다고 본다. 다만 부동산 시장이 새로운 패러다임으로 전환된 것만은 확실하다.

부동산 붕괴론자들의 열정은 이해한다. 그러나 그들이 부동산 버블을 예측하지 못한 것처럼, 붕괴론을 쉽게 입에 올리는 것도 좋아 보이지는 않는다. 문제는 이들 또한 경제학 텍스트로 시장을 평가하는 것이다.

암을 제거하기 위해 과도하게 방사선을 쏘고, 독한 항암제로 치료할 경우 암세포 주변의 정상 세포까지 다 죽는다. 사회복지가 전무하다시피 한 서민에게 집은 주거 공간 이상이며 안전망의 역할을 한다.

부동산 붕괴론이 자칫 서민들의 초가삼간까지 불살라 버리는 잘못의 단초가 되지는 않을까 하는 우려를 하게 된다.

그럼에도 이 얘기는 해야 될 것 같다.

변하지 말아야 할 것을 지키는 것이 진정한 변화다 ●

물가지수 대비 시장 금리가 낮은 저금리 흐름이 지속되는 상황에서 '부동산으로 돈 버는 시대는 끝났다'고 하면 가혹한 얘기가 될 것이다. 부동산으로 시중 유동 자신이 몰리면 모든 이성적 논리가 묻히고 다시 상승할 수도 있다. 그러나 이제 과거와 같은 부동산 버블이 재연되기 어렵다. 또 그렇게 돼서도 안 된다. 부동산 버블이 가져온 불로소득이 소수의 계층에 집중되면서 부의 양극화가 심해졌다는 것은 일그러진 한국 자본주의를 더 망가뜨리는 것이기 때문이다. 부동산에 많은 세금을 물려야 한다고 외치는 것은 집 한 채에 개인의 자산이 집중돼 있는 자산 구조에서, 정치인에게는 표를 갉아먹는 위험한 공약이고 국민정서상 강력한 저항이 있을 것이다.

보편적 복지에 대한 논쟁이 불 붙으면서 키워드로 떠오르는 것이 세원 마련이다. 증세는 어렵다. 지출 개혁에 관심이 모아지는 것은 이 방법이 국민의 저항을 최소화할 수 있어 정치적 부담이 덜하기 때문이다. 지출 개혁에서 눈에 보이고 가장 쉽게 할 수 있는 것이 부동산 관련 비과세 면책을 줄이는 것이다.

특히 양도소득세 면책 조항은 개혁할 필요가 있다. 그렇다고 모두에게 똑같이 적용하자는 것은 아니다. 강남 도곡동에 143㎡(43평형) 아파트를 2003년에 분양받은 A씨가 있다. 분양가는 7억 8천만 원이었다. 2007년 초 양도세가 면제되는 시점에 A가 분양받은 아파트의 시세는 20억~23억 원을 호가했다.

A는 아파트를 분양받은 후에도 직장이 있는 지역에서 살았고 아파

트는 전세를 주었기 때문에 실제로 거주하지도 않았다. A가 22억 원에 매도해 얻은 시세 차익은 세금 공제 전 14억 2천만 원이다. 3년 이상 보유는 시세 차익에 대한 양도세 비과세 면책 요건에 해당된다. A는 아파트를 실거주가 아닌 투자용으로 산 것이다.

B는 노원구에 60㎡(19평) 아파트를 2001년 결혼하면서 6천만 원을 주고 장만했다. 2007년 말 직장 관계로 집을 팔았다. 매매가는 1억 6천만 원이었다. 1억 원의 시세 차익이 발행했다. 양도소득세 면책에 해당된다. A와 B에게 똑같은 조건으로 양도소득세 면세 조항을 과세로 전환하는 것은 적당치 않다. A는 국민주택 규모 105㎡ 이상의 아파트, 그것도 강남에 분양된 고가의 중·대형 아파트를 투자용으로 샀지만 B는 60㎡(19평)의 서민 단지에 실거주용으로 샀기 때문에 A와 똑같은 세금을 요구할 수는 없다.

이 경우 첫째 투자용과 실거주용, 둘째 지역과 평형, 셋째 시세 차익 등으로 구분하여 양도소득세 면책조항을 개혁하는 방법으로 서민들의 저항을 최소화하면서도 운용 방법에 따라 최소 수조 원 이상의 세원 확보가 가능하다.

투자에서 상품의 가격은 상품이 갖고 있는 '내재 가치'보다 시중 자금의 유동성에 더 큰 영향을 받는다. 주식시장에서 정말 큰 장은 실적장세가 아니라 유동장세라는 말이 있다. 저금리 흐름이 계속되고 시장 유동성이 주식에서 이탈해 부동산으로 집중되면 부동산은 다시 오를 수 있다. 이때 우리가 경계해야 하는 것은 가격 상승이 일부 계

변하지 말아야 할 것을 지키는 것이 진정한 변화다 ●

층에 집중되어 다시 부의 양극화가 심해지는 것이다. 따라서 시세 차익 정도에 따라 부동산 세금을 부과하는 제도를 입법화해야 한다. 이렇게 하면 부동산 버블로 발생할 부의 양극화를 최소화시키고 사회복지 예산도 늘리는 효과를 얻을 수 있다.

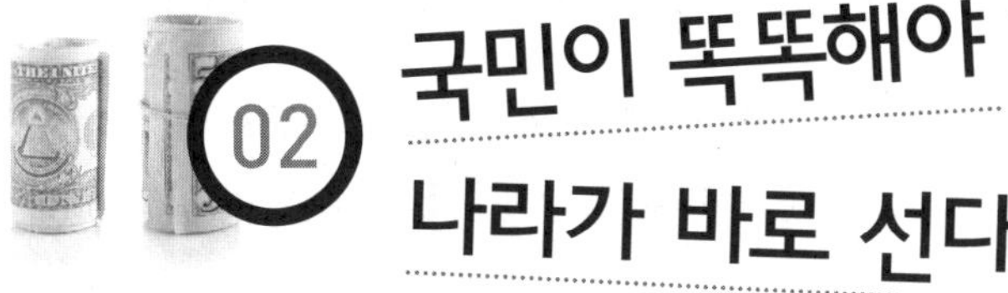

국민이 똑똑해야 나라가 바로 선다

대한민국 부모는 아이들이 대학을 마칠 때까지 등록금 이외에도 지불해야 할 엄청난 사교육비 때문에 등골이 휘어진다. 이게 끝이 아니다. 대학을 졸업한 후에도 자녀들은 캥거루족으로 남아 결혼 비용까지 부모가 부담한다. 정작 부모 자신의 노후 자금은 준비할 여유가 없다. 현재 자연 수명이 80세다. 미래에는 90세까지 연장된다. 55세 전후에 은퇴한다고 하면 25년에서 30년을 더 살아야 한다. 그러나 국가나 개인 모두 노후 생활에 대한 준비가 안 돼 있다.

부의 양극화를 나타내는 지니 계수는 계속 악화되고 있다.

부동산을 소유한 자와 소유하지 못한 자, 소유한 자 중에서도 부동산을 어느 지역에 갖고 있느냐에 따라서 부의 양극화가 일어났다.

변하지 말아야 할 것을 지키는 것이 진정한 변화다 ●

노동 가치가 아닌 부동산 거래를 통한 불로소득이 부의 양극화를 가져왔다는 것은 우리 자본주의의 건강성에 적신호가 켜진 것이다.

사회민주주의가 뿌리 내린 유로존 국가들은 투기는 엄격하게 통제하고 사회적 약자를 위한 임대주택 공급을 늘리는 데 정책을 집중한다. 임대주택의 임대료 상한선도 엄격히 적용해 주거 안정을 보장한다.

만약 우리나라에서 부동산 시세 차익에 대해 무거운 세금을 부과한다면 난리가 날 것이다. 핵심권역에 부동산을 소유하고 있는 사람만 반대하는 정도라면 이 정책은 현실화할 수 있다. 문제는 국민의 절반이 살고 있는 서울·수도권에 사는 사람들 대부분이 정부에 등을 돌릴 것이라는 사실이다.

선거는 표를 좇는 게임이다. 선거철만 오면 진보나 보수 정파 모두 뉴타운·재개발을 핵심 공약으로 들고 나왔던 이유가 바로 이 때문이다.

지난 2008년 총선에서 수도권에서조차 민주당이 대패한 이유가 무엇 때문인가. 정책 때문이라고 한다면 웃기는 소리다. 부동산 버블에 대한 국민의 기대치가 민주당 대패라는 결과를 낳았다. 김문수가 압도적인 표차로 경기도지사가 된 것은 경기도 내 7대 도시 전체 구도심에서 추진되는 뉴타운·재개발 사업으로 이 지역의 부동산 가격이 전국 평균 집값에 비해 압도적으로 올랐기 때문이다.

3.3m² 대지 지분 가격이 4~5백만 원이던 곳이 2천만 원, 3천만

원까지 치솟았다. 실제로 한남뉴타운, 성수거점지구 등 한강 핵심 개발 선상이 아니더라도 거여·마천뉴타운, 목동지구 등 다른 뉴타운 재개발 지역에서 일상적으로 벌어졌던 일이다. 2003년에 강남 도곡동에 분양된 도곡렉슬아파트 43평형의 분양가가 7억 8천만 원이었다. 부동산 침체기라는 현재 매매가가 20억 원이다. 버블이 최정점일 때 용산지구 내 국제빌딩 주변 땅은 3.3m²당 1억 원을 호가하는 곳까지 있었다.

수도권 내에서도 비수도권이라 할 정도로 집값이 쌌던 경기도 서남부권의 시흥 정왕지구, 안산 고잔지구, 동북부의 의정부, 양주, 동두천, 남양주시 내의 택지지구도 2005년 말에서 2007년 초까지 엄청나게 집값이 폭등했다. 집을 갖고 있는 수도권 주민은 부동산 버블 덕을 많이 봤다. 그러니 김문수 도지사를 열렬히 지지할 수밖에 없다.

김문수는 그 스스로 젊은 시절에는 노동 혁명을 꿈꾸고 살았다고 밝히고 있다. 그런 그가 보편적 사회복지를 포퓰리즘이라고 비난한다. 사회복지 문제는 정치적 문제도 아니고 이데올로기 논쟁거리는 더더욱 아니다. 보편적 사회복지는 흔히 말하는 대한민국의 국격을 높일 뿐만 아니라 경제적으로도 국가경제에 손해가 되지 않는다. 국가의 돈이라는 것은 해외로 유출되지 않으면 유통시킬수록 경제가 선순환된다. 무상 급식 문제만 해도 학부모 주관 아래 철저히 검증하고 국내 농산물만 쓰도록 하면 농촌도 살리고 아이들 건강도 증진시

변하지 말아야 할 것을 지키는 것이 진정한 변화다 ●

킬 수 있다.

정치는 표를 먹고 사는 유기체다. 표를 얻기 위해서는 영혼까지도 판다. 국민들이 뉴타운·재개발에 열광적으로 반응하는데 이를 외면할 수 있는 강심장의 정치인은 없다고 봐야 한다. 대한민국 정치 수준이 국민 수준이란 말이다.

청년 실업, 고용 없는 성장, 도시 서민, 신혼부부의 주거 문제, 낮은 출산율, 생산 기지의 해외 이전 등 우리사회를 위협하는 문제는 국민의 탐욕이 만든 부동산 버블이 큰 요인으로 작용했다.

부동산 버블로 가장 큰 희생양이 된 사람들이 바로 우리 이웃, 자녀들이다. 뉴타운·재개발 때문에 지역에 생활 기반을 두고 있던 세입자들은 돈 몇 푼 쥐고 떠나야 했다.

미래의 세입자가 돼야 하는 우리 자녀들은 높은 집값 때문에 결혼 적령기가 되어도 경제적 이유로 결혼을 미루고 있다. 맞벌이를 해야만 경제적으로 안정된 생활을 할 수 있는 여건에서 아이의 출산, 육아는 엄두도 못 낸다. 아이를 가진 산모는 출산 후 직장 복귀도 어렵고 복귀를 해도 예전보다 낮은 대우를 받는다. 아이를 낳아도 아이를 안심하고 맡길 육아 시설이 턱없이 부족하다. 돈도 많이 들어간다. 이런 환경에서 출산율이 떨어지는 것은 당연한 결과다.

부동산 가격 상승은 공장들의 해외 이전을 촉발시킨다. 신자유주의하에서 기업들은 국제 분업화 전략을 통해 생산비가 낮은 곳이라면 어디든지 간다. 기업은 성장해도 일자리는 늘지 않는 이유가 이 때문이다. 국민이 눈앞의 이익만 쫓다 보면 그 피해는 고스란히 그들의 자녀들에게 전가된다. 부동산 버블은 국가 경쟁력을 약화시키고 우리 아이들을 두 번 죽이는 것이라는 걸 알아야 한다.

부동산 버블이 가져온 가처분소득은 불로소득이라고 한다. 노동으로 얻어진 소득이 아니라 말 그대로 투자가 가져온 이전소득이다. 이 이전소득이 물가지수 상승률에 5%를 더한 정도라면 이해할 수 있다. 그러나 부동산 버블 기간 동안 수도권의 부동산 가격은 소위 풍선 효과, 도미노 현상으로 앞서거니, 뒤서거니 하면서 최소 2배 이상 오르지 않은 곳이 없다. 서울에서 1억 원 이하의 매물이 많았던 노ㆍ봉ㆍ강(노원구, 도봉구, 강북구)의 저층 소형 아파트마저 1억 원 이하의 매물은 사라졌다. 50만m² 이상을 광역적으로 재개발하는 뉴타운사업 때문에 수도권 지역에서 멸실 주택이 증가하면서 서민 주택인 다가구, 연립, 빌라의 전세가도 천정부지로 올랐다. 서울시 소재 대학교는 대부분 강북의 구 도심에 자리하고 있다. 이곳에서 자취하는 학생들은 이전보다 최소 50% 이상의 월세를 더 내야만 방을 구할 수 있다. 신혼부부, 청년들의 주거 공간 확보도 어려워졌고 환경은 더 열악해졌다.

부모들의 탐욕이 고통으로 변해 그들의 아이들에게 부메랑으로 돌아오는 것이다.

부모는, 어른들은, 미래의 성장 동력이며 주역인 이 땅의 청년들을 위해 무엇인가를 해야 된다. 그들이 미래에는 노동의 원천이며 세

변하지 말아야 할 것을 지키는 것이 진정한 변화다 ●

금을 내는 주체가 되고, 이 세금이 노후 복지에 쓰이기 때문이다. 그런데 지금 무슨 짓을 하고 있는가.

개발 독재 시대의 주역들이 돌아와 던져주는 떡고물에 눈이 멀어 조국과 아이들의 미래를 고려치 않고 그들에게 자신의 영혼을 팔아먹었다.

가격 하락, 금융 비용의 증가 등으로 뉴타운 사업의 사업성이 급격히 떨어지면서 이제는 뉴타운 안 하겠다고 한다.

국민의 탐욕을 부추겨 정치적으로 이용한 놈들도 나쁘지만 자기에게 단 한 푼이라도 이익이 생기면 무슨 짓이라도 하는 국민이 더 나쁘다는 생각마저 든다.

한국형 1차 베이비부머인 1958~1964생들이 본격적으로 은퇴할 날이 얼마 남지 않았다. 개인 능력으로 그 길고 긴 노후 생활을 경제적으로 여유 있게 대비할 수 있는 사람은 20%가 안 될 것이다. 국가가 보호해야 한다. 그런데 전혀 준비가 안 되어 있다. 노령인구는 급증하는데 이들을 보호할 사회복지가 전무하다시피 하니 노인들의 자살률이 2000년과 비교해 10년간 3배 이상 늘었다.

준비 안 된 노후 생활자에게 자연 수명의 연장은 축복이 아니라 저주다. 미래의 생산 동력인 청년들이 건강하게 자리 잡아야 노령 인구에 대한 사회복지 혜택이 늘어난다. 세금은 그들의 주머니로부터 나오는 것이 분명하니까.

03 변하지 말아야 할 것을 지키는 것이 진정한 변화다

우리는 무엇을 위해 이토록 때려 부수고 콘크리트 건축물로 세상을 도배하는 것일까.

환경은 부수고 새로 짓는 것이 우선이 아니고 공존하는 것이 우선이다. 때려 부수고 나면 과거의 역사는 사라진다. 과거의 역사는 한 권의 스토리텔링이 되어 문화 자원이 되고 경제적 가치를 생산한다.

인간에게도 연어처럼 회귀본능이 있다. 회귀본능은 본래 인간의 것이다. 인간에 비해 한참 하등한 생물에 불과한 연어가 어떻게 대양을 회유하고 자신이 부화된 곳을 찾아가는지, 연어의 희귀본능은 경이롭다.

소설의 소재 대부분은 작가의 경험이다. 후일담 소설이라고 해서 80년대의 질곡 많은 시대를 경험한 자의 시선으로 쓴 소설들이 독자들에게 큰 반향을 일으키고 있다. 인간은 추억을 먹고산다. 죽음이 가까울수록 더하다.

문학평론가 김화영 선생은 "인간의 삶은 과거에 대한 기억과 미래에 대한 계획이 균형을 이뤄야 온전해진다. 인간은 기억이 없으면 정서적으로 불안해진다. 한데 우리 사회의 재개발 바람은 삶의 흔적(기억)을 산산이 깨부순다"고 말했다.

나는 김화영 선생의 말을 빌리면 정서적 실향민이다. 내 고향 이문동 산동네는 과거 기억의 단서가 될 만한 곳이 싸그리 없어졌다.

"변화는 무조건 좋은 것이 아니다. 말하자면 변화해야 할 것만 변화해야 한다. 변화라는 이름 아래 그대로 있어야 할 것까지 모두 변화한다면 이보다 더 심각한 일은 없다. 그것은 참다운 진보가 아닌 단지 변화 중독증일 따름이다. 가령 새로운 집을 지을 때에도 옛것을 놓아두고, 그 옆에 새것을 지으면 안 될까? 하는 의문과 불만을 나는 늘 갖고 있다. 허구한 날 파괴와 신축의 변화를 거듭하다 보니 역사는 온데간데없고 항상 '현재'는 미래의 파괴 앞에 불안하게 놓여있다. 동일한 공간에서 백 년, 천 년 전의 모습을 현재와 더불어 동시에 바라볼 수 없을까?" 김주연 선생의 글에 나오는 얘기다.

옛것을 온전히 지키는 것은 그 자체가 산업자본이다. 산업자본 중에서도 리스크가 없는 무위험 자산이고 그 생명력은 영원하다. 이런 장사가 어디 있는가. 또 이산화탄소를 발생시키지 않는 친환경 사업이다. 이탈리아, 스페인은 개발을 선택하는 대신 사는 데는 다소 불편하지만 옛것을 지킴으로써 세계 최고의 관광 대국으로 자리 잡았다. 국가 GDP의 상당 부분이 여기서 발생한다. 한국 사람이 가장 많이 찾는다는 캐나다 밴쿠버가 속해 있는 빅토리아 콜럼비아 주의 주도 빅토리아 시에는 1차 세계대전이 끝난 1915년에 유럽에서 귀향한 제대 군인을 위해 지은 낡고 허름한 맨디스아파트가 그대로 있다. 도시 건설이 1843년에 시작돼 겨우 170년밖에 안 된 밴쿠버는 이 하찮고 낡은 철근콘크리트 건물조차 역사 유적화하고 상품화시켰다.

사람들은 우리가 세계에 내놓을 경쟁력 있는 인프라를 '초고속 인터넷'이라고 말하고 있다. 그러나 이는 번지수를 잘못 찾은 것이다. 우리의 경쟁력 있는 인프라는 반도라는 지형적 특성을 고이 간직한 백두대간 자연 그대로의 아름다운 능선이다. 이 자체가 가만히 두면 천 년, 만 년 갈 수 있는 관광 인프라다. 그런데 지금하고 있는 행태는 가만두면 되는 것을 개발을 못해서 안달이다.

자연은 말 그대로 가만두면 자연이 된다. 현재 지방 자치 단체가 자연 환경을 개선한답시고 내놓는 개발 계획은 자연을 보호하는 것이 아니라 자연에 콘크리트를 덧씌우는 행위다.

우리나라 고층 아파트는 길어야 내구 연한이 30년이다. 15~18년이 지나면 재건축 이야기가 나온다. 30년을 주기로 부수고 다시 지어야 한다. 90년대 이후 우리의 주거 문화는 공동주택인 아파트가 주도해왔다.

읍 단위 지역에도 고층 아파트는 쉽게 찾아 볼 수 있다. 이미 공급

변하지 말아야 할 것을 지키는 것이 진정한 변화다 ●

된 수백만 가구의 아파트를 재건축하는 과정에서 발생하는 건축물 폐기물의 처리 방법도 묘연하다. 전재산이라고는 달랑 집 한 채가 전부인 서민들은 재건축으로 개발 이익이 발생하지 않으면 거리에 나앉게 될지도 모른다. 그러나 토건족들에게는 이런 개발 호재가 따로 없다. 부수고 새로 짓는 것이 다 돈이다. 미래라고 해봤자 얼마 남지 않았다. 건축 기준을 강화해 건물의 내구 연한을 높이고 고층아파트 중심의 주택 공급 정책도 변해야 한다. 지금이 개발 성장 시대도 아니고 대한민국에 더 이상 대규모 토건 사업은 경제적으로 의미가 크지 않다. 부동산 버블이 꺼지는 상황에서 값이 오르는 부동산은 한옥뿐이다. 실제 서울 북촌, 가회동, 삼청동에 있는 한옥들은 가격이 폭등하고 돈이 있어도 매물이 없어 못 산다. 투자의 트렌드가 바뀌었기 때문인지 모르나, 옛것에 대한 가치가 새롭게 평가받고 있다고 볼 수도 있다.

자연은 자연 그대로 두었을 때가 자연이다. 자연에 도로를 깔고 케이블카를 설치하는 것은 근시안적 경제 논리다. 그렇게 되면 미래의 자연은 온전한 자연이 아니다. 가장 위대한 자연 개발은 역설적으로 인간의 개발을 막는 것이다.

60~70년대의 낡은 흑백사진을 보면 장소가 어느 곳이든 그 배경이 되는 자연은 듬성듬성 흙덩이가 드러나는 벌거숭이였다. 현재는 어느 산이든 수목으로 가득하다. 여기서 뿜어져 나오는 피톤치드는 경제 가치로 환산할 수 없다. 자연을 안전하고 편안하게 즐기는 방법

은 자연의 야생을 도려내는 것이 아닌 그대로 두는 것이다.

나는 30년 후의 서울의 모습이 궁금하다. 경제적 과학성을 대입시켜 미래를 예측한다면 서울은 아비규환의 도시가 될 것이다.

지금 당장이야 탐욕에 눈먼 정치 집단과 그에 영합하는 국민들이 구 도심을 다 뒤집고 재개발함으로써 얻을 높은 토지보상금, 개발 이익에 취해 있겠지만 30년 후 재개발로 지어진 고층 아파트를 다시 재개발해야 하는 시점이 오면, 고층 아파트는 재앙이 될 것이다.

그때는 더 이상 용적률을 높일 수도 없고 건폐율을 늘릴 수도 없다. 개발 이익이 발생하지 않는다. 재건축을 통해 개발 이익이 발생하지 않는 아파트는 똥값이 된다. 멀리 생각할 것도 없다. 90년대 초 입주가 시작한 1기 신도시 아파트들이 서울 접근성 인프라가 뛰어남에도 집값이 뚝뚝 떨어지는 소리가 난다. 고층 아파트는 재건축을 해도 개발 이익이 발생하지 않는다는 것을 시장이 알아버렸기 때문이다.

영혼 없는 정치인, 관료, 국민들이 합작해서 만든 인류 역사상 가장 위대한 철근콘크리트 범벅, 환경 유해 건물 고층 아파트의 뒤처리는 누가 할 것인가. 그대로 방치해서 인간의 탐욕이 얼마나 무서운 결과를 낳는지 깨닫게 하는 관광 자원으로 활용할 수 있으면 그나마 다행이다.

삶의 질을 향상시키는 것은 임금이다. 버블을 통해 얻는 소득은 신기루에 불과하다.
역사는 계급 간 갈등이 최고조에 이르렀을 때 혁명을 통해서 발전해왔다.
그러나 변혁을 위해 치르는 사회적 비용은 너무도 크다. 마르크스는 노동자가
생산한 잉여가치를 자본가가 임금으로 지불하지 않고 축적함으로써 계급 간 갈등이 커진다고 했다.

제대로 된 노동의 대가를 지불하라(노동)

- 사람값이 비싼 사회를 꿈꾼다
- 노동권이 만인에게 평등한 나라
- 빛의 속도로 진화하는 문명에 대한 성찰
- 우리는 불평등에 지나치게 관대하다

이 장에서 난 경제성장과 노동에 대해서 말한다. 경제가 성장했다고 히
지만 실제로 그 안에서 몸을 굴리며 노동해야 하는 우리의 아들딸들의
현실은 나아지지 않았다고 주장한다. 노동자들에게 제대로 된 노동의
대가를 지불하지 않는 한 이후 사회변혁에 더욱 많은 비용이 소용될
것임을 말한다.

01 사람값이 비싼 사회를 꿈꾼다

칼 마르크스가 대한민국 한복판에 떨어진다면 그는 어떤 감상에 젖을까? 그가 주장했던 이론이 너무도 정확하게 구현되는 경제 시스템을 보고 감격해서 "그래 내가 주장한 것이 이런 것이야"라고 말을 할까? 아니면 "노동자가 가난해지는 것은 노동자의 잉여 노동(가치)을 자본이 빼앗아 축적하기 때문에 이 계급 간의 모순을 타파하기 위해서는 노동자 혁명으로 새로운 세상을 만들 수밖에 없다고 이미 내가 150년 전에 말했잖아"라고 할까.

한 가지 사실만 놓고 보았을 때 후자가 현실성이 있는 이야기다. 현재 최저임금 4,320원을 받고 하루 8시간 기준으로 한 달에 20일을 일하면 691,200원이다. 현재의 최저임금제도하에서는 주 6일을 일하고 야근·잔업을 해도 한 달에 벌 수 있는 돈이 최대 120만 원이

제대로 된 노동의 대가를 지불하라 ●

다. 1인당 GDP 2만 달러라는 경제선진국에서 자국 노동자들이 이러한 처우를 받는다는 것이 인간의 보편적인 도덕성에 기준하여 상상이 되지 않는다.

더 큰 문제는 이것이 영구화될 가능성이 높다는 데 있다. 이러한 저임금 구조는 대기업의 하청, 재하청 구조에서 발생하고 있다.

신자유주의 경제 시스템에서 자본은 국적이 없다. 오로지 경쟁 우위를 확보하는 곳이 바로 그들의 정착지다. 2009년에 삼성전자는 130조 원의 매출, 10조 원의 이익을 냈다. 그러나 삼성전자가 국내에서 고용한 노동자는 오히려 줄었다. 삼성전자의 휴대전화 중 60%는 중국에서 생산된다. 현대자동차도 조만간 국외 생산이 더 많아진다.

관세 회피, 상대국의 보복 무역 등 전략적 이해관계라는 입장에서 바라보면 해외에 생산 시설을 만드는 것을 부정적으로 볼 수만은 없다. 이것은 21세기 경제 노마드라는 다국적 기업에서 나타나는 공통된 현상이다. 유럽의 독일, 프랑스, 그리고 강소국을 지향하는 덴마크, 스웨덴, 노르웨이, 핀란드의 기업은 대부분이 다국적기업이다.

그러나 다국적기업에게도 국적은 있다. 이들에게 사회적 공헌을 요구하는 것은 정당한 일이다. 특히 한국의 대기업은 국민의 희생과 국가의 지원에 의해서 성장하지 않았던가.

유럽에 장기 여행을 하거나 거주하고 있는 사람들은 유럽이 선진국임에도 불구하고 기반 서비스 시설이 부족하며 일을 처리하는 데 시일이 오래 걸리고 절차에 드는 비용이 너무 많다고 불평한다. 기본적으로 유럽은 사람값이 비싼 사회다. 인간의 노동 가치를 효율성으로만 따지지 않는다.

핀란드 대통령이 내한했을 때 호텔에서 자신의 옷을 직접 다려 입는다는 것이 국내 언론에 알려졌었다. 가십성 기사로 흘려 읽었던 이가 대부분일 것이다. 핀란드는 유럽의 소국이지만 유럽에서 가장 빨리 노동기본권과 여성참여권을 보장한 나라이다.

그들의 철학적 관점은 '보람과 가치를 느끼기 힘든 일은 약자에게 시키지 않으며, 몰아주지도 않는다' 는 것이다. 북유럽 국가의 공통적 특성은 생산의 주체인 노동자에 대한 보상이 매우 크다는 데 있다.

독일은 의사와 지멘스 노동자의 시간 단위당 임금 격차가 크지 않다. 잡세어링의 나라 덴마크에서는 사무직 노동자보다 사무실을 청소하고 관리하는 노동자가 더 적게 일하고 더 많은 급여와 사회복지 혜택을 누린다. 핀란드에서는 아스팔트 공사 노동자가 고소득 직업군으로 분류되기까지 한다.

지금 우리나라에서 금융 산업과 제조업, 그리고 정규직과 비정규직, 대기업과 하청기업 간의 임금 격차는 사회 통합을 위협할 정도로 그 간극(chasm)이 확대되고 있다.

IMF 이후 국내 은행 임원들 급여는 7배에서 15배까지 증가했다. 반면 제조업의 실질 임금은 오히려 낮아졌다. 기업이 비교 우위 확보를 위해 노동자의 임금을 희생시킨 결과이다.

정말 이대로 가면 대한민국은 가까운 시일 내에 인류 역사상 가장

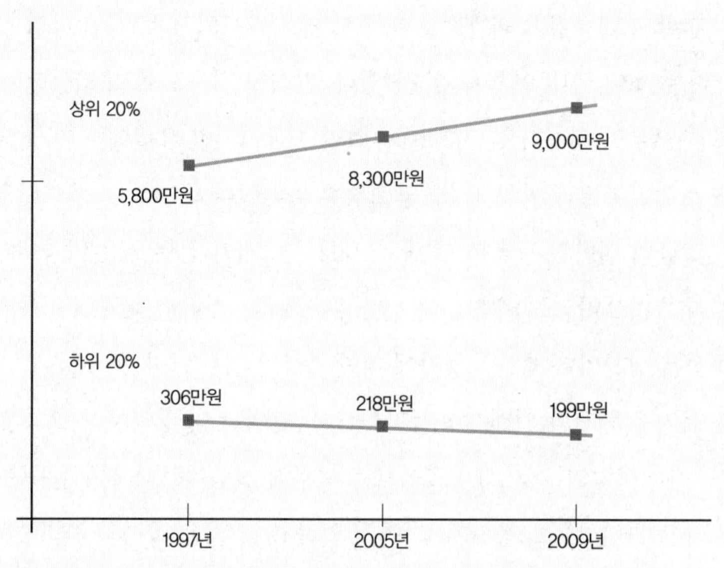

위 그래프는 지난 10년간 소득 하위 20%는 평균소득이 306만 원에서 199만 원으로 107만 원 줄었지만 상위 20%는 5,800만 원에서 9,000만 원으로 3,300만 원 증가했다는 것을 보여준다.

비극적인 OECD 국가가 될 것이다. 이미 그 징조는 시작됐다. 미성년자를 고용하면서도 근로기준법에 나와 있는 부모 동의도 받지 않고 최저임금 4,320원에 턱없이 못 미치는 임금을 지불하는 사업주들이 많다. 한 달을 일해도 88만 원의 절반도 못 번다. 청년들의 노동을 이렇게 대해서는 안 된다.

최저임금을 높이는 것만큼 경제적 불평등을 줄이는 방법은 없다. 최저임금제는 노동력 착취를 막고 노동 환경을 개선시키고 빈곤을 없애는 소득 재분배 효과가 있다. 어찌보면 최소의 비용으로 사회안 전망을 확보하는 경제적 행위다. 2008년 기준으로 OECD국가 중 우리나라보다 최저임금이 낮은 국가는 멕시코, 터키와 동유럽의 폴란드, 체코, 슬로바키아 뿐이다.

OECD 평균최저임금은 6.44달러다. 우리나라는 그 절반에 못 미치는 3.12달러(2008년 기준)다.

평균 임금 대비 최저임금은 32%로 폴란드 37%, 루마니아 34%보다도 낮다.

덴마크에는 "불행한 의사보다 행복한 청소부가 낫다"라는 말이 있다. 의사와 청소부 간의 실질 임금이 크게 차이나지 않고 직업으로 인간의 존엄성을 다치게 하는 사회 풍토가 없기 때문에 이런 말이 나온 것이다. 덴마크 국민은 아이들의 진로에 간섭하지 않는다. 무슨 일을 하건 '정당한 노동의 대가'에 대한 인간의 존엄성을 고려하기 때문이다.

대학을 나오지 않아도 자신의 노동에 대해 정당한 보상이 주어지고 직업에 대한 차별이 없다면 누가 굳이 대학을 가려하겠는가. 대학에 많이 가는 것을 탓하기 전에 대학에 가지 않아도 잘살 수 있는 환경을 만드는 것이 우선이다. 학력 간, 정규직·비정규직 간 임금의

제대로 된 노동의 대가를 지불하라 ●

간극이 존재하지 않는 세상, 사람값이 비싼 세상은 불가능하지 않다. 유럽 선진국에서는 다 하고 있는 일이다. 우리 모두가 행복해지기 위해서라면 무엇이라도 하고 봐야 한다.

노동권이 만인에게 평등한 나라

인간이 만든 가장 비인간적인 학문인 경영학은 완전한 기계 가동율과 빈틈없는 설비 유지 및 보수를 위해 인간을 기계의 부속품화하였다. 지금도 엄청나게 많은 기업이 6시그마를 생산 공정에서 효율을 최고로 높이는 시스템으로 생각하고 있다. 통찰력과 창조성이 지배하는 디지털 문명 시대에 말이다.

인간을 인간으로서 대우하는 노동은 효율성 면에서 보자면 뒤떨어질 수 있다. 그러나 인간이 인간이 되기 위해서, 인간이 상호 공존하기 위해서, 노동 가치를 효율성으로만 평가해서는 안 된다.

스톡홀름, 헬싱키, 코펜하겐을 잇는 노선의 배편은 인터넷과 휴대전화로 편리하게 예약하는 방법과 유선전화를 통해 안내원과 직접 대화해 예약하는 방법이 있다. 효율성과 비용 면에서 보자면 전자가 낮다. 그럼에도 후자의 방식으로 예약하는 고객이 많다. 그러한 고객이 없다면 안내원은 일자리를 잃게 된다.

효율성보다는 비용이 들더라도 인간의 가치를 중시하는 사회 풍토가 자리 잡고 있기에 가능한 일이다.

IMF 이후에 우리 자본주의가 완전히 신자유주의로 편입한 것은 매우 안타까운 일이다. 롯데쇼핑에 시장을 완전히 내준, 만년 2등 백화점에 불과했던 신세계가 서울 강북 창동에 소재한 국내 최초 대형 할인 소매점인 프라이스클럽을 매각한 돈으로 이마트를 만들고 대형 할인 소매점 시장을 선점해 단번에 국내 유통시장 판도를 바꿔버린 것은 경영 사례로는 훌륭한 벤치마킹 대상이 될 수 있다. 하지만 이로 인해 서구에 비해 자영업 비중이 매우 높은 우리나라에서 지역 소상인 상권이 붕괴되었고, 대형 할인점이 독점적 시장 지위를 이용해 납품가를 후려쳐서 결과적으로 납품 회사에서 근무하는 노동자들의 근로조건을 악화시키고, 대형 할인점에서 근무하는 비정규직 저임금 노동자를 양산했다는 점에서 분노를 살 수밖에 없다.

외국인 노동자의 불법체류가 급증하는 이유는 대기업의 압력에 납품 단가를 낮출 수밖에 없는 중소기업의 현실과 이에 대한 대처 방안을 제시하지 못하는 정부의 무능에 있다. 해방 후 60년에 이르는 경제사는 효율성을 중시한 압축 성장의 결정체다. 그런데 이 압축 성장을 가능하게 해준 요인은 무엇인가? 바로 노동자, 농민, 도시 서민 등 기층 일반의 희생이다.

삼성, 현대, LG 등 국내 재벌은 국가의 정책 자금을 독식해 일어선 기업이고 저임금에도 열성적으로 일한 노동자들의 헌신으로 국제 경쟁에서 살아남았다. 미국발 금융 공황(Crisis) 상황에서 삼성, 현대가 마켓셰어를 늘리고 막대한 이익을 창출할 수 있었던 이유가 고환율 정책 때문이라는 것을 모르는 사람은 없다.

우리나라의 경제는 지식 중심의 소프트웨어가 아니라 풍부한 양질의 노동 자원을 기반으로 하는 하드웨어(메카트로닉스)로 성장한 경제이다. 우리나라 재벌, 대기업은 국민에게 너무도 많은 은혜를 입었다. 현대자동차를 비싼 가격에 구입한 국민이 현대자동차의 품질 때문에 구입했다고 생각하는가?

삶의 질을 향상시키는 것은 임금이다. 버블을 통해 얻는 소득은 신기루에 불과하다. 역사는 계급 간 갈등이 최고조에 이르렀을 때 혁명을 통해서 발전해왔다. 그러나 변혁을 위해 치르는 사회적 비용은 너무도 크다. 마르크스는 노동자가 생산한 잉여가치를 자본가가 임금으로 지불하지 않고 축적함으로써 계급 간 갈등이 커진다고 했다. 이러한 사회적 갈등으로 발생되는 사회적 비용을 피하기 위해 자본은 인간의 얼굴을 가지게 되었다.

함께 상생하기 위한 방법은 정당한 임금의 지급이다. 한때는 미국에서도 US스틸 근로자의 단위당 임금이 화이트컬러보다 많을 때가 있었다. 그때가 60년대다.

70년대 들어와 세계경제는 일찍이 볼 수 없었던 새로운 경제 현상

제대로 된 노동의 대가를 지불하라 ●

과 만나게 된다. 바로 '스태그플레이션'이다. 대공황 이후 호황을 구가하던 미국에 불황의 시대가 다시 온 것이다.

미국은 이후 정치적, 경제적으로 보수의 길을 걷게 되고 사회 진보의 가치는 후퇴하게 된다. 이 흐름이 계속되면서 자본주의 역사를 200년 전으로 되돌리는 신자유주의가 등장하게 된다. 진보의 반동으로 생긴 신자유주의 경제 모델은 우리나라에도 이식되어 경쟁의 논리만 강요하는 노동시장을 만들었다.

산업 혁명시대에나 있을 법한 인간에 대한 착취가 경제 발전 속도가 가장 빠르다는 G20 의장국가 대한민국에서 만성화 되었다는 점에 우리는 실망한다. 새벽부터 밤늦게까지 우유 배달, 편의점, 주유소에서 12시간을 일해야 겨우 100만 원이 넘는 돈을 벌 수 있는 사회. 이들의 상층구조인 매일, 남양, 서울우유, GS칼텍스, SK정유, 현대오일뱅크, 롯데그룹의 계열사 등의 주가는 고공 행진을 하는데 이들 기업에서 일하는 노동자의 삶은 전혀 나아지지 않는 경제 시스템을 가지고도 선진국 대열에 합류하려는 나라라고 할 수 있을까?

필자는 제도권 경제의 중심에서 한 번도 공권력에 도전하지 않았고 국가에 순응하는 소시민적 삶을 살았다. 그러나 내 시대는 갔다. 내 아이를 이런 사회에 살게 하고 싶지 않다. 미래에 내 아이가 사회에 나왔을 때 그 아이가 무엇을 하든 간에 그 아이의 노동이 정당한 대우를 받는 사회에 살게 하고 싶다. 지금처럼 우리 청년들의 의지를 꺾고 정당한 노동의 대가를 인정하지 않는, 그마저도 외국인 노동자로 대체하는, 쉬운 선택만을 하려 하는 경제 시스템 안에서 우리 아이를 살게 하고 싶지 않다.

대체된 노동자들에게도 정당한 임금과 노동권을 보장해야 한다. 그래야 우리 노동자들이 그들로 말미암은 역차별을 받지 않는다. 이민자들이 세운 국가 호주는 아무리 허드렛일을 하더라도 외국인 노동자들에게 자국 노동자와 똑같은 노동조건을 보장한다. 이는 외국인 노동자를 우대하기 위함이 아니다. 저임금의 외국인 노동자를 받아들이면 자국 노동자들이 퇴출되거나 정당한 노동 권리를 보장받을 수 없게 되기 때문이다.

현재 우리나라에는 수십만 명이 넘는 불법체류 노동자들이 있다. 이들의 사연을 들으면 측은지심이 생기는 것은 인지상정이다. 그러나 이들을 받아들임으로써 고용 조건이 열악해지고 노동자의 권리를 해치게 된다면 이는 어떤 도덕적, 경제적 가치가 있을까?

제조업은 아직도 인력이 부족한데 청년들이 생산 현장으로 들어가는 것을 꺼려한다고 한다. 그래서 자발적 실업자가 많다고 한다. 이는 세상 물정 모르는 책상물림들이나 하는 얘기다. 과연 중소기업의 생산 공장에서 일이나 해보고 하는 얘기인지 모르겠다. 쉴 새 없이 컨베이어는 작동하고 쉬는 시간 없이 10시간~12시간을 일해본 경험이 있는가. 있다면 그 노동의 강도가 얼마나 힘든 것인지 알 것이다. 필자의 경험으로는 지옥이 따로 없다. 대학 교육을 받아 눈높이가 높아진 당신의 자녀에게 인간이 감당하기 어려운 노동 강도, 그럼에도 턱없이 낮은 임금, 노동을 통한 정당한 보상이 전혀 이루어지지 않는 현장에서 일하라고 권할 수 있는가.

중소기업의 처지도 이해한다. 원자재 가격은 치솟는데 국내 내수시장을 장악하고 있는 대기업은 납품가 낮추는 데만 혈안이 되어 있다. 결국 중소기업이 선택할 수 있는 길은 노동자의 임금을 낮추는 것밖에 없다.

대기업이 운용하는 홈쇼핑, 대형 할인점, 편의점에 물건을 배송하는 물류회사를 가보면 대개 오후 7시에 일을 시작해 쉬지 않고 12시간 일한다. 그리고 받는 돈이 최저임금 수준이다. 이곳에서 일하는 비정규직 노동자는 4대 보험도 안 된다. 물건을 나르는 컨베이어는 일이 시작되고 끝날 때까지 멈추지 않는다. 쉬는 시간도 없다. 노동의 강도가 세서 이틀 일하면 하루를 쉬어야 한다. 이곳에서 대기업은 비겁하게도 하청 회사에 인력 수급을 책임지게 해 근로기준법을 빠져나간다.

이곳들은 외국인 노동자도 가지 않을 정도로 노동 강도가 세다. 노동의 강도가 세도 거기에 합당한 보상이 이뤄진다면 3D 업종에 가는 것이 그나마 선택의 문제라고 하겠다.

마을신문을 보면 구인 광고가 많다. 그래서 일자리가 많은 것으로 착각할 수도 있다. 그런데 왜 그곳에 사람들이 일하러 가지 않는가. 이유는 간단하다. 보통 토요일 휴무 없이 주 6일을, 거의 눈 뜨고 있는 시간을 모두 일해도 100만 원이 겨우 넘는 돈을 받기 때문이다.

근로기준법이라는 것이 이들 노동 현장에는 적용되지도 않는다. 이곳에서 노동자는 소모품으로 쓰인다. 한두 달 일하면 몸이 망가져 일하기도 어렵다.

대기업의 하청, 재하청 구조가 이런 열악한 노동을 강요하는 것과 마찬가지다. 재하청을 받는 중소기업에서는 생산비를 맞추기 위해서 고정비용인 노동 단가를 깎을 수밖에 없다. 외국인 노동자는 100만 원 임금이라도 자국 임금의 5배가 넘기 때문에 감내하는 것이다. 이런 상황에서 최저임금 20%를 올리자는 얘기를 기업경쟁력 운운하며 재벌들의 하수인인 전경련, 경총의 임원이라는 자들이 반대하는 것을 듣다 보면, 역시 자본은 말로 해서는 절대 변하지 않는 존재들이라는 것을 다시 한 번 확인하게 된다.

노동의 주체이면서 소비의 주체인 국민들이 물리적인 힘으로 이들을 압박하지 않으면 안 되는 시점이다.

빛의 속도로 진화하는 문명에 대한 성찰

누군가가 이런 말을 했다. 우리는 지금 디지털 문명 사회에 살고 있으며 디지털 문명은 빛의 속도로 진화한다고. 또 다른 누군가는 말한다. 무한대의 경쟁 체제 속에서 1명의 인재가 10만 명을 먹여 살린다고. 은연중에 속도와 경쟁에 대한 압력을 가하는 얘기들이다.

삼성전자의 유능한 엔지니어 출신 부사장이 51세라는 젊은 나이에 스스로 목숨을 끊었다. 그는 연 10억 원의 샐러리를 받는 톱클래스이고 그동안 성과급으로 수십억 원을 모은 재산가였다. 그런 그가 왜 스스로 죽음을 선택했을까.

그에게는 한 가지 세상밖에 없었다. 불행하게도 그에게는 다른 인생의 가치가 보이지 않았다. 자신의 모든 것이었던 조직에서 밀려났다는 것은 그로서는 받아들일 수가 없는 일이었다. 그의 자살은 아무리 객관화시켜도 타인의 눈으로는 이해할 수 없는 일이다.

세상에는 가치 있는 일들이 많다. 재능과 돈을 나누면 더 큰 기쁨으로 돌아온다. 그러나 그는 일만 아는 외눈박이 인생을 살았다.

지난 10년간 IT기술의 발전은 매우 충격적인 것이었다. IT기술의 진화는 새로운 플랫폼을 만들고 새로운 수요를 창조해왔다. 컬러 TV, 평면 TV, LCD · LED TV, 3D 실사를 TV로 보기까지 10년이 걸리지 않았다. 인터넷 커뮤니티도 단순히 이메일 계정을 사용하는 것에서 싸이월드, 메신저, 트위터 등의 SNS로 진화하기까지의 기간이 몇 년 걸리지 않았다.

제임스 카메론이 제작한 3D 영화 아바타는 한국 개봉 이후 단시간에 역대 외화 관객수 순위에서 1위를 차지했다. 한국에서만 천만 관객 이상이 보았다. 아바타를 2D, 3D, 아이맥스 영화관에서 모두 본 마니아들도 많다.

우리는 앞으로 몇 년 안에 '워낭소리' 같은 전형적인 아날로그 영화도 3D 디지털 영화관에서 보게 될 것이다.

플랫폼이 바뀌면 시장 수요는 급속하게 이동하게 돼 있다.

우리는 미세한 잡티 하나 없는 TV를 입체로 볼 수 있게 된다.

아바타를 만든 헐리웃 자본은 다른 나라의 영화 자본이 감히 넘볼 수 없는 막대한 물량을 동원해 새로운 플랫폼을 만들고 시장을 선점했다.

제대로 된 노동의 대가를 지불하라 ●

2D 영화는 온라인 불법 복제 때문에 수조 원의 이익이 빠져나간다. 2D 영화로는 지속적인 수익 구조를 만드는 것에 한계가 왔다. 3D 영화는 불법 복제를 막을 수 있고, 2D 영화보다 고객 단가가 30% 이상 높다. 수지타산이 맞는다. 초기 진입 시장이기 때문에 선점한다면 시장 파이가 확대될수록 매출과 이익이 증가한다.

3D 영화는 우리나라에서 비록 아날로그 방식이지만 1968년도에 첫 상영됐다고 한다. 현재 3D 영화는 이를 디지털화한 것뿐이다. 디지털화하는 과정에서의 기술도 새로운 것이 아니다. 우리나라도 가능하다. 단지 자본의 열세로 산업화하기 어려운 점이 있을 뿐이다.

3D 영화에서도 세계의 영화 자본은 헐리웃 자본에 종속되게 돼 있다.

3D 디지털이 2D 실사 영화를 대체한다고 해서 국내 영화 산업 고용이 늘어나지도 않는다. 디지털화하는 과정에서 기술적 지원은 IT 분야의 유휴 인력이면 충분하다.

애플은 아이폰에 이어서 혁신적인 테블릿PC, 아이패드를 출시했다. 사용자 관점에서 편리성이 강조된 상품이다. 기술의 혁명이라기보다는 디자인 혁명이다.

왜냐하면 기술적 사양은 이전 노트북보다 진화된 것이 없다. 아이패드의 출시로 휴렛패커드, 델은 충분히 위협받을 것이다. 그러나 시장이 대체되는 것이지 아이패드가 고용을 창출하지는 않는다. 아이패드를 만든 애플은 패키지만 디자인한 것이고 그 안을 채우는 부속

품들은 기존의 것들을 그대로 사용한다. 산업적 측면에서 이것을 기술의 진화로 보기는 어렵다.

소비자 관점은 다르다. 얼리어댑터가 되지 않으면 뒤쳐진다는 생각을 갖고 있는 현대의 소비자들은 기꺼이 노트북을 버리고 아이패드를 살 것이다.

전통적인 가계 지출 순위에서 통신비가 의복비를 누르고 주요 지출 순위에 이름을 올린 것은 자본들이 새로운 시장을 창출해내기 때문이다. 자본은 숙명적으로 자본의 선순환을 위해 새로운 시장을 만들어간다. 이미 신제품의 노예가 된 소비자들은 언제든지 지갑을 연다. 신제품이 우리 생활에, 우리 문명에 어떤 영향을 가져올 것이라는 생각은 아예 하지 않는다.

뛰어난 인재 1명이 10만 명을 먹여 살린다는 화두를 던진 사람은 유감스럽게도 삼성 총수다. 삼성은 국민이 만든 기업이다. 근대화 초기 과정에서 산업자본을 독식했고, 저임금에도 불구하고 땀 흘려 일한 노동자와 기꺼이 가격에 제품을 사준 국민이 있었기에 삼성은 글로벌의 날개를 단 것이다.

삼성이 원천 기술을 갖고 시장의 파이를 키운 상품은 거의 전무하다. 삼성의 장점은 원천 기술을 들여와 생산 공장을 지어 규모의 경제를 실현하고 가격 우위 요소를 가지고 세계와 경쟁히는 것이다.

질 높은 노동자의 헌신이 없었다면 삼성이 가질 수 있는 경쟁 우위 요소가 없다.

삼성공장에서 기술 혁신을 제안하고 생산성 향상에 기여한 사람들의 절대다수는 학교에서 공과를 전공한 이 땅의 범재들이다. IT산업의 글로벌 리딩 기업이라는 삼성에서 지금껏 빌 게이츠, 스티브 잡스 같은 산업의 미래를 예측하는 비저너리가 과연 있었는가.

창의성이라는 것은 개방된 조직의 인재들이 만들어내는 결과물이다. 뛰어난 인재 한 명이 창의성을 독점할 수는 없다.

그들이 말하는 뛰어난 인재라는 것은 관료 집단에 편입되거나, 법률 서비스 사업에 종사하고, 왜 가는지 이유를 알 수 없는 아이비리그 졸업장을 훈장처럼 달고 다니는 잉여 집단일 뿐이다.

인재는 군중 속에서 탄생한다. 군중 속으로 들어가 있을 때, 스킨십이 강화되고 시장의 질서를 깨닫게 된다. 세상을 이끄는 것은 인간화된 범재이지 뛰어난 인재 몇 명이 아니다.

www로 시작하는 인터넷 시대가 열리면서 세상은 열광했다. 인터넷에 기반을 둔 사업에 수많은 열혈 청년들이 몰려들었다. 그들에게 인터넷은 꿈의 비즈니스였다. 아날로그 경제학에서는 절대 명제였던 수확체감의 법칙이 통용되지 않는, 창의성을 무기로 얼마든지 수확체증이 가능한 시대가 열린 듯하였다.

그러나 10년이 지난 지금 그들은 다 사라졌다. 그들은 e-마켓플레이스라고 부르는 온라인 장터의 특성을 간과했다. 전통적인 시장은 지역적으로 다양한 판매 채널을 갖고 있다. 그러나 온라인 장터는 단일 마켓이다. 가장 강력한 기업이 시장을 독식하는 구조다.

인터넷을 기반으로 하는 솔루션 소프트웨어 회사 중 살아남은 기업은 몇 개 안 된다. 온라인 서점 중 살아남은 곳은 YES24, 알라딘뿐이다. 이들의 비즈니스 모델은 교보문고와 차이점이 없다. 교보문고 역시 이들 기업과 똑같은 수준의 온라인 서점을 갖고 있다. 오프라인에 강한 교보가 여전히 1등 기업이다. 온라인 쇼핑몰에서 인터파크, 옥션의 경쟁자는 다른 인터넷 상거래 기업이 아닌 롯데, 신세계, CJ 같은 메이저 유통 기업이다.

젊은이들이 창의성을 기초로 해서 비교적 적은 비용으로 창업할 수 있는 것이 소프트웨어 개발 회사이다. 그런데 이들을 좌절시키는 것이 국내 휴대전화, 통신 회사의 폐쇄적 독점 구조다. 아이폰이 국내 소비자에게 절대적 지지를 받는 것은 소프트웨어의 개방성 때문이다.

우리는 유능한 개발자의 성과가 경제적으로 보상받을 수 없는 시스템을 갖고 있었다. 아이폰이 들어오기 전에 국내 휴대전화에 이용할 소프트웨어가 얼마나 빈약했었는지는 모르는 사람이 없을 것이다. 그나마 있는 소프트웨어가 19세 이상이 이용하는 포르노물이었다. 별생각 없이 30분, 1시간을 보면 다음달 이용 요금 청구서에 수십만 원이 찍혀서 날아온다. 휴대전화 유료 사이트를 이용하다 수백만 원에서 일천만 원이 넘는 요금이 나와 사회문제가 되기도 했다. 소프트웨어 개발자에게는 문턱이 엄청나게 높았다. 수익도 이통사가 거의 다 가져갔다. 그러니 고사할 수밖에 없었다.

아이폰의 앱스토어에 고객이 열광하자 우리 기업들은 뒤늦게 이 시

제대로 된 노동의 대가를 지불하라 ●

장에 뛰어들었다.

우리 경제는 대기업들에 너무 많이 휘둘려왔다. 그것이 디지털 문명이라는 시대에조차 젊은이들을 희생양 삼고 나왔다.

작금의 신자유주의는 도를 넘어서는 경쟁을 유도하여 자원을 소모하고 환경을 파괴하고 있다. 신자유주의 경제하에서 기업들은 단 1달러라도 생산 효율성이 높으면 공장을 이전한다. 다국적기업들의 기업 가치는 높아지는 반면 이들 기업의 공장에서 일하는 노동자의 소득은 줄어든다. 소득의 양극화 문제는 세계 모든 노동자의 문제가 되었다. 이게 빛의 속도로 변한다는 디지털문명의 실체다.

이런 현실에서 계속 경쟁력만을 얘기하고 있다. 자본주의의 패러다임을 바꿔야 한다.

04 우리는 불평등에 지나치게 관대하다

세계경제를 파국 직전까지 몰고 갔던 월스트리트는 미국 정부의 막대한 공적 자금 지원으로 기사회생하였지만 변한 것이 없다.

월스트리트는 열심히 일하기 위해서는 충분한 보상이 뒤따라야 한다고 말하고 있다. 하지만 그들의 노력과 헌신이라는 것이 그들의 고객, 더 나아가 일반 국민들의 삶을 윤택하게 하고 도움을 주기보다 세계 모든 국가에게 재앙을 안겨주었다.

월스트리트에서 말하는 개혁이나 혁신이라는 단어는 언론, 학계, 정부에 막대한 자금을 헌납해 금융 규제를 완화하고 회계 기술을 이용해 그들의 이익을 최고치로 높이는 환경을 만드는 것이다. 금융 위기의 주범, 월가의 투자은행들은 미국인의 혈세인 공적 자금으로 살

제대로 된 노동의 대가를 지불하라 ●

아났다. 그럼에도 이들은 또다시 금융 위기 전의 탐욕적인 행보를 멈추지 않는다. 이들의 행보에 족쇄를 채우지 않는다면 제2, 제3의 금융 위기는 반복될 수밖에 없다.

불평등은 자본주의에 가장 위협적인 요소다. 가장 우려되는 것은 불평등 구조가 개선되지 않으면 중산층의 상당수가 신빈곤 계층으로 편입되고 빈곤층의 삶의 질은 더 열악해진다는 사실이다. 이 때문에 사회 안전망이 위협받게 되는 것은 물론이고 정부가 지출해야 하는 비용도 크게 증가한다.

신고전주의(Neo classical)이론은 개인에 대한 보상은 사회적 공헌을 반영하는 것이라고 말하고 있다. 그러니까 돈을 잘 버는 것은 사회적 선을 행하는 것과 등가를 성립한다는 얘기다. 이 이론이 맞는다면 사회적 빈민들의 삶의 질을 향상시키기 위해 많은 시간과 경제적인 지원을 하는 사회운동가들이 가장 부유한 사람이 되어야 한다.

신고전주의의 이론이 전부 틀린 것은 아닐 것이다. 나름대로 진정성이라는 것이 조금이라도 있기에 오랫동안 살아남았을 것이다. 그러나 신고전주의가 탄생했던 시기는 빛의 속도로 변화하는 현시점과 비교해서 매우 단순한 시기였다. 그 시기를 반영한 이론이 현대에 맞을 리 없다.

대기업을 예로 들어보자. 대기업에서는 직원 각자가 회사에 얼마나 공헌하는지를 측정하기 어렵고 대리인 문제(agency problem)[*]로 가득 차 있다.

현대 기업 경영에서 CEO 전략은 대단히 유효한 수단으로 인정받고 있다. 주주들은 자신이 투자한 기업이 성장함에 따라서 어느 CEO가 가장 많은 돈을 벌어줄 것인가를 가려 CEO를 선택한다는 것이 요지다.

그래서 대기업의 CEO는 주주를 위해서 일한다는 주주자본주의라는 말도 생겨났다. 하지만 가장 치명적인 대리인 문제는 CEO 전략에서 발생한다. CEO들은 자기 개인의 이익을 늘리는 데에 엄청난 재량권을 갖고 있으며 실제로 그 권한을 자신의 이익을 위해 쓰고 있다.

금융 위기로 월스트리트가 침몰하는 와중에 투자은행에 근무하는 임직원들의 자기 이익 챙기기는 도를 넘어섰다. 무능한 경영, 무능한 위기관리로 말미암아 이들이 자초한 금융 위기는 직접적으로 주주, 투자 고객, 주택 보유자, 납세자, 노동자 모두에게 고통을 안겨주었다.

연·기금을 운영한 투자은행의 경영진은 투자자의 이익을 위해서가 아니라 자신들의 이익을 위한 투자를 해왔다. 자신의 이익을 늘리기 위해서는 리스크 높은 파생 상품 비중을 높일 수밖에 없다. 투자의

＊대리인 문제

위임자와 대리인 사이에 발생하는 문제. 위임자와 대리인 사이에는 정보의 불균형과 감시의 불완전성 등으로 역선택이나 도덕적인 위험이 존재한다. 예를 들자면 전문 경영인의 경우 회사의 이익과 자기 자신의 이익 사이에서 어떤 결정을 내리게 될지 모르는 대리인 문제가 있다.

격언에서는 높은 위험이 높은 이익을 얻는다고 한다. 결국 그들의 주요 고객인 연·기금, 개인 투자자보다 자신들의 이익을 얻기 위해 위험이 높은 파생 상품에 투자했다. 이후 발성한 금융 위기로 경제는 파국을 맞았다. 미국 경기가 기침을 하면 한국 경제는 감기에 걸린다는 말처럼, 미국발 금융 위기로 한국 금융시장은 초토화됐다. 수십 개가 넘는 회사가 파산했고, 살아남았다 해도 M&A를 통해 회사 간판을 내려야 했다.

그 후 10년이 지났다. 새로운 밀레니엄 시대가 오면서 스톡옵션제도는 우리나라의 기업 문화에 급속하게 이식되었다. 스톡옵션에 따른 인센티브가 기본 연봉보다 더 높아지는 것을 당연하게 여기게 됐다. 기업의 실적이 나아지지 않았음에도 주가가 급등하는 경우가 흔하다. 이 경우 스톡옵션에 따르는 인센티브는 크게 늘어난다. 때로는 경쟁 기업보다 주가 상승률이 낮음에도 인센티브가 지급되기도 한다. 잘못된 인센티브 체계는 경제 시스템은 물론이고 사회적으로도 악영향을 끼치고 있다.

우리는 수단과 목적을 혼동하고 있다. 미국의 경우 금융 부문이 전체 기업 이익의 40% 이상을 차지하고 있다. 이 때문에 가장 큰 타격을 입는 것은 인적 자본(human capital)이다. 현재 대졸 예정자 취업 선호도 1위부터 10위까지의 기업이 국가 투자은행과 민간은행 등이다. 국가의 성장 동력이 되는 제조업에서 일해야 할 우수한 인재들이 타 업종보다 터무니없이 높은 급여체계 때문에 금융회사에 몰려들고 있다.

사회적으로 훌륭한 업적을 남길 수 있는 인적 자원들이 급여체계 때문에 금융회사에 지원한다는 것은 우리 사회에도, 우리 경제에도 바람직하지 않다.

미국에서 이식된 성과주의의 영향으로 금융 산업과 타 산업 노동자 간의 임금 차이가 크게 벌여져 있다.

현재 세계경제를 평가하는 말이 펀드자본주의다. 국제금융시장의 통화 거래 규모는 100조 달러에 이른다. 이 중 실물 교역에서 발생하는 통화 거래는 2%에 불과하다. 대부분이 투기적 성격의 거래인 것이다.

펀드자본주의는 1990년대부터 본격화되었다. 세계경제에서 최대 채권자이며 또한 최대 채무자가 펀드다. 결론적으로 납세자, 소비자의 돈을 굴려서 부를 채우는 것이 펀드이고 펀드의 최고 수혜자는 금융 산업 종사자다. 국내에서도 금융 산업 종사자들에게 억대의 샐러리는 흔한 일이 돼버렸다.

노동 행위를 통해 얻는 소득은 개인의 경제적 지위를 결정한다. 동일 노동에 동일 임금을 적용하자는 얘기는 시대착오적이라는 말이 있다는 것을 안다. 그러나 비정규직으로 일해서는 도시 가구 평균 소득의 절반도 벌지 못하는 노동자가 양산되는 시대에 이 문제를 시장경제의 논리라고만 말해서는 안 된다.

역사적으로 사회 불안정과 변혁은 계급 간 소득의 불균형에서 왔

제대로 된 노동의 대가를 지불하라

다는 것을 알아야 한다. 또 경제적 불평등에 대한 사회의 방임은 국민 모두를 불행에 빠뜨렸다는 사실도 기억해야 한다.

임금의 불평등 문제는 왜 발생하는가. 몇 가지 사례를 들어보자.

현대자동차의 경영진은 깊은 고민에 빠져 있다. 노동자 1인 생산성은 경쟁사인 도요타에 비해 절반 수준인데 비하여 완성품의 품질은 떨어진다. 품질에서 경쟁사보다 떨어진다면 노동자의 임금을 낮춰서라도 글로벌 시장에서 경쟁력을 확보하고 싶지만 강성인 노조는 이 말만 꺼내면 파업으로 대응한다. 그래서 묘책을 생각해낸다. 현대자동차 노동자와 동일한 노동을 하지만 임금은 그 절반만 주어도 되는 방법. 사내에 별도 기업을 만들고 하청을 주는 것이다. 이들은 현대자동차 소속이 아니므로 임금 결정에서 자유롭다. 사내 하청 기업에 속한 노동자는 현대자동차 노동자와 동일한 노동을 해도 임금은 절반이다. 현대자동차는 내수 시장을 거의 독점하는 기업이다. 현대자동차에 납품하는 기업은 매출의 대부분을 차지하는 현대자동차이기에 울며 겨자 먹기 식으로 그들이 원하는 가격으로 부품을 납품한다. 현대자동차의 납품가로는 손익을 맞출 수 없어 재하청을 준다. 재하청 기업으로 넘어가면서 납품가는 떨어지고 재하청 기업의 노동자는 하청 기업의 노동자보다 낮은 임금을 받는다.

현대자동차의 눈에는 이것도 성이 차지 않는다. 신자유주의가 추구하는 국제분업화에 눈을 돌려 더 낮은 가격으로 부품을 조달하고 완성차를 만들 수 있는 해외 공장에 눈을 돌린다. 관세를 회피하고 더 낮은 가격으로 완성차를 만들 수 있는데 굳이 강성 노조가 있는 한국에서 자동차를 만들어야 할 필요가 없다.

현재 현대자동차의 절반이 해외 공장에서 만들어지고 있다.

이마트는 신세계그룹의 대형 할인 소매점이다. 신세계는 90년대 후반 일찍부터 강북 창동에 '프라이스클럽'이라는 브랜드로 대형 할인 소매점시장에 뛰어들었다. 이미 언급했듯이 신세계는 프라이스클럽을 매각한 자금으로 이마트를 만들고 전국적으로 지점을 늘렸다. 이후 이마트가 속한 신세계의 기업 가치는 수십 배 이상 상승했다.

그러나 이마트가 내수 시장을 장악함으로써 납품 업체의 판매 채널은 줄어들었다. 고압적인 이마트가 내세우는 어떤 조건이라도 따라야 한다. 납품가는 인상 요인을 반영하지 못했고 이렇게 이마트가 빼앗아간 잉여가치는 노동자가 치러야할 몫으로 전가된다. 실질 임금이 낮아지는 이유가 이 때문이다.

제대로 된 노동의 대가를 지불하라 ●

사교육이 진정한 교육이라면 우리 아이들이 사회에 나가서
양심과 도덕을 가진 훌륭한 시민으로 성장하는 데에도 도움을 꼭 주어야한다.
그러나 현재의 사교육은 단지 아이들을 좋은 학교에 진학시키기 위한 수단일 뿐이다.

학벌로 줄 세우는 것은 인종차별보다 나쁘다(교육)

- 대한민국 헌법 31조 1항은 이렇게 말하고 있다
- 분노하지 않으면 청춘이 아니다
- 대한민국 엄마들 정신 차려야 한다
- 대학 등록금 문제를 해결하는 법
- 그 많은 복지 예산은 어떻게 마련할 것인가
- 학벌로 줄 세우는 것은 인종차별보다 나쁘다

이 장에서 닌 교육은 헌법이 보장한 국민의 권리임을 말한다. 부자와 가난한 자에 상관 없이 국민은 교육을 받을 권리가 있고 국가는 이 권리를 지켜줘야 한다. 또한 현재 진행되고 있는 스펙 위주의 교육은 결국 젊은이들의 꿈을 거세하고 사교육비를 증가시켜 가정과 국가를 파탄시키는 죄악임을 강조한다.

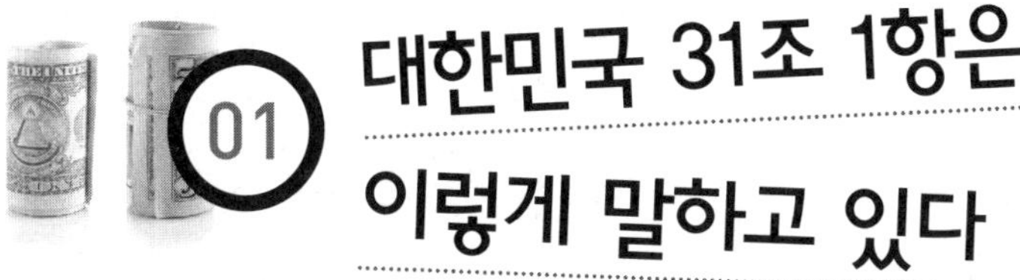

대한민국 31조 1항은 이렇게 말하고 있다

대한민국 헌법 31조 1항에서는 "모든 국민은 능력에 따라 균등하게 교육받을 권리를 가진다"라고 명시되어 있다. 즉, 국민은 자신의 경제적, 지적, 신체적, 기타 여러 가지 능력에 따라 균등하게 교육받을 권리를 가진다. 따라서 경제적, 지적, 신체적, 기타의 능력 중 한 가지 이상의 능력이 있거나 가지려고 노력했다면 헌법은 교육받을 권리를 보장한다. 여기서의 능력이란 일신전속[*]적인 능력을 말하며 재력, 가정환경 등 사회적 신분, 배경의 비전속적인 조건을 말하는 것이 아니다.

대한민국 헌법을 만들었다고 알려진 유진오는 실상은 20세기 가

＊일신전속

특정한 자에게만 귀속도며 타인에게 양도되지 않는 속성.

111

학벌로 줄 세우는 것은 인종차별보다 나쁘다 ●

장 진보적이라는 독일의 바이마르 헌법을 그대로 옮겨 적었다. 바이마르 헌법은 19세기적 자유민주주의를 기본으로 하면서 20세기적 사회국가의 이념을 취하여 근대 헌법상 처음으로 소유권의 의무성(사회성)과 재산권 행사의 공공복지 적합성을 규정하고, 인간다운 생존(생존권)을 보장하면서 사회주의에 입각한 기본적인 인권을 규정하였다는 점에서 20세기 헌법의 전형이 되었다. 그러한 이유 덕분에 우리 헌법 조항 곳곳에는 국민의 평등권을 보장하는 내용이 많다.

우리 헌법에 모든 국민은 종교, 성별, 사회적 신분, 경제적 지위와 관계없이 각자의 능력에 맞는 교육을 받을 수 있게 국가가 교육 균등의 기회를 책임진다고 명시되어 있는 것은 우리 헌법에 사회연대의 가치가 살아 숨 쉬고 있음을 보여준다.

그러나 현실은 어떠한가. 자신의 능력으로 대학에 입학했어도 학비를 전부 개인이 부담하라고 한다. 이는 헌법 정신에 반하는 것이다.

경제 선진국이라는 OECD 국가 중에서 학비를 학생 개인이 전부 부담하는 국가는 대한민국이 유일하다. 미래에 국가 경제를 끌고 나갈 청년들에게 그 고통을 전가하는 것은 국가의 존재 이유에 의문을 갖게 한다. 이러면서 국격 운운하는 것이 얼마나 가당찮은 말인가.

아이들 밥 먹이는 문제 가지고도 포퓰리즘이라고 몰아붙이는 것들을 보면 우리 교육 기관은 영혼 없는 인간을 찍어내는 공장이라고 생각하지 않을 수 없다.

아이들을 동등한 조건에서 교육시키고 먹이는 것조차 시장 논리

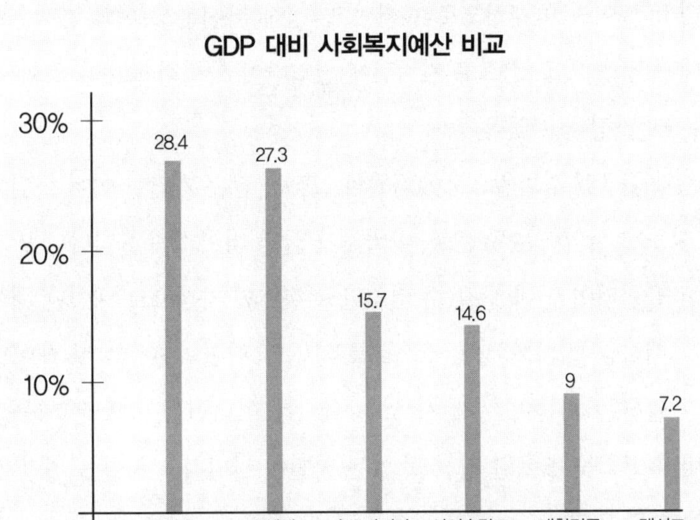

GDP 대비 우리나라 사회복지 예산은 OECD 30개 국가 중 멕시코 (7.2%)에 이어 꼴찌다. GDP 순위에서 한참 뒤처지는 슬로바키아보다 훨씬 낮다.

에 맡기자는 발상은 대한민국 헌법을 부정하는 것이고, 그동안 우리 교육이 얼마나 일그러진 상태에서 오랜 기간 방치되어 왔는가를 알 수 있다.

부모의 경제적 능력이 학력차를 만든다. 그래서 개천에서 용 났다는 말이 생겼다. 그러나 개천에서 용 났다는 인간들이 하는 꼴을 봐라. 가관이다.

자신이 서민의 자식으로 태어나 고생고생 하면서 이렇게 성공했

노라고 노이즈 마케팅으로나 써먹고, 정작 자신은 서민의 자식으로 태어난 것을 잊고 스스로 기득권에 편입하여 사회적 모순을 악화 시키는 데 앞장서고 있다.

현대중공업 경비원으로 800원의 일당을 받는 가난한 아버지 밑에서 힘들게 살았다는 홍준표, 아버지가 끌던 리어카에 올라타다 발가락이 골절되어 군대에 갈 수 없었다고 서민의 자식으로 태어난 애환을 고백하는 원희룡……. 스스로를 가난한 서민의 자식으로 태어났노라 말하는 이들이 현재 서 있는 자리는 어디인가. 그들은 그들의 아버지처럼 못 배우고 가진 것 없는 서민이 아니라 부자들을 위한 정치를 하고 있다.

교육이 출세의 수단으로 이용되는 시대는 끝내야 한다. 만인이 정보를 생산하고 소비하는 이 시대는 제도 교육이 지식의 공급을 독점하는 시대가 아니다.

학벌이 지나치게 강조되는 것은, 이것만큼 기득권을 세습하는 저비용 고효율의 수단이 한국 사회에서는 존재하지 않기 때문이다. 대한민국 헌법 1조 1항은 대한민국은 민주공화국이며 대한민국의 주권은 국민에게 있고 모든 권력은 국민으로부터 나온다고 말하고 있다. 이 말은 정부·지자체는 국민의 행정적·사회적 요구에 복종해야 하며 이것에 반하는 행위는 대한민국의 헌법을 부정하는 것이란 뜻이다. 지금 꼴통 보수들이 하는 짓거리는 우리 헌법이 보장하고 있는 평등 정신을 위배하는 것이다. 초등학교도 못 나온 가난한 노동자

출신이며 브라질을 세계 10대 경제 대국으로 만든 전 브라질 대통령 룰라는 "왜 부자를 이롭게 하는(부자를 돕는 것은)것은 투자라 하고 가난한 이들을 돕는 것은 비용이라고 말하는가"라며 우리에게 묻고 있다.

오세훈의 눈에는 한강에 인공섬을 띄우고 모피 패션쇼를 하는 것은 투자이고 무상 급식을 하는 것은 비용으로 보이나 보다. 무상 급식은 우리 농촌을 살리고 경제를 선순환시키는 효과가 있지만 민자를 유치해 한강에 인공섬을 띄우고 모피쇼 하는 것은 그야말로 자본의 이익을 위한 것이다. 무상 급식 반대를 위한 주민투표에 드는 비용이 180억 원이다. 그 돈이면 서울시 무료 급식에 들어갈 돈의 7분의 1이다. 예산의 효율적 배분이라는 면에서 어느 쪽이 타당성이 있는가. 거의 모든 서울 시민과 그가 속한 정당조차 반대의 목소리가 크다. 그러나 그는 아예 귀를 막고 있다. 자신의 말만 옳고 다른 사람의 말은 듣지 않는 것은 파쇼다. 소통하지 못하고 똥고집만 부리는 사람이 시장으로 있는 한 서울시민은 불행하다.

학벌로 줄 세우는 것은 인종차별보다 나쁘다 ●

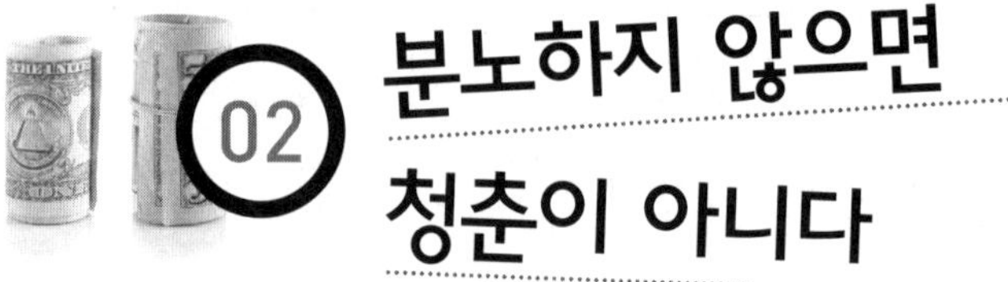

02 분노하지 않으면 청춘이 아니다

우리 청년들이 자랑스럽다. 해방 후 근대화 과정에서 이처럼 세계화 마인드를 가지고 탁월한 능력을 가진 세대는 없었다.

필자의 세대는 민주화 과정에서 많은 것을 상실한 세대다. 군부독재 시대의 제도 교육에는 다양한 가치가 존재하지 않았다.

우리 세대는 해외 유학, 여행도 자유롭지 않았다. 필자가 처음 외국 땅을 밟아 본 것도 사회에 나와 직장 연수로 가본 것이었다. 서른 살이 될 때까지 외국인을 길거리에서 본 적은 있지만 그들과 말을 나눠본 적도 없었다. 우리 세계관의 중심은 미국이었고 미국은 모든 분야에서 벤치마킹 대상이었던 시대다.

현재의 청년은 완전하지는 않지만 필자의 세대와는 비교할 수 없을 정도의 다양한 가치를 눈으로 보고 확인한 세대다. 경제적 수준도 대등하고 새로운 문명의 이기인 컴퓨터를 다루는 능력도 출중하고 어학도 뛰어나다. 그래서 더 안타깝다.

이전 세대에게는 꿈의 숫자인 토익 900점, MOS자격 취득, 해외 어학 연수, 직무 관련 동아리 활동 등 거의 완전한 스펙을 가졌음에도 취업의 문턱에서 좌절하는 청년들이 너무 많다.

고도성장 시기에 사회에 진출한 필자의 세대는 일자리 때문에 고통 받지 않았다. 특별하게 영어 공부를 하는 사람도 드물었다. 그럼에도 내 동기들 대부분은 원하는 회사에 들어갔다. 지금 청년들에게는 꿈같은 소리다. 그래서 미안하다. 우리 세대가 도와줘야 하는데 그들 스스로 그 질곡에서 빠져나오라며 방임했다.

지금 벌어지는 모든 문제는 다 전 세대의 과오다. 청년들은 잘못이 없다. 실무에 들어가면 대부분의 기업에서는 어학 능력이 필요 없다. 전공 지식도 들어가서 배우면 된다. 직무 수행에 필요한 능력 대부분은 사람과의 관계에서 시작되고 끝을 맺는다.

그런데 현재는 입사도 하기 전에 사람들을 지쳐 쓰러지게 한다. 전혀 생산적이지 않다. 지금 금융권에서 하는 대출 심사, 부동산 감정, 외환, 예금 상품 판매 등의 업무는 불과 얼마 전까지만 해도 상업계 고등학교 졸업하신 분들이 맡아서 했다.

필자가 처음 금융권에 발을 들여놓았을 때만 해도 그분들이 대부분 실무를 맡고 있었다. 그분들은 고등학교 1학년 때부터 직무 교육

학벌로 줄 세우는 것은 인종차별보다 나쁘다 ●

을 받아온 사람들이다. 그분들의 계수 관념, 일 처리는 일반 대졸 직원이 근접할 수 없는 수준으로, 경쟁에서도 전혀 밀리지 않았다.

어떻게 보면 현재 입사를 위해 준비하는 공부 스펙들은 실무와는 무관한 것이다. 그저 줄 세우기 위한 수단이다. 공부할수록 청년들의 기대치는 높아지고, 상대적으로 편하고 고용의 걱정이 없는 금융권, 교사직를 선호한다. 또 수월성(秀越性) 교육*의 수혜자들은 자신들이 원하든 원하지 않든 국가 고시에 목을 맨다. 변호사, 회계사라는 직업은 서비스 업종이다. 전문성이라는 것도 사실은 매번 똑같은 업무를 반복하는 것이다.

우수한 자원이 이쪽에 몰리는 것은 국력에도 큰 손실이 아닐 수 없다. 1년간의 실무 경험이, 중소기업에서의 경험이라도 학교에서 배우는 지식의 최소 몇 배의 가치가 있다. 실무 능력과 경험이 많을수록 '점핑' 할 수 있는 기회도 많아진다. 1등부터 꼴등까지 스펙으로 줄 세우는 현재의 고용 풍토에서는 상위 소수자만이 혜택을 누릴 수 있다. 과감한 도전 의식이 필요하다.

청년들이 자주 찾는 인터넷 포털, 커뮤니티 사이트를 보면 매우 위험한 수준에 도달했다는 것이 보인다. 이 사이트들에 올린 글이나 댓글을 보면 그들 스스로 자책하고 학벌 줄 세우기 놀이를 하고 있다.

---

* 수월성 교육
우 · 열을 나누어서 교육하는 것

이 문제는 개인의 능력과는 별개다.

한국 자본주의 전개 과정에서 발생된 구조적 문제이다. 그러므로 정치적으로 풀어야 하고 그러기 위해서는 청년들은 이를 공동의 문제로 인식하고 연대를 해야 한다.

능력이 뛰어나도 현재의 고용 문화에서는 원하는 회사에 들어갈 수 있는 사람은 소수다. 독일, 네덜란드는 노동자들이 연대해 임금 체계를 개선하고 일자리 나누기 등의 해법을 찾고 실업 문제를 해결했다. 인턴 사원을 늘린다고 해서 실업 문제가 해결되지 않는다. 청년 실업의 주체가 되는 청년들이 연대하고 정치적 힘을 가질 때만이 해결할 수 있다.

지금 청년들을 당면하고 있는 문제들은 어느 특정 계층의 문제가 아닌 우리 사회 전체의 문제다. 그러나 직접적으로 압박을 받고 있는 대상은 청년이다. 인류 역사는 불평등에 대한 저항을 통해서 발전해 왔다. 허버트 마르쿠제는 "지나친 불평등은 혁명을 가져온다"고까지 말하고 있다. 그런데 사회적 약자라는 공동의 위치에 있는 청년들이 그들을 고통 받게 하는 구조적 틀을 공동의 노력으로 깨는 것이 아니고 각개약진하고 있다. 그들이 소통하는 공간에서조차 그들은 학벌 서열 놀이나 하고 있고 1%가 만들어 놓은 게임의 법칙에 순응해 스펙 쌓는 데 열중한다.

이래서는 문제를 해결할 수 없고 더 악화시키고 영구화시킨다. 무장을 하고 쳐들어가지 않더라도 청년들이 할 수 있는 저항의 효과

학벌로 줄 세우는 것은 인종차별보다 나쁘다 ●

적인 방법들은 얼마든지 많다. 독점적 이익만 탐하고 사회정의에 어긋나는 기업들을 향해 다양한 채널의 소통 도구를 활용해 그들을 압박할 수도 있고, 상품 불매 운동을 할 수도 있다. 청년들의 이익을 대변하는 정당을 지지하고 그들의 정책이 입법될 수 있도록 표를 모아 주는 것도 방법이다.

문제는 청년들마저 연대하지 못하고 있다는 것이다. 청년들이 유권자의 힘을 보여준다면 등록금 문제뿐 아니라 많은 문제를 해결할 수 있다.

등록금 문제를 공동의 문제로 인식해야 한다. 등록금 반값 운동은 대한민국 교육 시스템을 전면 개혁하는 운동으로까지 발전시켜야 한다. 프랑스는 학생이 주축이 된 68혁명으로 대학 등록금이 폐지되고 대학 서열이 사실상 사라졌다. 이 68혁명이 도화선이 되어 유럽 전역에 교육 혁명이 일어났다. 이것이 신자유주의 경제 질서하에서도 대학등록금이 100유로(프랑스)에 불과한 이유다.

청년이여, 저항은 아름다운 것이며 불평등에 분노하는 것은 정의로운 일이다. 용기 내서 광장에서 그대들의 친구들과 연대하라.

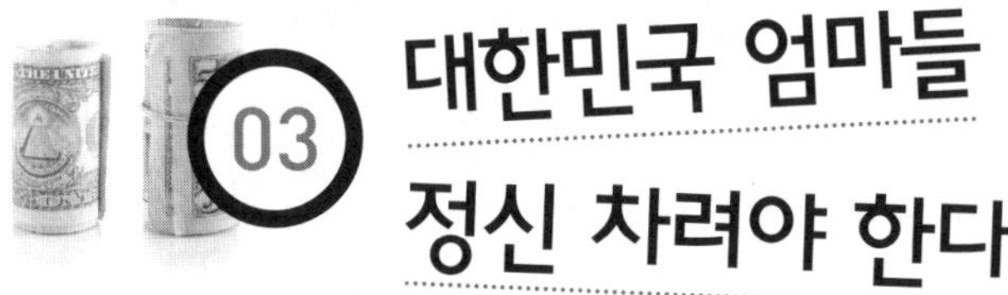

대한민국 엄마들 정신 차려야 한다

대한민국이 시급하게 해결할 과제는 교육, 육아, 청년 실업, 소득의 양극화 문제다. 이 문제는 상호 연관성을 갖고 있다.

이 문제의 직접적인 이해 당사자는 자기 아이라면 끔찍이 사랑하는 대한민국의 엄마들이다. 수월성 교육의 폐해로 나타나는 사교육비 증가는 당장 우리 가계 경제에 큰 타격을 준다.

나이가 중년으로 넘어가면서 모임에 나가면 주로 아이들이 이야기의 화제다. 모임에서 고등학교 동기 동창이면서 군대 시절까지 함께 했던 절친한 친구가 뜬금없이 아이한테 너무 미안하다는 말을 한다.

그 친구는 증권사에서 처음 사회 생활을 시작해 부침이 많았다. 몇 년 동안은 집에 생활비도 못 갖다 주기도 했다. 친구는 입시에서 아이

학벌로 줄 세우는 것은 인종차별보다 나쁘다 ●

가 외고에 진학 못한 것은 순전히 자기 탓이라고 했다. 이유인즉 아이가 외고 입시에서 3문제만 틀려 점수는 합격이었지만 해외 연수 등 소위 스펙에서 밀려 떨어졌다는 것이다. 친구는 경제적으로 압박받는 처지에서도 매월 200만 원을 사교육비로 썼고 자기 나름대로는 최선을 다했는데 끝까지 뒷바라지를 못해 아이한테 너무 미안하다고 말한다.

이 말을 들으면서 아이들 입시 문제가 사회적으로도 큰 문제라는 것을 피부로 느꼈다. 우리 아이는 일반고에 진학했고 공부도 잘하지 못함에도 겨우 부족한 과목만 보충하는 식으로 사교육을 시켰다. 왠지 내 아이에게 너무 무관심했던 것 같다는 생각도 들었다.

그 친구에게 위로한답시고 이런 이야기를 했다. 아이가 외고에 떨어져 상처를 받는 것은 안됐지만, 외고에 못 갔다고 원하는 대학을 가지 못하는 것도 아니고 외고 대학진학률이 높은 것은 원래 공부에 재능이 있는 학생들이 외고에 많이 들어가서이지 특별히 좋은 프로그램으로 가르쳐서가 아니다. "우리 동기들의 면면을 보면 학교, 지역 다 천차만별이다. 그들 중에서 우리가 비교적 성공적으로 살았다라고 말할 수 있는 기준이 출신 대학은 아니지 않느냐. 사회 생활에 있어서는 콤플렉스가 많은 사람이 성공하는 경우가 많다. 실력이라는 것은 다양한 평가 속에서 이루어지는 것이다. 단지 성적이 우수하다고 실력이 있다고 말하는 것은 곤란하다"라고 말해주었다.

친구는 내 말을 이해 못했을 것이다. 30년 전에 고등학교 교실에서

만난 그는 과외가 금지되었던 시대에도 학교 선생들에게 과외를 받았고 우수한 성적으로 원하는 대학에 갔다. 한 교실에서 공부했지만 나와는 다르게 생활했다. 누가 옳은지 모르겠다. 한 가지 분명한 것은 우리 아이가 공부에 흥미가 없고 성적도 부진하다면 부모 입장에서 다른 길을 모색해주어야 하는 것이 아닌가 하는 생각이 든다. 그런데 문제는 우리 교육이 획일적인 줄서기를 강요하고 있다는 사실이다.

나는 엄마들이 사교육에 대해 엄청난 피해 의식을 갖고 있으면서 자기 자식의 사교육에는 열정적으로 달려드는 것을 도대체 이해할 수가 없다. 아이들을 출세시키기 위해 사교육에 집착하는 것이라면 그 가능성은 1%이기 때문이다.

아이들의 수준을 아무리 높여도 안 된다. 기득권자들이 쿼터량을 늘리지 않는다. 25개 로스쿨 정원이 매년 사법시험 합격자 정도로 맞춰져 있다. 로스쿨의 발상지 미국에서는 야간 로스쿨도 많다. 직장인도 회사 다니면서 변호사자격증을 따서 전직하는 것이 가능하다. 그러나 우리나라에서는 아무리 공부를 잘해도 의학 계열이나 로스쿨에 골인할 수 있는 아이는 1%가 안 된다. 절대평가가 아니기 때문이다.

우리 주변에서 부자라는 소리를 듣는 사람들 중에는 일찍부터 밑바닥부터 사회 생활을 시작한 사람들이 많다. 필자가 강남 논현동지점에서 근무할 때 우리 지점 고액 예금자 거의 대부분이 피자가게나 고기집을 하는 점포 사업자였다. 성공하기까지 그들이 얼마나 많은 실패를 겪었겠는가. 돈도 시간과 정성을 쏟고 경험이 축적되어야 버

학벌로 줄 세우는 것은 인종차별보다 나쁘다 ●

는 것이다.

유대인 중에 부자가 많은 이유는 딱 한 가지다. 유대인들은 13세에 성인식(성인식은 유대인의 일생에서 가장 기념적인 일이다)을 치른다. 이때 유대커뮤니티에서 들어오는 찬조금이 수만 달러나 된다. 유대인 부모들은 이 돈을 금융이나 펀드를 통해 돈을 늘려 아이가 성년이 되는 해가 되면 모두 준다. 이 돈은 크게 불어나 아이들의 미래를 결정할 수 있는, 의미 있는 돈이 된다. 아이들은 이 돈으로 대학을 갈 수도 있고 일찍부터 사업에 나설 수도 있다. 이 모든 것을 아이들이 결정한다.

성인식이 끝난 후 들어온 돈의 운용이 어떻게 되고 있는지 아이들도 관심을 갖게 되고 부모와 이 문제로 토론도 한다. 일찍부터 실물경제의 주체로 참여하면서 경험이 쌓이는 것이다.

잘 키운 우리나라의 아이들은 대학 졸업 때까지 엄마 치맛자락 잡고 늘어지는 마마보이다. 사회에 맨몸으로 뛰어들어 부딪치는 것을 두려워한다. 그러면서도 그 좁은 문을 통과하기 위해 스펙 쌓기에 목숨 건다.

세상은 넓고 할 일은 많다는 말은 어느 시대나 유용하다. 그러나 용기 없는 자는 그 선을 넘지 못한다. 내 친구들은 대부분 범생들이다. 한창 나이 때 조직은 그들을 아주 유용하게 써먹었다. 그러나 나이 들면서 내쳐졌다. 어느새 배낭 메고 산행하는 친구들이 하나, 둘 늘더니 지금은 집단으로 모여서 산행한다. 앞으로 5년이 지나면 산에서 동창회가 열릴 듯도 하다. 자연 수명이 앞으로 얼마나 늘어날지 모른다. 퇴직 후라도 20년 정도는 건강이 유지되는 한 일을 해야 한다.

조직에 순응하면서 살아온 내 친구들은 무엇을 어떻게 시작해야 할지 모르고 있다. 반면 사회 생활 초기에 독립해 자기 사업을 한 친구들은 리스크 높은 삶을 살았지만 현재도 왕성한 사회 활동을 하고 있다.

사회에서 성공하는 길은 전문성도 필요하지만 사람과의 관계 맺는 것이 더 중요하다. 재정 계획을 세우고 집행하는 경제 개념도 필요하다. 지금 지출하는 사교육비의 절반을 아이들 이름으로 적립식 예금에 가입하고 아이들에게 통장을 관리하게 하라. 3년, 5년, 10년 후 아이가 성인이 되었을 때 아이는 "엄마 고마워"라고 분명히 말할 것이다. 정치적으로 깨어 있고, 아이들을 단단하게 키우는 엄마들이 존경받는 시대가 올 날이 얼마 남지 않았다. 여러분도 훗날 아이들에게 존경받는 부모가 되고 싶지는 않은가.

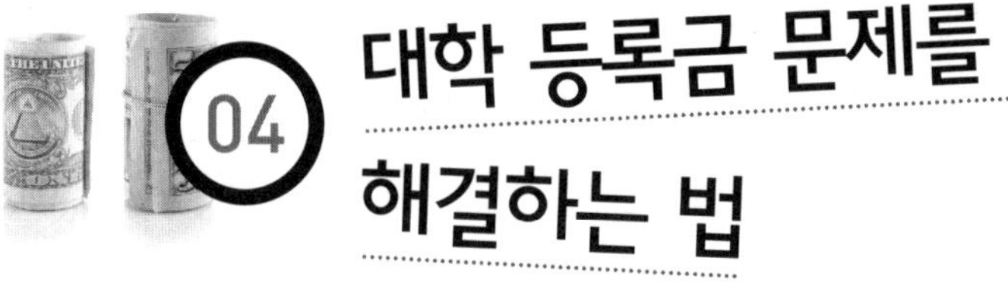

04 대학 등록금 문제를 해결하는 법

명품 소비 대국 대한민국에서는 남과 비교하여 자신의 존재를 부각시키는 것이 상례화돼 있다. 그렇다면 대학 등록금도 명품처럼 남과 비교해보자. 등록금이 100유로에 불과한 프랑스, 등록금이 아예 없는 독일은 예외로 치자. 현재 우리나라의 등록금은 미국에 이어 세계에서 두 번째로 비싸다. 사립대 대학생 비율은 77.9%로 세계 1위다. GDP 대비 고등교육 부담률은 0.6%로 OECD 평균 1%의 절반인 6조 원이다. 개인 부담률은 GDP 대비 1.9% OECD 평균 0.5%보다 3.8배나 높다. 이 정도면 소위 국격은 땅에 떨어진다. 2009년 결산액 기준으로 대학 등록금은 14조 원, 인상률을 감안하면 현재의 대학 등록금 총액은 15조 원이다. 반값등록금을 실현시키기 위해서는 매년 7조 5천억 원 이상이 필요하다. 적지 않은 금액이다. 육아, 노후 복지 등에 들어갈 복지 예산을 감안하면 당장 실현이 불가능할 수도 있다. 그러나 이 길이 맞는 길이라면 '현실론'을 들먹이며 반대만 할 일이 아니다. 지혜를 모으고 방법을 찾으면 불가능한 일이 아니다.

어느 한적한 시골 마을의 뒷산에 산불이 났다. 산불의 원인은 기후 온난화 때문에 발생한 자연재해이거나 산림 관리가 허술한 틈을 타 외지인이 산에 불을 놓은 것이 분명해 보인다.

산불은 순식간에 퍼져 나가 민가에까지도 피해를 크게 입혔다. 소방관이 출동하고 마을 사람들은 집에 있는 양동이라는 양동이는 모두 갖고 나와 불끄기에 나섰다. 그 과정에서 많은 소방관과 마을 사람들이 다치거나 죽었다.

산불이 일어난 원인에 대해서는 소방관이나 마을 사람이나 죄가 없다. 하지만 다시 불이나면 이들은 또 희생될 것이다.

현재 우리 사회의 문제는 대부분 이런 식이다. 정부가 방관하고 있는 사이에, 정부가 근본적인 해결 방안을 못 내놓는 사이에 다치는 것은 국민뿐이다.

이명박 정부는 획기적인 학자금 대출 제도를 2010년 1월 초부터 시행했다. 학자금에 대해 상환 기간은 최장 25년으로 등록금 전액을 대출해준다. 이전에 비해 물량적으로는 파격적이다. 이 제도 시행을 위해 투입되는 예산이 10조 원가량으로 예상된다.

과연 이 제도가 시행되면 문제는 해결될 수 있을까? 우리나라는

학벌로 줄 세우는 것은 인종차별보다 나쁘다

고등학교 졸업생의 약 80%가 대학에 진학한다.

대학생들이 학자금 대출을 전부 받았을 때 대출액은 5천만 원이다. 지금의 고용 시장에서는 대학을 졸업해 바로 빚을 갚아나갈 수 있는 사람의 비율이 높지 않다. 자칫 신용 불량자만 늘리는 꼴이 될 수 있다. 2009년에서 2011년 사이 대학생 신용 불량자는 1만 3천 명에서 3만 명으로 2년 동안 2배가 넘게 늘었다.

왜 이 문제를 '수익자부담의 원칙'*이라는 관점에서 개인에게 전가시키는 방법으로 해결하려는지 모르겠다. 이 정책이 나왔을 때 청년 지지율을 끌어올리기 위한 포퓰리즘이라고 하는 사람까지 있었다. 근본적인 문제 해결이라도 된다면 포퓰리즘이라도 좋다.

80년대의 대학과 비교해 현재 대학의 지식 공급 채널은 혁명적으로 다양해졌다. 지식 쌍방향 소통의 시대가 온 것이다. 지식 정보의 확충, 질적인 면에서 과거와 비교조차 되지 않는다. 개인이 운영하는 블로그, 지식 검색을 이용하면 지식과 정보의 양과 질은 대학의 교양 과목 혹은 일부 전공과목보다도 높다.

주관적인 관점이지만 대부분의 강의는 인터넷을 통해 받는 지식과 정보와 비교해 품질이 낮다. 지천명의 나이에 주관은 객관을 담보한다는 면에서 이것이 내 개인의 생각만은 아닐 것이다. 내 경험으로는

＊수익자부담의 원칙
혜택을 보는 사람에게 비용을 부과하는 원칙.

제도 교육을 통해 받은 10년 동안의 지식보다 1년 동안 인터넷을 통해 얻은 지식이 양과 질에서 압도적으로 높았다.

졸업 학점을 140학점으로 묶어둘 이유가 없다. 취득 학점을 약 50% 줄여도 교육의 품질은 떨어지지 않는다. 지식의 대체 공간이 풍부해졌기에 가능한 일이다.

대학 학제를 4년 8학기제로 유지할 이유도 없다. 냉정하게 말한다면 대학교 교수, 직원들 밥벌이를 위해서라고밖에는 말할 수 없다. 재단 전입금이 1%도 안 되는 대학이 많고 대부분의 대학은 학생들 등록금으로 운영되고 있기 때문이다.

대학은 1학기를 3월 초에 시작해 6월 말에 끝낸다. 1학기 강의 일수가 많아야 120일이다. 2학기는 더 짧다. 9월 초에 시작해 12월 초에서 중순이면 방학이다. 110~120일 정도다. 총 365일 중에서 220~240일이 대학 학기다. 각 학기를 110일로 하고 10~15일씩 방학 기간을 두면 얼마든지 3학기제 운영이 가능하다. 졸업 취득 학점 역시 복수 학위 전공자를 제외하고 100~120학점으로 운용하면 물리적으로라도 등록금을 대폭 줄일 수 있다.

등록금 문제 이전에 본질적인 문제를 생각해보자.

지식의 공급을 필사본에 의존하던 시대에 구텐베르크에 의해 인쇄술이 획기적으로 발전하면서 소수 성직자들이 독점하던 지식과 정보는 일반 민중에까지 널리 확산되었다. 이 시기에 유럽은 중세 암흑 사회로부터 민중이 지식의 주체가 되는 시대로 발전하였다.

학벌로 줄 세우는 것은 인종차별보다 나쁘다 ●

www로 시작되는 인터넷은 만인의 만인에 의한 정보화 사회를 실현시켰다. 웹2.0의 시대의 유저들은 지식을 직접 생산하면서 소비하는 주체다.

과거의 부모들은 나는 못 배웠어도 자식만은 가르쳐야 한다는 일념이 있었기에 우골탑(牛骨塔)이라는 말까지 생겼지만 지금은 못 배워서 지식이 없다는 말은 과거의 전설일 뿐이다.

지금 와서 생각해보면 우리 시대의 대학 강의 수준이라는 것은 정말 형편없었다. 교수의 자질을 의심케 하는 강의가 대부분이었다. 빛의 속도로 변하는 지식 사회에서 수십 년 된 강의 노트로 버티는 교수들의 강심장이 부러울 뿐이다.

내가 www 시대를 맞은 것은 30대 후반이었다. 그때는 일하느라고 너무 바빠서 인터넷은 그저 비즈니스를 위한 도구로만 활용했다. 그 후 10년이 지나 글을 쓰게 되면서 인터넷 마니아가 되었다.

분명히 고백하건데 내가 수십 년간 쌓아온 지식의 양과 질보다 불과 1년의 인터넷 마니아로 살아온 기간에 내 지식과 성찰은 깊어지고 넓어졌다. 이 과정에서 내가 깨닫게 된 것은 왜 대학이 지금도 과거와 똑같은 모습으로 존재하는지에 대한 것이다. 엔지니어링 분야는 또 다른 문제겠지만 적어도 내가 전공한 분야에서는 대학이 필요 없다.

우리는 이제 등록금을 걱정하기 이전에 21세기 디지털 문명시대에 지식과 정보의 축적과 공급이라는 측면에서 대학의 한계를 깨달아야 한다. 내가 이 정도의 깊이 있는 지식을 가졌다면 그것은 독서를 통해 만난 선생 때문이었지 대학 강의 때문은 아니었다.

1%의 잉여들에게는 대학만큼 그들의 기득권을 유지하는 효율적인 시스템이 존재하지 않는다. 대학이 존재하는 것은 이 때문이다.

90년대 학번들과 일하면서 'SKY'라는 용어를 알게 되었다. 참으로 어이가 없었다. 세상은 한 줌도 안 되는 그들이 움직이는 것이 아니다. 이를 인정하는 것은 1%가 만든 덫에 갇히게 되는 것이다.

대학이 입신양명의 수단이 되는 사회는 후진 사회다. 대학이 지식의 창고라는 생각도 매우 웃긴 얘기다. 다들 모른 체하고 있을 뿐이다.

사교육에 대한 조사를 위해 역사를 되돌아보니 참으로 아이러니한 일이 많다. 그중 하나가 군사정권 아래서 가장 좌파적 교육이 실시되었다는 것이다.

중학교 3학년 우리 반 교실은 70명이 공부했다. 이 중 40명 이상이 실업계 고등학교에 진학했다. 중상위권임에도 실업계 고등학교에 진학하는 아이들이 많았다. 실업계를 가도 '동계진학'*이 있어 인문계 학생과 단순 비교해 커트라인이 100점 이상까지 차이가 나도 입학할 수 있는 인센티브가 주어졌기 때문이다.

＊동계진학

상고생이 상대에, 공고생이 공대에 진학할 경우를 위해 실업계 학생을 위한 입학 정원이 따로 있었다.

학벌로 줄 세우는 것은 인종차별보다 나쁘다 ●

고등학교는 정원이 한 반에 60명이었다. 나는 추첨식으로 고등학교를 입학했다. 우리 때는 과외가 금지되었다. 우리 반 60명 중 40명 정도가 대학에 진학했고 나중에 보니 재수하거나 군대에 갔다 와서 다시 도전해 대학을 간 사람까지 합하면 대부분이 대학에 들어갔다. 우리 반은 서울대부터 전문대학 입학자까지 학력의 편차가 심했다.

이 시스템이 효율적이지는 못하다는 것을 모르는 바보는 없다. 그러나 이 시스템을 유지함으로써 얻는 사회적 가치가 더 컸기 때문에 비효율적임에도 의미가 있었다.

공부 벌레들은 무인도에 가도 자기 스스로 원하는 대학에 갈 수 있는 공부적 재능과 열성을 타고난 아이들이다. 그 당시는 국가가 정한 딱 한 권의 국정교과서가 있던 시대다. 이것만 달달 외우면 특별한 사교육 없이도 원하는 대학에 갈 수 있었다.

고2 때까지 놀던 아이가 고3이 되서 개과천선해 딱 1년 공부하고 서울대에 가는 일도 흔했다. 이과 학생들이 1순위로 선호하는 학과가 물리학과였다. 지금은 지방의대, 한의대 다 돌고 낙방한 사람들이 최종적으로 선택하는 곳이 물리학과가 되어버렸다. 학문 자체에 대한 의미가 사라지고 있는 것이다.

지금은 초등학생부터 선행 학습이다 뭐다 해서 학원가를 빙빙 도는 것이 일반화된, 과도한 사교육 열풍이 불고 있다.

사교육은 진정한 의미의 교육이 아니다. 또 근래 사교육은 공교육의 부족함을 채우는 곳도 아니다.

현재 우리나라에서 고등학교 이하 과정은 소모적 경쟁이 매우 가열돼 있다. 교육과정이 한정된 고등학교 교육에서의 경쟁은 시험 보는 요령만 배울 뿐이다. 수능 중심의 입시 제도는 대학 간 줄 세우기를 만들어 서열을 고착화시킨다.

사교육이 붐을 이루는 것은 한국 특유의 교육열 때문이 아니다. 수능 중심의 입시 방법 때문이다. 세계 어느 나라라도 이러한 입시 방식을 도입하면 한국처럼 사교육 열풍이 불 것이고 사교육이 공교육을 이길 수밖에 없다. 국내 대학의 문제는 경쟁이 없는 담합 구조(수능점수로 대학입학과 서열이 정해지는 구조)가 고착화된 상태에서 등록금을 올려 서민을 착취하는 구조라는 데 있다.

사교육이 진정한 교육이라면 우리 아이들이 사회에 나가서 양심과 도덕을 가진 훌륭한 시민으로 성장하는 데에도 도움을 꼭 주어야한다. 그러나 현재의 사교육은 단지 아이들을 좋은 학교에 진학시키기 위한 수단일 뿐이다.

교과과정이 복잡해지면서 사교육을 집중해서 받는 학생이 유리하게 되었다. 결국 사교육을 받지 않는 아이는 불리해질 수밖에 없다. 결국 한국에서의 사교육은 가난한 학생들을 교육의 자리에서 밀어낸다.

지식·정보를 습득할 수 있는 다양한 채널이 이미 우리곁에 와 있다. 그럼에도 사교육 시장의 파이가 더 커지는 것은 사교육의 목적이 지식·정보의 획득이 아니라 '대학'이라는 브랜드 가치를 얻는 것이기 때문이다. 사람들은 이미 뼛속 깊이 알고 있다. 대학의 교육 내용

학벌로 줄 세우는 것은 인종차별보다 나쁘다 ●

이 중요한 것이 아니라 서울대 졸업장이 더 중요하다는 것을.

우리나라 사교육의 목적은 딱 한 가지다. 좋은 학교에 보내서 사회적으로 우월한 지휘를 획득하는 것. 아무런 공익적 요소가 없다. 많은 비용과 사회적 갈등을 야기시키는 제로섬 게임일 뿐이다.

당연히 정부가 시장에 개입해 교통 정리에 나서야 한다. 그러나 정부는 그런 의지를 갖고 있지 않다.

현재의 사교육 열풍을 막지 못하면 소득의 불평등은 더 심해질 것이고, 교육을 통한 계급 간 갈등은 고조되어 우리 사회를 위험해 빠트릴 것이 분명하다.

평등주의를 지향하는 교육 시스템이 뿌리내린 독일, 덴마크, 스웨덴이 계급 간 소득 격차가 적고 사회연대가 살아있음을 반면교사로 삼아야 한다.

우리 사회에서 진보주의자를 자처하는 정치인, 지식인 중에서 자식을 외고에 보내는 사람이 많다. 과연 그들이 무엇을 얘기한다 한들 그의 진정성을 국민이 믿겠는가.

군부 통치의 전두환이 가장 사회주의적인 교육제도를 만들고 추진했다는 것은 우리 사회의 비극이다.

등록금 문제는 표를 먹고사는 정치권에서까지 최고의 화두가 되었다. 등록금을 절반으로 낮추는 것에는 20대 유권자들을 생각해서 똑같은 목소리를 내지만 문제 해결의 각론에 들어가서는 역시나 지지부진하다. 정치권에서는 등록금 문제의 솔루션을 두고 저울질할 뿐이지만 등록금 문제의 당사자인 대학생, 부모들한테는 매우 절박한 문제이다. 아래의 도표를 보자.

연간 대학 평균 등록금 현황 (대상 : 191개교)

(단위 : 천 원)

구분		학교 수	연간 평균 등록금		
			2011	2010	인상율(%)
국·공립대	전체	28	4,430.4	4,403.8	0.60
	수도권	4	5,460.3	5,451.0	0.17
	비수도권	24	4,296.1	4,211.3	0.70
사립대	전체	163	7,686.4	7,514.2	2.29
	수도권	68	8,089.3	7,907.8	2.29
	비수도권	95	7,409.3	7,243.0	2.50

출처 교육과학기술부

도표를 보면 수도권 대학의 등록금이 평균 8백만 원이 넘는다. 여기에 책값, 하숙비(평균 60만 원), 용돈(교통비, 식사)까지 합하면 연간 필요한 비용이 최저 1,500만 원~2000만 원에 이른다. 도시 평균 가계 소득이 3,000만 원이라고 가정하면 수입의 2분의 1 이상이 대학교에 다니는 자녀의 교육비로 들어간다. 대학에 다니는 자녀가 2명만 되어도 가정경제가 정상적으로 운용될 리가 없다.

기회비용 측면에서 과연 대학을 다니는 것이 경제성 있는 행위인가를 고민하게 된다. 대학 졸업 후 연봉으로 3,000만 원 이상 받는 사람은 상위 20%가 안 된다.

우리나라 고등학생의 대학 진학률은 80% 이상으로 수치상으로 볼 때 의무교육 단계다. 대학 입학 정원이 자유화된 시점이 DJ정부 때다. 이때부터 교육 시장을 정부가 사실상 방임했다. 탐욕적인 사학 재단들의 대학 설립이 붐을 이뤘다. '아이들의 교육은 국가가 시킨 다'는 헌법 정신에 충실했다면 이 같은 신자유주의적 행보는 하지 않았을 것이다.

국가가 아이들의 교육을 책임진다는 헌법 정신에 따른다면 국가 는 아이들의 재능과 열정을 관찰하고 분석하여 그들의 진로에 대해 간섭해야 한다.

왜 모든 아이들이 대학을 가야 하는 것인가. 왜 국가는 이를 조정 하지 못하는가.

독일의 경우 초등학교 5학년 때부터 국가가 아이들의 미래에 관 여한다. 독일은 고등교육까지 의무교육을 법적으로 보장하고 있다. 국가는 아이들의 재능 및 시장에서의 수요와 공급을 고려해 아이들 의 전 교육과정에 적극적으로 개입한다.

독일 교육 체제의 특성과 목표는 3가지다.

첫째, 지방자치가 일찍부터 발달한 독일은 16개 주의 교육 여건에 따라 상이한 교육 시스템을 운영한다. 그러나 의무교육 기간, 학교의 명칭, 학교 조직에 대한 개념은 하나의 시스템으로 운영한다.

둘째, 사회연대와 시민의 평등권에 초점을 두고 성숙한 민주시민으로 길러내는 것을 목표로 한다.

셋째, 인간 존엄성에 대한 존중과 사회적 행위에 따른 규범을 준수하고 자신의 행동에 대해 책임지는 문화 시민으로 길러낸다.

독일의 아이들은 3세부터 3년간 유치원 교육을 받아야 하고 이 과정을 통해 기초 사회생활을 훈련한다. 독일 유치원 과정의 특징은 글 공부는 시키지 않는 것이다. 독일의 초등교육은 4년제다. 수업 시간은 7:30~12:00까지 4시간 30분이며 하교 후에는 지역 내 클럽에서 1~2가지 스포츠를 한다. 초등학교 4년 동안 한 명의 담임이 전담으로 가르치며 아이의 학습 능력, 재능, 장래 직업에 이르기까지 아이의 모든 것을 평가한다. 이는 차후에 아이의 진로를 결정하는 자료로 활용한다. 4학년 1학기까지의 결과를 가지고 학부모와 협의해 아이의 진로를 최종 결정한다.

중등 과정은 1단계, 2단계로 나눈다. 중등 1단계에서는 하우프트슐레, 레알슐레, 김나지움, 종합 학교로 구분하지만 5~6학년(10~12세)까지 학교 이동이 가능하다. 이후 중등 2단계에서는 직업학교, 직업전문학교, 전문고등학교, 김나지움 등 상급 학교로 진로를 확정짓는다. 독일의 중·고등학제는 삼원제다.

첫 번째 하우프트슐레(기본 학교)는 6년제(5~10학년)로 35%의 학생이 진학하며 졸업 후에는 아우스빌딩(직업학교)에 진학해 교육받고 전문인으로 직업 전선에 나선다. 3년의 현장 경력을 거치면 마이스터 과정에 입학해 자기 전문 분야에서 최고의 전문가 대우를 받는다.

학벌로 줄 세우는 것은 인종차별보다 나쁘다 ●

하우프트슐레를 졸업한 사람의 20%는 대학에 진학한다

두 번째는 레알슐레(직업학교)로 6년제(5~10학년) 과정이며 하우프트슐레와 김나지움(인문 학교)의 중간 학교다.

세 번째 김나지움은 9년제(5~13학년)로 중등 1단계(5~10학년) 중등 2단계(11~13학년)으로 구분해 중등 2단계에서는 현대어, 고전어와 수학 과정으로 나누어 교육한다. 대학진학률이 증가하면서 김나지움 입학률은 60년대와 비교해 20~30% 증가했다. 추가적으로 게상트슐레라는 종합 학교에는 전체 6%의 학생이 진학한다. 종합 학교는 삼원제 학교의 과정을 통합한 교육기관이다. 독일 중등 과정(고등 과정 통합)의 특징은 앞서 말했듯이 아이의 학습 능력, 재능, 산업적 수요 등을 감안해 아이에게 맞는 특성화 교육을 실시하는 것이다. 인문 학교에 가지 않아도 대학에 갈 수 있는 길이 열려 있고, 사회적으로 전문 기능인을 우대하는 풍토가 자리 잡아, 굳이 대학에 진학하지 않아도 전문인으로서의 존경과 경제적 보상이 이루어진다.

우리는 중·고등과정이 의무교육임에도 아이들의 미래를 국가가 방임하고 시장 논리에 맡긴다. 산업적 수요를 무시하고 전체 학생의 80%가 대학에 진학함으로써 잠재 실업률이 높아지고 생산 현장에서는 노동력 부족이 벌어지는 모순이 계속되고 있다.

우리 사회는 전문 기능 인력을 얕잡아보는 경향이 있고 실제 산업 현장에서는 전문 기능인에 대한 경제적 보상도 열악하다. 이런 모순을 방치한 채 대학 정원을 늘린 결과 무능한 사학 재단과 이들이 세운

학교에 근무하는 교직원, 교수들만 배불리는 것이 현실이다. 아이들이 내는 등록금이 잉여 자본이 되어 엉뚱한 이들을 위해 쓰이고 있다.

등록금 문제를 해결하기 위해 1차적으로 아래의 방법을 생각해 볼 수 있다.

첫째, 등록금상한제(Top-up fee system)다. 등록금상한제는 경제 이론의 최고 가격 설정과 같은 의미로서 등록금 인상률을 국가가 개입해 결정하는 것이다. 등록금상한제는 이미 영국에서 실시되고 있다.

둘째는 등록금후불제다. 국가가 먼저 등록금을 부담하고 졸업 후에 일정 기간 동안에 나눠 내는 방식으로 호주, 뉴질랜드, 스코틀랜드, 영국 등의 나라에서 하고 있다.

셋째는 분할납부제다. 영국의 경우 9~12월, 1~3월, 4~6월 학기가 끝난 다음에 등록금을 나눠 납부하는 방식으로 옥스퍼드대학이 하고 있다.

참고적으로 주립대학이 많은 미국에서는 주의회에서 등록금 인상을 결정한다. 등록금 인상률은 대부분의 나라에서 아래의 3가지 관점으로 접근한다.

첫째, 저소득층이 대학 교육을 받을 수 있는 환경인가의 평등성.

둘째, 등록금 인상이 대학 교육의 수준을 높이고 있는가의 비용 대비 생산성.

셋째, 다른 국가의 지원은 어떠한가의 국가 형평성이다.

학벌로 줄 세우는 것은 인종차별보다 나쁘다 ●

이 세 가지 관점에서 보는 우리 대학 교육의 현실은 암담하다. 현재의 등록금 수준으로는 저소득 계층의 자녀는 대학 교육을 받을 수 없는 처지다.

또 등록금 인상이 대학 교육의 질을 높인다는 것도 과학적으로 입증되지 않았다. 대학 교육과 등록금 인상의 상관관계는 비례하지 않는다.

마지막으로 등록금 수준에 관한 국가간 형평성에서 우리나라는 대학 등록금의 거의 전액을 개인이 부담하는 유일한 OECD국가라는 점에서 국가 교육비 지출 항목에서 최하위국 수준이다.

등록금 문제를 보편적 복지로 편입시켜 지출 개혁, 세금 인상의 방법으로 예산을 확보하기 이전에 국민의 저항을 적게 받으며 동의를 구하기 위해서는 현재의 대학 교육에 메스를 대야 한다. 아이의 재능이나 산업적 수요와 무관한, 그저 교육의 형식적 평등성만을 강조해 대학이 가방끈 늘리기의 수단으로 전락한 상황에서 국민의 동의를 얻기는 어렵다. 대학 교육을 보편적 복지로 끌어들이기 위해서는 적어도 3가지의 개혁이 있어야 한다.

첫째, 대학 교육에 대한 사회 인식이 바뀌어야 한다. 이 부분은 사회 전 계층의 코페르니쿠스적 사고의 혁명이 있어야 한다. 만인에 의해 정보가 생산되고 소비되는 이 시대에, 중세에 도제교육으로 시작된 대학 교육은 학교 간 서열을 통한 기득권의 대물림의 수단으로 전락했다.

현재는 다양한 교육 채널이 있어 대학 교육 이상의 강의를 들을 수 있고 지식과 정보를 축적할 방법이 매우 많아졌다. 그럼에도 대학에 목메는 것은 소위 상위 1%가 만들어 놓은 덫에 빠지는 것이다. 학벌로 덕본 인간들은 대한민국에서 그들뿐이다. 또한 산업 현장에서 전문 기능인이 임금에서 차별받지 않고, 인터넷 강의로 얼마든지 대학 교육 과정을 받을 수 있게 하고 이렇게 받은 학위가 전일제 대학 교육을 통해 받은 학위와 동등하게 등가를 이룬다면 단지 학위를 얻기 위한 대학 수요는 감소될 것이다. 지금은 아이의 재능이나 산업적 수요와 무관하게 너무 많은 아이들이 전일제 대학 교육을 선택한다.

둘째, 국내 국립대는 학과 교육과정이 천편일률적이다. 각 지역의 산업적 수요에 맞춰 특성화를 이룬 대학은 몇 곳이 안 된다. 이러니 국립대 졸업자들이 지역에 흡수되지 못하고 졸업 후에는 수도권으로 몰려든다. 국·공립대는 현재보다 최소 2배 이상 늘려야 하고 재정 지원도 더 늘려야 한다. 그전에 국립대학들은 학과 조정과 통합으로 지역 실정에 맞는 인력 배출과 특성화를 이뤄내야 한다.

미국의 예를 들어보자. 미국에서도 가장 많은 주립대학이 있다는 캘리포니아에는 버클리, 얼바인, UCLA 등 세계적으로 잘 알려진 주립대학이 있다. 이 대학에 비해 산타바바라 대학은 비교적 덜 알려졌다. 그러나 산타바바라 대학은 노벨상 수상자를 배출한 학교로 생명공학 분야에서는 최고 수준 대학이다.

셋째, 재단 지원금이 10%도 안 되고 학생 등록금으로 배 채우는

학벌로 줄 세우는 것은 인종차별보다 나쁘다 ●

무능한 사학은 퇴출시켜야 한다. 무능 사학을 퇴출시키기는 사실 힘겹다. 국회, 정부, 교회 등에 이들을 보호해주는 범 보수 세력이 폭넓게 자리 잡고 있어 교육 개혁을 항상 좌절시킨다. 그러나 개혁은 시간이 걸리더라도 해내야 한다.

05 그 많은 복지예산은 어떻게 마련할 것인가

보편적 사회복지 실현을 위해서 현실적으로 필요한 것은 절대적으로 돈이다. 육아부터 고등교육 의무교육, 노후연금 확충, 건강보험 확대 등등 모든 것이 돈이 있어야 가능하다. 그러나 돈 이전에 보편적 사회복지에 대한 국민의 동의가 있어야 한다. 그렇지 않으면 보편적 복지에 들어가는 막대한 예산을 확보할 수가 없다. 지출 개혁만으로는 한계가 있다. 육아 예산에만 쓰는 돈이 얼마나 되는지 선진국의 예를 들어보자.

현재 프랑스의 육아 예산은 GDP의 4.7%로 약 883억 유로다. 우리나라 돈으로 환산하면 150조 원이다. 반면 우리나라는 GDP의 0.35%(2007년 기준)으로 3조 2천억 원이다.

프랑스는 정부 중앙 기관인 국립가족수당기금(CNAF)에서 프랑스

학벌로 줄 세우는 것은 인종차별보다 나쁘다 ●

에서 태어난 모든 아이를 육아에서부터 고등학교를 졸업해 성인이 되는 20세까지 지원한다. 프랑스는 산모에게 법적으로 1년의 육아 휴직을 보장하고 있으며 개인의 선택에 따라 2년 휴직도 가능하다. 1년 육아 휴직 기간 동안에는 100% 월급을 지급받는다. 아이 출생 후 4개월 이내에 아버지는 2주간 출산 휴가를 받아 아이의 양육을 도와야 하는 의무가 있다. 출산 후 직장 복귀가 어렵고 임금도 보장받지 못하는 우리 사회에서 아이의 출산 양육은 오로지 여성의 몫이다.

아이의 출산, 육아 문제를 여성의 몫이 아닌 사회 구성원 전체의 의무로 여기는 프랑스의 출생율이 OECD 국가 중 상위에 위치하는 배경에는 완벽한 육아 복지 정책이 있었다. 세계화 열풍 속에서도 프랑스의 보편적 복지 정책이 후퇴하지 않는 것은 보편적 복지는 정파적 논쟁거리가 될 수 없는, 사회 통합을 이루기 위한 민주공화국의 기초 토대라고 사회 구성원이 동의하고 있기 때문이다. 사회연대의 가치가 국민 속에서 생생히 살아 숨 쉬고 있다면 보편적 복지를 위한 예산은 사실 별것 아니다.

앞으로 몇 년 안에 우리나라의 실질 인구는 감소한다. 저출산 때문이다. 여성들의 결혼연령은 늦춰지고 있고 결혼은 선택의 문제라는 결혼 무용론이 큰 흐름으로 자리 잡고 있을 정도다.

왜 젊은 여성들이 결혼을 기피하고 아이 낳는 것을 두려워하겠는가. 저출산이 한국 경제의 동력을 상실케 한다고 걱정만 하고 그 근본적인 원인이 되는 육아 복지에 대해서는 침묵하거나 예산 타령만

한다. 정부의 예산 지출 순위에서 육아 복지 문제만큼 중요한 것은 없다.

보편적 복지에서는 복지의 수혜자가 확대될수록 예산이 증가한다. 감당할 수 없을 정도가 될 수도 있다. 경제를 망치면서까지 복지 예산을 확대하자고 하는 것은 아니다.

그러나 부를 독점하고 있는 기득권 계층, 이들을 대변하는 국회, 정부 내의 기득권자들은 국가의 흥망이 달린 육아 예산 증액에도 별 해괴한 논리를 내세워 반대한다. 보수 언론이 여론 조작에 나서면 보편적 복지 문제는 이념 논쟁으로 변질되었다가 정치적 이용거리가 안 되면 즉각 폐기 처분된다.

보편적 복지는 그 누구만을 위한 일이 아니다. 등록금을 내기 위해 아르바이트를 해야 하는 아이들, 사랑하는 사람은 있지만 경제적 부담으로 결혼을 미루고 있는 연인들, 결혼해서도 육아와 직장 사이에서 고통 받는 젊은 부부들, 그들이 흘리는 눈물은 바로 내 아이가 흘리는 눈물이다.

보편적 복지를 해괴한 경제 논리로 막는 세력은 대한민국의 적이다. 보편적 복지 문제가 공론화되고 있는 것은 국민의 삶이 매우 피폐해졌고, 이 문제를 해결하지 않는 한 그 누구도 행복할 수 없다는 공감대의 저변이 넓어졌기 때문이다. 보편적 복지에 들어가는 돈은 지출 개혁, 세금 인상 등으로 비용을 최소화하면서 복지의 수혜는 넓히는 방향으로 지혜를 모으면 된다. 그런데 이 문제를 이념적으로 대

학벌로 줄 세우는 것은 인종차별보다 나쁘다 ●

립각을 세우고 정파적으로 이용하는 세력이 있다.

복지국가의 이상이 큰 저항 없이 현실화되기 위해서는, 첫째 복지 예산을 위한 새로운 세금 항목을 만들거나 세금을 인상하는 방법은 지양하고, 둘째 지출 개혁을 통해 복지 예산을 최대로 확보 해야 한다. 지출 개혁에 대해서는 각자가 처한 현실에서 보는 눈이 다 다르다. 이를 정리해서 필자의 경험과 시각을 더해 현실적으로 가능한 지출 개혁에 대해 말하고자 한다.

첫째, 아래 부분에 열거하는 내용들에 관련된 예산을 줄이자는 안은 국민들이 대체적으로 동의한다. 국가 주도의 토건 사업, 민간 기업에 대한 공적 자금 지원, 지자체의 무분별한 실적 쌓기, 사회 간접 자본(SOC) 사업, 지자체 간 중복 사업.

이 부분에 투입되는 예산은 전부 합하여 100조 원 이상이다. 4대 강 사업도 처음에는 투입 예산이 4조 원이라고 했지만 현재는 42조 원으로 늘어났다. 전국 수십 곳에 이르는 기업 도시, 혁신 도시 중에는 아직까지도 삽도 못 뜬 곳이 많다. 이때 풀린 토지 보상금이 98조 원이다. 이 중 24조 원은 전국구 부동산인 서울·수도권으로 재투자돼 부동산 버블을 만들었다.

2008년 9월 리먼 브라더스 파산으로 시작된 금융 위기 때 건설사에 투입된 공적 자금이 18조 원이다. 막대한 공적 자금이 투입됐지만 파산, 법정관리, 워크아웃 등 사실상 퇴출되는 건설사는 급증했다. 투기 자본이 자본시장을 지배하는 펀드자본주의하에서는 금융 위기의 주기는 짧아지고 수시로 찾아온다. 금융 위기 때마다 국민의 혈세로 기업을 지원하는 것은 자제해야 한다. 자치장의 입지를 다지고 지역 이기주의를 앞세운 지자체의 사회 간접 자본 투자가 엄청난 비용만 낭비한 채 끝나버린 사례를 수없이 보아 왔다. 일일이 열거하기도 어렵다.

참여정부 이후에도 토지 보상금으로 매년 22조에서 29조 원의 돈이 나갔다. 2009년에는 토지 보상금이 2008년의 22.5조 원보다 3분의 1이 증가한 34조 8천억 원이었다. 이 시점은 4대 사업이 본격적으로 추진되던 해다. 수십조 원, 백조 원이 넘는 국민의 혈세가 투자금 대비 경제성은 매우 미약한 (오히려 안 하는 것이 좋은) 토건 사업에 투입됐다. 7조 원 이면 미래의 대한민국을 이끌어갈 청년들이 등록금의 고통으로부터 벗어날 수 있다. 이런데도 예산 운운하며 사사건건 반대만하는 인간들은 과연 무슨 생각을 하고 있는지 궁금하다. 세상의 모든 일이 그렇듯이 처음 가는 길은 두렵다. 그거나 이 길은 우리가 행복해질 수 있는 길이며, 경제 운용을 조금만 지혜롭고 투명하게 해도 갈 수 있는 길이다.

둘째, 재벌의 불법 증여, 상속에 세금을 물려야 한다.

재벌들은 현정부에 무릎 꿇고 감사해야 한다. 이 정부 들어서 그들은 규제받지 않고 계열사를 늘려 무한 영토 확장(최근 3년간 10대 재벌 기업의 신생 계열사는 약 200개가 증가하였다)이 가능해졌고 비상장 계열사를 통해 부를 대물림할 수 있는 공간이 확보되었기 때문이다.

학벌로 줄 세우는 것은 인종차별보다 나쁘다

금융감독원 전자공시시스템을 기초 자료로 자산 순위 30대 그룹 가운데 오너 자녀들이 대주주로 있는 20개 비상장사의 실적 현황을 분석한 결과 2010년말 기준으로 총매출 7조 4229억 원 중 계열사에서 몰아준 매출이 3조 4249억 원으로 절반에 가까운 46%였다.

한국증권거래소에 의하면 2010년 6월 30일부터 2011년 6월 30일 비교 기간 동안 자산 순위 30대 대기업 총수와 1촌 이내 직계가족(부모, 배우자, 자녀) 118명이 보유한 상장사 주식 보유액이 53조 929억 원으로 1년, 전 같은 시점의 40조 5,925억 원과 비교해 30.8%가 늘었다. 여기에 상장사 주식배당금으로 4,937억 원을 받아 이들이 시세 차익과 배당금으로 벌어들인 돈이 1인당 평균 1,101억 원이다.

한국증권거래소가 이 내용을 발표한 시점, 같은 날 최저임금위원회의 최저임금 심의가 부결됐다는 기사가 떴다. 근로자위원회는 현 최저임금 4,320원 보다 460원 많은 4,780원을 제시했다. 사용자위원들은 135원 많은 4,455원을 제시했다. 공익위원들은 260~300원 오른 4,580~4,620원을 중재안으로 내놨지만 양측이 모두 거부해 부결됐다. 땅은 경계가 있지만 하늘은 경계가 없다. 죽음 앞에는 모두 평등할 수밖에 없는 인간들이 한쪽은 1년간 1천억 원 이상을 벌고, 또 다른 쪽은 시간당 노동자 평균 임금의 30%에도 못 미쳐 겨우 460원 올리자는 것을 그들의 하수인들을 시켜 반대하고 있다. 이런 자본주의라면 없는 편이 낫다.

나와 금융권에서 사회생활을 함께한 동료, 친구들은 최근 들어 자조 섞인 말을 자주한다. "삼성 이건희, 현대 정몽구, SK 최재원이 마음만 먹는다면 수조 원에서 10조 원 이상까지도 손쉽게 벌 수 있다고……."

회사 설립하고 계열사 물량 몰아주어 재무제표를 잘 만들고 상장하면 간단하게 수조 원 이상을 벌 수 있기 때문이다. 실제 정몽구의 외아들 정의선은 2001년 클로비스를 설립하고 29억 9,300만 원을 초기 자본금으로 투자해 10년 만에 1조 8,967억 원의 자본이득을 얻었다. 그동안 받은 배당금만 투자 금액의 10배가 넘는 335억 원이다. 따라서 정의선의 클로비스의 투자 수익률은 약 6만 3,000%가 된다.

이 외에도 정의선은 현대 엠로·이노션·본텍·위스코·오토에버시스템 등 다른 5개 기업에 약 410억 원을 투자해 2,800억 원의 자본이득을 얻었다. 만약 이들 기업이 상장하게 되면 정의선은 또 천문학적인 시세 차익을 얻게 된다.

SK그룹의 최재원도 SK C&C, 와이어댄, 이노에이스 등 3개 계열사 주식에 101억 원을 투자해 2조 439억 원을 벌었다. 2009년 상장한 SK C&C에서만 60억 원을 투자해 약 2조의 투자 수익을 냈다. 이런데도 이들에게 과세하지 않는다면 조세 정의가 죽은 것이다.

비상장회사를 설립해 2세들이 초기에 투자하게끔 한 뒤 계열사 물량을 몰아줘 회사 가치를 높인 후 상장하여 막대한 시세 차익을 얻는 방법으로 재벌들이 부를 대물림하는 것이 이제는 공식적인 수단이 되었다.

학벌로 줄 세우는 것은 인종차별보다 나쁘다

셋째, 비과세 대상을 감면하거나 축소해야 한다.

압축 성장으로 대변되는 한국 경제는 세금에 있어서도 생산 경제 활동에 부가되는 부가가치세, 법인세, 소득세가 상대적으로 높고 반면 부동산 관련 세금은 주요 국가와 비교해 낮다. 부동산 보유세의 실효 세율이 미국은 1%지만 우리나라는 10분의 1인 0.1%이다.

그럼에도 부동산 세금을 올리자는 얘기를 하면 소득 수준과 관계없이 전 계층에서 들고 일어난다. 소득에 관계없이 40% 이상이 자가 주택 보유자이기 때문이다. 현재 과세 효과가 가장 클 것이 국세청의 비과세 대상 항목 중 부동산 관련 양도소득세 면제 혜택을 폐지하는 것이다.

현재 1가구 1주택자는 주택을 사서 3년 이상 보유하면 양도소득세를 감면받는다. 사무용 오피스텔은 주택으로 포함시키지 않아 이를 통한 매매 차익과 임대 수익에 대해서는 사실상 과세하지 않는다.

부동산 침체기가 계속되고 역도미노 현상으로 수도권 외곽의 부동산 가격이 급락하는 상황에서 1가구 1주택자에게까지 비과세대상인 양도세를 과세한다는 것은 국민 정서상 어려운 일이다. 그러나 부동산 버블기에 매매가 기준으로 2배 이상 오른 곳을 대상으로 과세 대상을 한정하는 방법으로라도 그 가능성을 타진해봐야 한다. 현재 강남의 랜드마크처럼 돼버린 타워펠리스의 분양가가 3.3㎡당 900만 원이였다는 것을 기억하는 사람은 거의 없는 것 같다.

집 한 번 잘 산 것으로 도시 가구 평균 소득의 10배에서 100배(평형에 따라 다름)까지 불로소득을 올린 사람에게까지 양도소득세를 비과세로 해주는 것은 문제가 있다.

부동산 중개소에서 일해본 경험이 있는 사람이라면 일상처럼 경험하는 것이 매매계약서를 조작하는 것이다. 세금을 덜 내기 위해 양측이 동의한 가운데 실제 매매가보다 낮은 가격으로 허위 계약서를 쓰는 것에 도덕적 수치심을 느끼기는커녕 당연하다는 인식이 지배적이다. 국세청에서는 2011년 7월 1일부터 허위 계약서가 적발되면 세금 감면 취소에 추가 세금까지 추징한다고 하지만 이것이 현실적으로 가능하지 않다. 세금 추징 이외에도 형사적 책임까지 묻는 법적인 조치가 병행되어야 그나마 나아질 수 있다.

학벌로 줄 세우는 것은 인종차별보다 나쁘다 ●

06 학벌로 줄 세우는 일은 인종차별보다 나쁘다

논어에서는 지자불혹(智者不惑)이라 해서 사람 나이 40세는 어떤 일에도 유혹받지 않는다고 말한다. 50세는 지천명(知天命)으로 하늘의 이치를 깨닫는 나이라고 말한다. 그런데 우리 사회에서는 그 나이가 와도 과거의 가치에 집착한 나머지 사회질서를 어지럽히는 인간 군상들이 너무나 많다. '인종차별 보다 더 나쁜 것이 학벌로 줄 세우기'이다. 이는 전적으로 상위 1%가 독점하는 승자 독식 구조다. 국가를 분열시키는 지역주의의 폐해보다 더 나쁘다.

아이들에게는 선천적으로 갖고 태어나는 유전자가 있다. 연못에서 유유히 헤엄치는 오리를 보자. 오리가 연못이 있기 때문에 헤엄치게 된 것은 아니다. 왜냐하면 오리는 물의 존재와 관계없이 이미 헤엄치는 능력을 갖고 있기 때문이다. 사람들은 태어날 때부터 남과 다른 유전자를 갖고 있다. 유전자는 사람들이 재능, 기호, 사회적 반응에 대해 각기 다르다는 것을 알려주는 차이이지 차별의 요소는 아니다.

학습 능력이 있는 인간은 반복적인 학습, 신념, 자기 성찰에 의해 달라질 수 있다. 그렇다고 자신이 갖고 태어난 유전적 속성을 모두 버리지는 못 한다. 완전한 인간이 되기 위한 해탈의 과정은 인간으로서 감당 못할 고통이 뒤따른다. 그래서 우리는 인간의 한계를 넘어선 이들을 '성자'라고 부르고 존경한다. 우리는 보통 인간이다. 울트라 파워의 내공이 있는 성자가 아니다. 물 흐르듯이 자신이 잘할 수 있는 일을 찾아갈 수 있도록 지켜봐주고 도와주는 인내심을 우리 사회는 가질 필요가 있다.

하지만 우리의 현실은 그렇지 못하다. 아이들에게 내재된 역량이 무엇인지도 모른 채 아이들을 1등부터 꼴등까지 줄 세워 수월성 교육에 몰아넣고 있다. 공부를 잘하는 아이는 그러한 유전자를 갖고 태어났을 뿐인데 말이다.

기득권 세력들은 부와 권력의 대물림을 위해 끊임없이 아이들을 경쟁에 몰아넣는다. 아이들의 성장 과정에서 꼭 필요한 경험들을 못하게 한다. 이렇게 자라난 아이들이 법관이 되고, 변호사가 되고, 정치인이 된다고 해서 우리 사회에 거름 같은 존재가 될 수 있겠는가? 그들 역시 그들의 기득권을 지키기 위해 철옹성을 짓고 안주할 것이다.

외고, 자율형 사립고와 같은 특목고를 만들어 아이들을 끊임없이 경쟁시키고 서열화함으로서 일찍부터 아이들에게 패배감을 심어주어 얻을 것은 아무것도 없다. 이렇게 해서 특목고에 들어간 아이들이 우리 사회와 공동체를 위해 무슨 기여를 하겠는가? 결국 수월성 교육이라는 단어의 뒤에는 사회적 신분 승계라는 악마가 숨어 있다.

지금은 어느 시대보다도 불안정하다. 미래에 대한 불확실성에서 오는 위협은 크게 증가했다. 이런 시대 흐름에서는 수월성 교육만큼 최소의 비용으로 최대의 사회적 성공을 보장하는 것은 없다. 빛의 속도로 세상이 변한다 해도 인간 사회의 진정한 진보와는 무관하다.

그러나 과거 농경사회에서나 출세의 지름길이었던 학벌주의는 '창조성의 가치'에 무너지고 있다. 외고를 나와서 아이비리그대학을 나온다고 성공하는 시대가 아니다.

현재 대한민국 국민에게 감동을 주는 성공 사례들의 면면을 살펴보면 문화, 예술, 체육, 예능 분야에 의해 이르기까지, 이들은 자신이 갖고 태어난 유전적 요인을 극대화해 성공한 사람들이다. 매년 인터넷에 등장하는 게시물 중에 세계 대학 순위라는 것이 있다. 국내 대학들은 이 리스트에 민감하게 반응한다. 그러나 잘 살펴보면 상위 100위 내에 속한 대학들은 영·미권 대학이다.

세계적으로 인문학의 수준이 가장 높은 나라는 프랑크푸르트 학파로 대표 되는 독일의 대학들이다. 하이델베르크, 보쿰, 마인츠, 베를린자유대학 등 독일의 대학들은 이 순위에서 모두 빠져 있다. 그럼에도 독일은 경제 대국 중에서 가장 높은 수준의 문화를 누리고 있다.

영·미식 교육과 유럽의 교육 방식 중 어느 것이 비교 우위에 있다고 보는가? 우리의 세계관은 너무 미국 중심적으로 치우쳐 있다. 세계 자본주의를 퇴행시킨 주범 국가가 바로 미국이다. 미국 경제학은 실패했다. 인터넷의 발달로 정보·지식의 경계가 사라진 시대에 우리는 살고 있다. 미국에서 배우는 경제학 텍스트가 우리와 다르지 않다. 그런데 우리는 그 실패한 미국 경제학을 배우고자 막대한 외화를 낭비하고 있다.

우리 부모들의 학업에 대한 기대치는 세계 최고다. 잘하는 아이나 공부에 흥미가 없는 아이나 마찬가지로 공부하는 기계로 양육된다. 그러나 자발성, 창의성이 없는 교육은 한계가 있다. 우리 아이들이 수학올림피아드 등 다양한 분야의 국제대회에 나가서 두각을 나타내고 있음에도 석·박사 과정에 진학해서는 경쟁력이 크게 떨어진다. 쳇바퀴 돌듯 선행 학습이라는 이름으로 쉼 없이 학원가를 전전하는 공부하는 기계로 키워졌기 때문이다.

아이들에게 단기간에 성과를 요구하는 교육에서 벗어나야 한다. 이런 교육 풍토에는 우리 아이들에게 '좋은 추억'이라는 것이 존재할 수 없다. 또 아이들의 미래가 행복할 것이란 보장도 없다. 공부는 인간이 가지고 있는 다양한 재능의 하나이지, 한 인간을 평가하는 잣대가 되어서는 안 된다.

독하게 말해서 학벌로 득보는 자는 1%가 채 안 된다. 문제는 2%가 98%를 차별하고 또 3%가 97%를 차별하는 도미노식의 수직적 차별

학벌로 줄 세우는 것은 인종차별보다 나쁘다 ●

이 만성화되고 있다는 데 있다.

학벌주의는 먹이 사슬 구조로 돼 있어 우리 국민 대부분은 적든 크든 학벌 콤플렉스를 갖고 산다. 학벌주의가 우리 사회를 발전시키는 측면이 있다면 그대로 방치해도 된다. 그러나 학벌은 우리 사회 발전에 걸림돌이다.

국민의 세금으로 운용되는 국·공립대학만이라도 반드시 통합시켜야 한다. 혁명적인 사고, 추진력이 없이는 수십 년이 지나도 이 악령 같은 학벌주의를 못 벗어난다.

학벌에만 의지한 채 이리저리 낙하산으로 경력을 채우는 인간들이 너무 많다. 이성태 후임으로 한국은행 총재 자리를 차지한 김중수는 15번이나 임명직으로 자리를 옮겨 다녔다. 정작 그는 단 한 번도 한국은행에 근무한 적이 없다.

한국은행은 물가 조정이 첫 번째 미션인 기관이다. 정부의 정책에 맞서 물가와 통화를 통제하고 관리해야 한다. 그러나 이제 한국은행의 독립은 물 건너갔다. 항상 이런 식이다. 어느 정부 때나 이 코드 인사가 국가를 좀 먹는다. 코드 인사의 수혜자는 학벌을 훈장처럼 달고 사는 인간들이다. 훈장이라는 것은 국가에 도움을 주는 이타적인 행위를 한 사람이 다는 것이다. 그런데 학벌이라는 훈장은 자기 일신만을 위해 사는 사람이 단다.

젊은이들이 기업을 원망하는 이유는 동등한 기회를 달라는 것이다. 기업이 원하는 스펙을 채워도 학교 간 등급 점수가 존재하기 때문에 취업에 불이익을 받는다고 말한다.

인사담당자도 입사시켜 놓으면 학교 간 등급이 무의미하다는 것을 잘 알고 있다. 그러나 거의 관행적으로 그렇게들 한다. 젊은이들이 할 일은 그러한 불평등을 거부하고 해당되는 기업의 본사 건물 앞에서 상품 불매 운동을 하는 것이다. 잘못된 것에 대해 단결하고 저항하라. 그래야만 변할 수 있다. 역사는 그렇게 발전해왔다. 한 줌도 안 되는 잉여 인간이 지배하는 사회, 그것을 인정하는 것, 아무런 행동도 안 하는 것, 그것은 부끄러운 일이다.

학벌로 줄 세우는 것은 인종차별보다 나쁘다 ●

시장주의자를 자처하는 경제학자들은
보편적 사회복지가 경제성장에 나쁜 영향을 미친다고 입에 달고 산다.
정말 그럴까? '요람에서 무덤까지'라는 복지의 이상을 거의 완벽하게 보장하는
스웨덴의 국가 경쟁력을 알고 있다면 이 말이 반대를 위한 레토릭이라는 것을 알 수 있다.

한국 자본주의와 그 적들

(인물)

이 장에서 난 우리나라의 사회연대를 저해하는 대기업과 기득권을 놓지 않으려는 기성세대를 이야기한다. 압축 성장기에 국민의 희생으로 성장한 대기업이 그 자본을 이용하여 국민을 돌보는 대신 스스로의 부만 살찌우는 행태를 적극적으로 고발한다. 또한 이 시대의 정의를 좀먹는 정치인들과 그와 공생하는 경제인, 종교인, 군인들을 비판한다.

한국 자본주의의 길을 묻다

대항해시대에 플랜테이션으로 자본을 축적한 자본가들은 19세기 들어와 산업자본으로 변신했다. 야만의 시대를 살아온 그들에게 자비심은 애당초 없었다. 그들은 착취의 구조를 정당화, 과학화시켜 지속시킬 수 있는 도구가 필요했다. 그 도구가 바로 경영학이다.

경영학은 인간 착취의 학문이다. 경영학의 창시자라는 테일러의 관리 시스템은 노동자의 작업을 표준화함으로써 생산성을 높이려는 수단이었다. 테일러의 관리 시스템이 가장 적용이 잘 된 노동 현장이 자동차 공장이다. 자동차 공장은 노동 강도가 가장 센 곳이다. 자동차 노조가 강성인 것은 노동 강도에 원인이 있다.

1차 세계대전 이후 세계경제는 독점자본으로부터 시장을 구원하기 위한 개혁적 정책을 시장에 적용하기 시작했다. 미국도 강력한 반독점규제법을 만들어 시행하였다. 특히 금융 부문에 있어서는 독점을 더 엄격하게 규제하였다. 유럽에서는 오래전부터 시행했던 방카슈랑스를 미국에서는 2006년 시티코프그룹이 처음 시행할 정도로 미국의 금융 규제는 유럽보다 엄격했다. 1990년대 들어와 미국은 금융 완화 쪽으로 방향을 급선회하기 시작한다. 이때 생겨난 신화가 월스트리트에 좋으면 미국 정부에도 좋다는 논리다. 이러한 신화의 배경에는 의회, 정부, 언론, 학계를 대상으로 한 월스트리트의 로비가 있었다. 이에 따라 서슬 퍼렇던 정부의 단속과 규제는 점점 약해져 금융 완화 정책이 대세를 이루게 됐다.

월스트리트는 부채마저 신용으로 둔갑시켜 CDS라는 파생 금융 상품을 만들어냈다. 파생 금융을 활용한 버블화된 자산으로 월스트리트는 대형화, 겸업화, 증권화, 금융 규제 철폐라는 무소불위의 권력을 갖게 된다.

부시 정권이 들어서기 전에 미국 10대 은행의 시장점유율은 35.6%였으나 2009년에는 53.9%까지 상승했다. 임직원 급여는 308억 달러에서 749억 달러로 2.4배가 늘어난 반면 일반 주주들에 대한 배당은 순자산의 0.8%에서 0.3%로 오히려 크게 줄었다. 임직원들은 주주 배당의 4.3배에 해당되는 소득을 가져갔지만 금융 공황 이후 손실의 대부분을 일반 주주가 안았다.

서브프라임 모기지론 사태로 금융 공황이 닥치면서 경제학자들은 그들이 절대적으로 신봉하던 합리적 기대가설, 시장효율성에 대한 이론들이 얼마나 가치 없는 책상물림들의 지적 놀음에 불과했는지 깨닫게 됐다. 그 자각은 이미 늦었다. 그럼에도 노벨경제학상은 미국이 독점하고 있다. 참으로 아이러니하다. 또 다시 실패한 미국 경제학을 배우기 위해 이 땅에서는 수많은 인재들이 미국 MBA과정을 노크한다.

사람들은 세계적으로 위대한 기업과 위대한 경영자를 꼽으라면 GE와 GE의 전 CEO 잭 웰치를 꼽는다. GE는 사업 포트폴리오는 우리가 그렇게 비판했던 한국 재벌의 문어발식 경영과 다를 바 없다. GE는 항공기 엔진, 방송사, 가전, 대부업 등 문어발식 기업 확장을 해왔다. 그런데 정말 눈여겨봐야 할 것은 GE의 사업포트폴리오에서 가장 큰 이익을 내는 사업체가 GE 캐피탈이라는 일종의 대부업체라는 점이다. GE 캐피탈의 당기순이익은 GE 그룹 전체보다 많다. 결국 GE는 외부에서 자금을 빌려와 할부 금융, 카드 사업, 소액 대출, 주택 자금 대출로 그룹을 연명하는 기업에 불과했던 것이다.

이것이 미국식 금융자본의 한계이고 모순이다. 금융자본이 득세함으로써 벌어지는 폐해는 미국 국민들의 몫으로 남는다. 그럼에도 아직까지 미국은 정신 차리지 못하고 있다. 장담하건데 앞으로도 미국 달러 약세는 지속될 것이고 미국이 세계경제에서 갖는 이니셔티브는 약화될 것이다.

미국 발 금융 위기의 본질은 서브프라임 모기지론 사태가 원인이다. 서브프라임 모기지론은 가계 신용도와 대출 상환 능력이 낮은 사람들에게 주택을 담보로 대출해주고 금융회사가 갖고 있는 저당권을 유동화시켜 증권(MBS)을 발행하고 신용까지 분리해 거래함으로써 원래 가치의 수 배, 수십 배를 레버리지 하다가 부동산 버블이 꺼지면서 벌어진 일이다. 전적으로 시장의 모럴해저드가 금융 위기의 주범이며 그 주체는 투기 자본이다.

따라서 투기 자본이 더 이상 활개 펴지 못하도록 금융 규제를 강화해야 한다. 그러나 지금 미국 정부는 자본시장에 대한 규제는커녕 손도 못 대고 있다.

금융 위기가 발생하면서부터 연방정부는 엄청난 금액의 재정지출을 해왔다. 재정지출로 인한 통화 공급은 월스트리트에 집중되었다.

비우량 주택 담보로 발행된 증권(MBS)의 손실액은 500억 달러 정도다. 그러나 연방준비제도이사회(FRB)가 월스트리트에 지원한 금액은 13조 달러에 이른다. 급박한 시장 안정을 위해 돈을 쏟아부었다지만 결국 이는 미국 민주주의와 시장경제의 실패라는 결과로 돌아올 것이다.

우리 경제가 선진국 문턱에서 주저앉는 것은 경제성장에 대한 전략상의 문제에 있다. 경제성장 단계로 볼 때 우리 경제의 시급한 과제는 사회 간접 자본을 늘리는 것보다 연구개발, 교육, 사회복지 예산을 늘리는 데 있다. 지금이 사회 인프라가 매우 취약했던 개발도상국 시대가 아님에도 국민의 동의 없이 토건 사업에 정부 예산을 쏟아

붓는 것은 경제를 살리는 것과는 반대로 경제의 발목을 잡는 일이다.

한국 자본주의의 한 축을 이루는 대기업도 반성해야 한다. 도요타 리콜 사태는 빙산의 일각이다. 5대 자동차 기업들은 똑같은 딜레마에 빠져 있다.

5대 자동차 메이커들이 부품을 세계시장에서 낮은 코스트로 공급받기 위해 협력 업체들을 쥐어짜면서부터 이 불행은 예고된 것이었다. 벤츠 모델 중 2000년 초에 나온 차들이 안전성이 제일 높다는 말이 왜 나오는지 알아야 한다. 그때까지는 이처럼 국제 분업으로 인한 납품가 후려치기가 극성을 부리지 않았기 때문에 하청 기업의 생산 시스템이 안정돼 있었다. 다른 산업도 마찬가지다.

국내 대기업들은 국민의 은혜를 잊어서는 안 된다. 국내 대기업 중 자력으로 큰 회사는 없다. 정치권과 결탁해 공기업을 불하받으면서 사세를 키웠다. 굳이 회사명을 말 안 해도 국민들은 모두 알 것이다. 소비자에게 시장에서 가장 무서운 악마는 B to P(Business to People)를 비즈니스 모델로 하는 독점적 기업이다. B to P를 비즈니스 모델로 하는 독점적 기업은 가격 결정권을 기업이 갖게 된다. 기업이 가격을 올려도 사지 않을 수가 없다. 대체 채널이 존재하지 않고 경쟁 기업은 이미 시장에서 사라졌기 때문이다.

이들 독점적 기업은 판매 채널을 지배하기 때문에 납품 기업들은 이들의 납품가 후려치기에도 저항할 수가 없다. 이들 아니면 판로가 없기 때문이다. 독점적 B to P기업은 업종을 가리지 않는다. IT부터 동네 빵집에 이르기까지.

아이폰이 국내에 상륙하기 전까지 국내 이동통신 시장은 SKT의 독주 체제였다. SKT 때문에 국내 사업자들은 세계에서 가장 비싼 이용료를 내야 했고 휴대폰을 매개로 하는 콘텐츠에 사업적 운명을 걸었던 이 땅의 수많은 소프트웨어 개발자들은 고사되었다.

대형 할인 소매점이 전국 상권을 장악해 지역 상권은 초토화됐고 판로를 잃은 납품 업체들은 이들의 어떠한 요구에도 저항할 수 없다. 소비자들은 이들이 등장하기 전보다 1차 식료품을 더 비싸게 구매해야 한다.

전국의 빵집 1만 3,223개(공정거래위원회 가맹점 정보공개소) 중, 파리바게뜨(가맹점 2,600개), 뚜레쥬르(가맹점 1,400개)의 가맹점은 2007년 각각 1,568개, 857개와 비교해 약 2배 늘었다. 동네 빵집 3곳 중 1곳이 이 둘 회사의 가맹점이다. 아파트 단지 핵심 상권 내의 빵집은 거의 이들 회사의 가맹점이다. 이들 독점적 프랜차이즈 빵집이 시장지배적으로 가격 결정권을 갖게 되면서 이제 소비자들은 1,000원 이상을 줘야 단팥빵, 소보로빵 1개를 먹을 수 있게 됐다.

대기업들의 문어발식 사업 확장은 업종을 가리지 않는다. 이젠 동네 문방구, 철물점에도 그들은 발을 뻗고 있다. 이들이 이 시장마저 독점함으로써 우리는 아이들 노트 한 권, 자물통 하나 사는 것도 이전보다 더 높은 가격에 사야 한다.

현재 대기업 계열 MRO(소모성 자제 구매 대행)회사는 막대한 자본력과 규모를 무기로 중소기업과 영세상인의 고유 업종이었던 이 시장에서 주인 행세를 하고 있다. MRO를 사업 모델로 하는 삼성그룹의 아이마켓코리아는 2010년 결산 기준으로 매출액이 1조 5,491억 원이다. LG그룹의 LG서브원은 이보다 2배 많은 3조 8,794억 원(2010년 기준)이다.

대기업은 MRO사업에 진출함으로써 중소기업들의 판로 확대에 도움을 주고 있다고 말한다. 그런데 정작 이들 그룹의 다른 계열사에서는 경제적 효과(그룹차원에서)도 없이 비용만 발생하는 MRO사업에 왜 진출했는지에 대해 의문을 토로한다. 이들은 그동안 "계열 제조업체와 협력 업체 간에 잘해왔던 거래 시스템에 그룹 내 MRO회사가 끼어들면서 유통 단계가 복잡해지고 이에 따라 비용 부담이 커지고 있어 경제적 효과는 없고 부담만 느는 사업을 왜 하느냐"고 말하고 있다. 실제로 LG계열사들은 LG서브원으로 거래처를 바꾼 후 납품가가 10% 이상 낮아졌다고 한다. 자재를 더 싸게 공급하고 MRO업체 마진까지 보존해줘야 하기 때문이다. 그럼에도 대기업이 MRO사업에 뛰어드는 이유는 MRO가 막대한 이익을 내서 MRO회사의 배당금이 그룹 사주들의 주머니를 채워주는 효자 역할을 톡톡히 갖고 있기 때문이다. 실제 LG서브원의 자본 100%는 (주)LG가 갖고 있고 (주)LG의 최대주주는 구본무(10.7%) 등 구씨 일가다.

대기업 MRO는 고용 유발 효과도 없다. 대기업 MRO는 시스템만 갖고 배송 업무는 하청 업체가 맡는다. 삼성 아이마켓코리아는 매출

한국 자본주의와 그 적들 ●

1조 5,419억 원의 거대 기업이지만 근무 인원은 불과 410명이다. 1인당 연간 매출액이 40억 원에 이른다.

결론적으로 우월적 지위를 이용해 기존의 MRO 중소기업, 영세상인 다 죽여 일자리 빼앗아 놓고 얻은 성과다. 이게 개발 성장 시대에 국민의 온갖 지원을 다 받는 대기업이 하는 짓이다.

포퓰리즘이란 용어가 정치적으로 의미를 갖게 된 것도 지금처럼 통제받지 않은 자본에 의해 사회가 분열되고 이들에 대한 분노가 극에 달한 19세기 후반이었다. 당시 사회적 약자의 분노를 대변한 미국의 인민당(Populist Party, 1891년 창당)은 다수의 상원의원, 주지사를 배출한 공화당, 민주당에 제3당의 지위를 갖게 됐다.

그런데 아이러니하게도 대자본들이 사회적 약자의 분노를 무시하지 않고 정치적·제도적으로 이들의 의견을 흡수해 나가면서 급진적인 변화를 요구하던 인민당은 역사적으로 사라졌다. 이후 미국이 강력한 반독점 국제법이 시행된 것은 자본의 전향적 태도가 크게 영향을 미쳤다. 자본가들도 공멸하는 것보다는 상생하는 것이 자신들에게 유리하다는 것을 알았을 것이다.

하지만 120년이 지난 미국의 현실은 다르다. 다시 자본의 탐욕을 방임하는 신자유주의가 시장을 지배하면서 미국인 7명중 1명은 빈곤층으로 전락했고, 미국인의 16.7%인 5,070만 명은 건강보험조차 없는 의료 사각지대에서 살아가고 있다. 그러는 사이 부의 양극화는 국가 흥망을 걱정해야 할 정도의 심각한 수준에 와 있다.

현재 미국 상위 0.1%는 미국민 전체 소득의 10.4%를 차지한다. 33년 전인 1975년에 미국 상위 0.1%의 소득은 국민 전체 소득의 2.5%에 불과했다. 북유럽 국가 대부분은 상위 0.1%의 소득이 국민 전체 소득의 3%를 넘지 않는다.

이렇게 부의 불균형이 심각한 수준이기 때문에 노스웨스턴 대학 사회학 교수인 레슬리 맥콜 같은 이는 "미국인들이 체감하는 사회 불균형은 이미 도를 넘었다"라고까지 말한다.

국내 대기업이 하는 짓들은 경제 주체가 공생하는 자본주의하에서는 해서도 안 되는 것들이다. 반재벌 정서가 정치적 성향과 무관하게 분노의 수준까지 와 있는 것이 무엇 때문인지를 곰곰이 생각해 봐야 한다.

시장주의자를 자처하는 경제학자들은 보편적 사회복지가 경제성장에 나쁜 영향을 미친다고 입에 달고 산다. 정말 그럴까? '요람에서 무덤까지'라는 복지의 이상을 거의 완벽하게 보장하는 스웨덴의 국가 경쟁력을 알고 있다면 이 말이 반대를 위한 레토릭이라는 것을 알 수 있다.

스웨덴의 2010년 경제성장률은 5.4%로 유로존(27개국) 중 최고를 기록했다. 2011년 1분기에도 6.4%로 고성장을 계속하고 있다. 스웨덴은 세계화의 발상지 미국보다 더 철저하게 시장주의를 받아들이고

한국 자본주의와 그 적들 ●

있다. 기업의 부실하면 그 기업이 국가적으로 중요한 기업이라도 공적 자금을 투입해 구제에 나서지도 않는다. 스웨덴을 대표하는 기업 볼보와 사브의 승용차 부분이 시장 논리에 따라 해외에 매각됐다는 것은 이 나라에서는 이상한 일이 아니다. 현재 에릭슨을 제치고 스톡홀름 증시의 시가총액 1위를 차지한 기업 H&M은 다국적 기업의 세계 전략을 그대로 따르고 있다. 본사는 디자인, 마케팅에 주력하고 700개에 이르는 해외 제조업체와 직거래를 통해 제품을 생산한다. 스웨덴의 법인세는 유럽 최저 수준(26.3%)이지만 우리나라의 실질 법인세보다는 10%나 높다. 보편적 사회복지가 경제의 성장동력을 약화시킨다는 논리는 도그마다.

세계화에 유연하게 대응하면서 기업의 자율권을 해치지 않으면서도 보편적 사회복지와 경제는 공존할 수 있다. 이 길이 한국자본주의와 경제 주체 모두 윈-윈 하는 것이 아니겠는가.

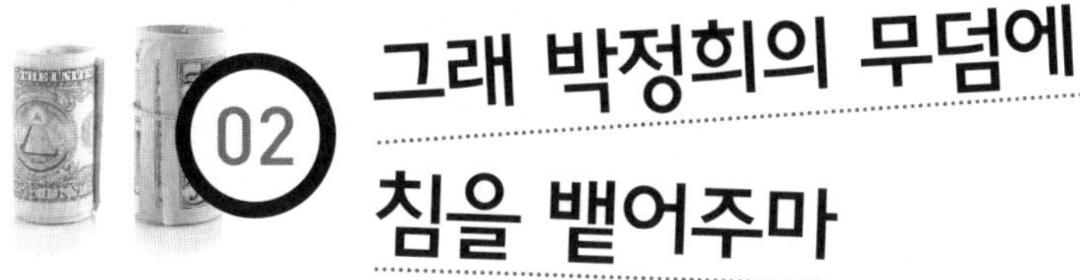

그래 박정희의 무덤에 침을 뱉어주마

박정희 시대를 평가할 때 '압축 성장'이란 말은 빠질 수 없다. 단기간에 급속한 성장을 하기 위해 인권은 더 큰 가치를 위해 유보될 수도 있으며, 만약 그가 없었다면 이 만큼의 경제성장은 없었을 것이라고 박정희를 두둔하는 세력이 있다. 이들의 상당수가 정치·경제학자라는 점이 한심스럽다. 정말 박정희가 없었다면 대한민국의 오늘은 없었던 것일까? '경제성장'이라는 목표가 사람들의 인권을 발로 밟아도 될 만큼 정당한 것이었던가 되묻고 싶다.

19세기 말에서 20세기 초 유럽의 후개발 국가들에서는 보편적인 '경제개발 성장 전략'이 있었다. 강력한 통제력을 가진 국가 권력이 경제 자원을 독점하는 개발 독재 방식이 그것이다. 이 전략은 후개발 산업국가가 빠른 시간에 경제성장을 이루는 데어 효과적이다.

기술적 우위가 없는 후개발국들이 선진국과의 경쟁에서 국부를 키우는 일은 국민의 희생을 전제로 한다. 후개발 국가의 생산품은 대부분 노동 집약적 상품으로 구성되어 있다. 예를 들어 시장에서 특정 상품을 1,000원에 만들어야 가격 경쟁력이 생긴다고 가정해보자. 자국의 생산력으로는 도저히 이 가격을 맞출 수 없다. 국내 기업들의 생산력으로는 이 가격으로 수출할 때 적자는 누적되고 기업들은 파산 위기에 직면하게 된다. 정부는 기업들에게 국가보조금을 지원하고 국내 시장에서는 기업이 고가격으로 판매하는 것을 허락한다. 기술력이 낮은 후개발국의 생산품에서 노동 코스트가 차지하는 비중은 매우 높다. 기업이 적자 수출을 해도 국부는 증가하는 것이 이 때문이다. 관료들은 자국 기업들의 덤핑 경쟁을 막기 위해 강력하게 시장에 개입하여 가격과 수출량을 조정한다. 이 과정에서 관료와 기업가들 관계는 밀착된다. 이른바 정경 유착이다. 정경 유착의 관계는 역사는 19세기 말 당시 유럽의 후개발국가였던 독일에서 시작됐다.

동아시아에서도 일찍이 똑같은 성장 전략을 취한 나라가 있었다. 바로 일본이다. 일본 막부정권을 쿠데타로 뒤집고 집권한 새로운 정치세력 메이지유신은 후에 삼국동맹의 일원이었던 독일의 성장 전략을 그대로 이식받았다. 강력한 정부의 힘으로 국가 자원을 통제하고 내수 시장의 희생을 기초로 하는 성장 전략과 계획경제, 이 모든 것이 독일 비스마르크 정부가 취한 것 그대로였다.

볼셰비키혁명으로 제정러시아를 무너뜨리고 권력을 잡은 소련 공산당은 스탈린 집권 이후 철저한 계획경제로 국가 자원을 통제하고 인위적으로 사업 구조를 바꿨다. 전형적인 톱-다운 방식이다. 이 방식은 밑으로부터의 모순은 숨겨지고 가시적인 성과를 낸다.

소련은 20세기에 미국과 힘을 겨루는 유일한 국가였다. 그러나 냉전체제가 무너지면서 소련 경제는 추풍낙엽처럼 쓰러져버렸다. 인간의 자발적 동기가 결여된 경제 시스템이 얼마나 허무한가를 보여주는 좋은 예다.

정부가 국가 자원을 통제하고 시장을 지배한다는 면에서 독일·일본·소련의 경제성장 전략은 정치적 정체성은 다르지만 국가 주도의 개발 독재라는 면에서는 같다. 근대화 초기 이데올로기 스펙트럼에서 독일과 일본은 극우, 소련은 극좌에 위치했다. 결론적으로 극우와 극좌는 결국 동색임을 알 수 있다.

박정희의 군사정부는 어떤 정치·경제적 지형에 위치했는지를 알아보자. 우익 정치 사상가인 칼 포퍼는 민주주의를 정의함에 있어 "열린 사회의 민주주의는 시민의 콘센서스(consensus: 사회 구성원의 일반적 합의)가 제도적, 행정적으로 구현되는 사회"라고 했다. 시민이 주체가 되는 절차적 민주주의가 보수 논객이 그리는 민주주의의 실체다.

박정희 정권은 국회를 폭력으로 무력화하고 국민의 인권을 탄압했다. 이런 상황에서 절차적 민주주의는 쓰레기통에서 장미가 피는 것만큼이나 어렵다. 박정희 시대에 우리는 민주주의와 인권을 포기하는 대신 경제성장을 선택했다.

디지털 산업의 경쟁력은 콘텐츠의 비교 우위에서 나온다. 질 좋은 콘텐츠는 창작의 자유가 주어졌을 때 범위를 확장하고 비교 우위를 확보할 수 있다. 박정희식의 개발 독재가 계속됐다면 엔씨소프트, 넥슨 같은 온라인 기업은 탄생할 수 없었을 것이다.

20년 전만 해도 검열의 가위질에 짓눌린 영화 산업은 호스티스 영화만 양산해냈다. 이게 아시아 문화의 중심지라는 한류의 나라 대한민국에서 불과 얼마 전에 있었던 일이다.

1964년에 발표된 소설을 원작으로 만든 헐리웃 영화 「브룩클린으로 가는 마지막 비상구」를 보면 이 원작이 지금으로부터 50년 전에 나온 것이라는 게 상상이 안 간다. 동성애, 매춘, 타락한 노조 등 미국 사회의 치부가 다 드러난다. 팍스아메리카, 제국주의, 군산복합체, 월가의 탐욕적 자본 등으로 안티아메리카의 시각이 여전하지만 그래도 미국의 강함은 자국 내에서만은 거의 완전한 제도적 민주주의가 실현되고 있기에 가능하다.

박정희식 개발 독재는 중국, 베트남 소위 이머징마켓이라 부르는 후개발국가에서 현재 진행 중이다. 이들 나라들은 우리가 압축 성장 과정에서 겪은 모순을 그대로 재현하고 있다. 부의 독점, 정경 유착, 환경 파괴, 부동산 버블, 절차적 민주주의의 유보 등등.

앞으로 이들 국가들은 민주주의의 도전을 받을 것이고 이 벽을 넘어서지 않는 한 인간이 인간답게 사는 나라와 세상을 만들지 못할 것이다. 태생적으로 사회 모순을 안고 태어났고 기득권층과 적당히 타협하여 살아온 우리 세대조차 윗세대의 '지식인 그룹'을 조롱한다. 현재와 같은 민주화 수준에서는 상상하기 어려운 군부 통치 시대에 어찌 그렇게 입들을 닫고 살았는지 한심하기 때문이다. 그래도 그들의 입은 살아서 존재하지도 않는 적들을 향해 이데올로기 공세를 퍼붓고 있다.

군사정권은 기본적으로 야만적 폭력과 비도덕성에 기초한다. 군부 시대의 성의 타락은 입에 담지 못할 수준이었다. 환갑 넘은 노인네가 20살이 갓 넘은 대학생을 그들만의 은밀한 술자리에 불러들인다는 것은 상식적으로 받아들일 수 없는 일이다.

그 시대의 학교에서는 교실 잔혹사라고 불러도 될 만큼 선생들의 폭력은 일상화되었다. 병영은 더했다. 계급이 깡패라고 개인의 인권은 철저히 무시되었다. 정의로운 지식인 그룹에게는 재갈을 물리고 고문을 해댔다.

현재 우리 사회에서 소수자, 사회적 약자에 대한 폭력의 그늘이 걷히지 않는 것은 군부통치의 후유증 때문이다. 과연 요즘 젊은이들은 그 시대를 상상이나 할 수 있을까. 매주 돌아오는 월요일 아침 조회 시간에는 열병식을 하고 매주 2시간씩 교련복을 입고 목총을 든 채 군사 교육을 받아야 했고, 대학 1, 2학년까지도 군사 교육이 존재했으며 여름방학 때는 1주일씩 문무대 전방 훈련을 가야했던 그 시절, 학교는 병영이었다. 지금은 상상도 할 수 없는 일이지만 그 시대의 20대는 그렇게 살았다. 해외여행은 꿈도 꾸지 못했다.

박정희 시대는 인간의 존엄성이 총 앞에 무릎 꿇은 치욕의 시대였다. 다시는 이런 시대가 오지 않게 하기 위해서 우리는 어떠한 희생을 치르더라도 민주주의 가치를 지켜야 한다.

박정희 시대를 그리워하는 사람이 많다. 사람은 어려웠던 시간일수록 더 기억이 남는다. 남자들의 술자리에서 군대이야기가 빠지면 이야깃거리가 없다. 군대가 좋아서 그러는 것이 아니다. 어렵고 힘들었던 군대 생활이 기억에서 지워지지 않기 때문이다. 박정희 향수에도 그런 점이 분명히 있을 것이다.

박정희 시대가 인간의 존엄성, 인권, 표현의 자유가 억압받던 독재 시대임이 분명하지만 빵의 문제를 해결한 첫 시대였기 때문이기도 하다. 그래도 가장 선진적이라는 우리나라의 건강보험제도의 시초가 된 근로자 의료보험이 1977년 박정희 정권 때 도입됐다. 그는 기반산업부터 자본시장까지 완전히 통제하고 교통정리까지 했다. 은행 어느 곳에 가나 금융상품 금리가 똑같았다. 금융자유화라는 말이 생긴것이 1994년이다. 이때까지 정부가 금융 시장을 완전히 장악하고 통제했다.

서민들의 생활과 밀접한 전기, 수도 교통요금 등의 요금 인상을 엄격히 관리했다. 이렇게 보면 정치적으로는 몰라도 경제적으로는 국가 주도형 사회주의 모델이라고 할 수 있다. 그때도 재벌은 있었고 부정부패는 만연했다. 그러나 국민들의 소득편차가 제일 적었던 시대였다.

교육의 형평성도 지금보다 나았다. 1981년에는 일체의 사교육이 금지됐고 실업계 학생들도 동계진학이라는 프리미엄이 있었다. 그래서 '개천에서 용난다'는 말이 가능했다.

군사정권은 정치적으로 비난받아야 하고 우리가 청산해야 할 과거다. 그러나 군사정권의 향수가 있는 서민들은 "그때가 좋았다"고 말한다. 그래도 그때는 가난한 자와 부자의 양극화가 이처럼 심하지는 않았으니까. 현재의 정치 지도자들은 국민의 민심에 깔린 이러한 복심을 잘 알아야 한다. 이땅의 서민들이 이유없이 박정희를 그리워하는 것은 아니라는 것을.

소위 진보라고 자처하는 정치 그룹에 안타까운 점이 있다. 그들에게는 '뜨거운 가슴의 조국애'가 없다. 그들은 '뜨거운 가슴의 조국애'보다 그들이 추구하는 이념 그것을 지키기 위한 냉정한 이성만 있다. 서민의 고통을 머리로만 이해하고 있지 가슴으로 느끼고 함께하지 못한다.

지금까지 사회·정치적으로 진보 세력이 세를 확대하기에 이처럼 좋은 환경이 없었다. 그러나 이 공간에서조차 그들은 노선 투쟁으로 세를 결집하지 못하고 있다. 오히려 보수 정치 세력이 보편적 사회복지 논쟁의 이니셔티브를 쥐고 있다. 만약 이 시기에도 그들이 존재감 없이 제 역할을 못한다면 이념 정당의 대중 정당화 기회는 다시 오지 않는다.

강기갑은 도포자락 휘날리며 진보의 진정성을 희화시키고, 이정희는 내부 해게모니싸움에 골몰하고 있다. 그러면서 하는 얘기가 진보 정당의 대중화를 이루기 위해서는 유시민과 손잡고 가야 한단다. 진보 정당이 대중 정당화 할 수 있는 기회를 이렇게 날려버려야만 하나. 참으로 안타까운 일이다. 이러고들 있으니 이 땅의 서민들이 박정희 향수에서 벗어나지 못하고 그의 딸 박근혜를 지지하는 것이다.

한국 재벌은
국민이 키웠다

대한민국 재벌을 상징하는 삼성, 현대가는 돈으로 얻을 수 있는 것은 다 얻었다. 더 이상 욕심을 내면 남는 것은 인간이 하늘에 닿으려고 쌓던 바벨탑처럼 무너지는 길뿐이다.

나는 한국의 재벌들이 행복해 보이지 않는다. 이건희는 소중한 막내딸을 잃었고 현대가의 적통 정몽헌 회장은 혼잡한 정치적 지형에서 고통 받다가 그의 집무실에서 뛰어내렸다. 보통의 개인이 겪을 수 있는 불행 이상이다. 나는 이건희, 정몽구 회장이 여생을 한국의 록펠러, 카네기처럼 후세에 만인의 칭송을 받는 사람이 되어서 보냈으면 한다.

삼성과 현대의 성장사에서 가장 혜택을 입은 집단은 주주가 아니다. 삼성, 현대에 고용된 임원들이다. 이들은 삼성이 망하든 흥하든 매우 만족스러운 인센티브를 받고 있다. 사업상 발생하는 리스크 모두는 대주주를 겨냥하고 있다. 삼성, 현대는 빛의 속도로 변하는 경제 환경에서 살아남기 위해 수많은 리스크를 안아야 한다.

그런데 이게 인간의 힘으로는 극복하기 어렵다. 경쟁과 성장이 모든 것이라는 생각을 버리지 않는 한, 경쟁의 한가운데에서 삶을 정리하지 못하고 종말을 맞게 될 것이다.

삼성, 현대는 국가적 자산이다. 삼성, 현대를 우리는 얼마나 자랑스럽게 생각하는가. 이 정도면 그룹의 회장은 한 개인으로서 세상에서 가장 큰 명예를 얻은 것이다. 더 이상 욕심 부릴 하등의 이유가 없다.

한국 경제의 성장은 한 편의 잘 짜인 시나리오다. 당연히 목표한 대로 가게 돼 있었다. 영화감독은 시나리오를 보고 애니메이션화된 콘티를 만든다. 콘티 안에는 배우들의 세세한 연기 동작까지 담아낸다. 완벽한 콘티는 영화 제작에 투입되는 자본까지 계량화시켜 자원의 소모를 줄인다.

5·16 군부 세력의 머리에는 무엇이 있었을까? 오늘날의 시각으로 보면 그들은 지식 집단이 아니었다. 그런데 이들이 어떻게 천지개벽 할 수준의 경제성장을 이뤘을까? 사실 독한 마음을 먹으면 누구나 할 수 있는 일이다. 국가 자원의 총동원, 국가 기간산업의 완전 장악, 계획경제, 인권 무시, 정경 유착, 반공주의로 정치 세력 억압, 그래도 안 되면 고문과 협박. 이 정도의 배짱이라면 불가능한 일이 아니다.

장면 총리 같은 민주주의자는 절대 불가능한 일이다. 5·16 군부가 집권한 후 2년 뒤에 태어난 나는 그 덕분에 지금까지 국민교육헌장과 국가에 대한 맹세를 한 글자도 놓치지 않고 암기하고 있다.

내가 살아온 50여 년의 삶 속에는 너무도 다른 세상이 있다. 그들은 내 추억에 고스란히 녹아 있다. 만약 87년에 민주화되지 않고 군부가 계속 집권했다면 대한민국은 거기서 끝이다.

해방 이후 압축 성장해온 우리 경제에서 정부는 시장의 강력한 통치자였다. 정부의 눈 밖에 난 기업은 여지없이 내동댕이쳐졌다. 정부는 한 기업을 살리고 죽일 수 있는 힘을 갖고 있었다. 시장에서의 가격 통제, 수출 쿼터량까지 정부가 교통 정리하던 시대였다. 국가의 주요 기간산업도 정부가 지배했다. 저개발국가가 단기간에 성장하기 위해서는 매우 유용한 전략이다. 정치는 군부의 공포정치 아래에 있었으며 개인의 노동권은 유보되었다.

정경 유착의 최고 수혜자는 재벌이다. 한국 재벌들의 성공 뒤에는 국민의 희생이 있었다. 한국 재벌은 공정한 시장에서 경쟁하지 않았다. 게다가 이명박 정부의 친재벌 정책은 매우 노골적이다. 소위 MB노믹스의 핵심은 비즈니스 프렌들리다. 비즈니스 프렌들리의 이론적 배경은 트리클다운이론(trickle-down theory)이다.

적하이론이라고 부르기도 하는 이 해괴한 이론은 물이 넘치면 바닥으로 흘러 내리는 것과 마찬가지로 대기업 중심의 성장 정책으로 얻어진 과실은 중소기업과 서민들에게도 돌아간다는 것이다. 이명박

정부는 첫 각료 임명을 전경련 상근 부회장이던 이윤호를 지경부장
관으로 앉히는 것부터 시작한다.

전경련에서 상근으로 밥 얻어먹고 산 이윤호는 재벌들을 위한 것
이라면 목소리를 내는 것을 두려워하지 않았다. 그는 삼성특검조차
대외적인 신임도와 경제적 안정을 위해 중지해야 한다고 말했다. 이
런 자가 일국의 장관이었다. MB노믹스의 설계자 강만수는 개발 독
재 시대에 관료로 입문했다. 그의 머릿속에서 친재벌 정책이 나온 것
은 사필귀정이다. 그는 기업에 대한 감세 정책도 모자라 세무 감사
유예 조치를 강하게 밀어붙였다. 또 고환율 정책으로 한국 재벌들이
사상 유례없는 실적을 내는 데도 절대적으로 기여했다. 그가 재직하
는 기간에 금산 분리 완화를 추진하고 지주회사 규제를 대폭 풀었다.
기업의 불공정 행위를 감시해야 하는 공정위는 상호출자, 채무보증
제한을 완화하고 출자총액제한제를 없애버렸다.

감세 정책으로 대기업의 실세(유효) 세율은 2007년 22.4%에서
2010년 16.8%로 5.6% 포인트나 하락했다. 이렇게 해서 138개의 대
기업이 2008년~2010년 2년 동안 감면받은 법인세가 4조 2천억 원
이다. 반면 국가 부채는 2007년 298조 9,000억 원에서 2010년 392
조 8,000억원으로 약 100조 가량 늘었다. 법인세 감면과 대규모 토
건 사업, 건설사 지원금으로 빠져나간 돈이 결국 국가 부채로 돌아온
것이다.

이명박 정부 들어 온갖 혜택을 몰아서 받은 국내 10대 재벌은 최

근 3년간 금융 위기에도 불구하고 평균 50% 성장했다. 국내 1위 재벌 삼성은 자산 규모가 2007년 144조 원에서 2010년 230조 원으로 늘었고 59개였던 계열사는 19개가 늘어 78개가 되었다. 현대자동차는 자산 규모가 74조 원에서 126조 원으로 계열사는 36개에서 27개가 늘어 63개가 되었다. 2007년~2010년 기간에 삼성, 현대자동차, SK, LG 4대 재벌은 자산 29%, 매출 19.8%, 순이익 27.5%, 계열사 수는 15.6% 증가했다.

이명박 정부의 계획대로 재벌들이 물이 넘쳐 바닥을 흥건히 적실 정도로 돈을 벌었다면 그 혜택이 중소기업, 서민·중산층에 돌아가야 마땅하다. 그러나 그게 아니었다. 2009년 출자총액제한제가 폐지되면서 10대 기업의 출자총액은 80% 이상 늘었지만 R&D, 설비투자는 고작 8%가 늘었다. 결국 규제가 완화된 틈을 이용해 계열사를 늘려 손쉽게 자본이득을 얻는 데는 돈을 아낌없이 써댔지만 고용을 늘리는 설비투자에는 인색했다. 매출액 10억 원당 고용 인원을 나타내는 고용유발계수는 2007년 1.08%에서 2010년에는 0.84%으로 오히려 후퇴했다. 이러니 우리나라 청년고용율이 OECD 국가 중 최하위(23%)에 머물고 있는 것이다.

법인세 감면, 고환율로 대기업은 손쉽게 장사를 해서 사상 유래 없는 이익을 냈지만, 고환율로 원자재를 비싸게 사야 하는 중소기업과 물가 상승으로 실질 임금이 감소되는 이 땅의 서민들은 더 가난해졌다.

"한국 재벌은 그들의 이익이 다른 사람의 이익이 될 수 있는 어떠한 비용에도 인색하다. 삼성의 이익만큼 손해를 본 것은 다름아닌 한국 국민일 가능성이 높다." 이 글은 『부자삼성·가난한 한국』의 저자 미쓰하시 다카 아키노가 말한 것이다.

축구 경기에서 11명의 선수가 뛰어야 함에도 심판까지 가세하여 14명이 뛴다고 가정해보자. 말도 되지 않는다고 생각할 것이다. 그러나 우리 산업 현장에서는 실제 그런 일이 일어났다. 정부가 국가보조금, 지원금을 왕창 밀어주고 그것도 모자라 기업에게 적정한 이윤을 보장하기 위해 내수 시장에서는 비싼 가격으로 팔게 해줬다. 또 외산 제품에는 높은 관세를 부과해 국내 시장을 보호해줬다.

재벌의 성장사를 두고 신화니 어쩌니 해도 현대, 삼성, 이미 몰락한 대우, 다 그렇게 컸다. 그래도 한국 재벌에게 면죄부를 줄 수 있다. 고용 문제에서는 이들밖에 비빌 언덕이 없는 현실 때문이다. 그러나 자본 이득에만 욕심 부리고 깊은 고뇌 없이 경쟁력 운운하면서 국내 생산 기지를 아예 없애거나 무조건 해외로 빠져나갈 생각만 하는 기업에는 돌을 던져야 한다.

미국 경제가 왜 저 모양이 되었는지 생각해 보아야 한다. 미국의 다국적기업들은 미국 내에 있던 제조 공장을 다 해외로 이전해버렸다. 제조업은 당연히 공동화되었고 그 자리를 금융자본들이 차지했다. 미국에서는 기업가 정신이 사라졌다.

글로벌 시장의 치열한 경쟁에서 살아남기 위한 어쩔 수 없는 선택이라고 해도 좋다. 그러나 국민의 공분을 일으키는 추악한 스캔들은 용서할 수가 없다. 재벌 2세들이 지들끼리 뭉쳐 코스닥 시장의 뒷문 상장(Back door Listing) 과정에서 온갖 분탕질은 다하고 자녀들의 병역을 회피하기 위해 해외 원정 출산을 드러내놓고 한다. 전쟁이 일어나면 이렇게 가진 자를 위해 이 땅의 젊은이들이 피를 흘려야만 한다. 누릴 것 다 누리고 의무는 전혀 안 진다.

GDP가 오르면 뭐하고 7대 경제대국이 된들 아무 소용없다. 비정규직 노동자는 계속 늘어나고 있고 일자리를 못 찾는 청년들은 계속 증가하는데 이들을 외면하고 국가가 온전할 리 없다. 이 땅의 청년 누구도 국가에 대한 의무에 반역하지 않는다. 국가는 그들을 위해 무엇을 해야 할지 생각해야 한다.

이 땅의 가진 자들이여 그만하면 충분하다. 무엇을 더 가지려고 욕심내는가? 그대들이 더 가지려 하면 할수록 그대들뿐만 아니라 우리 모두가 죽을 수 있다.

변절자를 준엄하게 심판하라

자본주의 역사에서 이념의 생성은 노동조합의 역사와 흐름을 같이 한다. 흔히들 자본주의의 이상 또는 미래라 하는 서구 사회민주주의의 전통은 1세기 이상 되었다. 유럽의 소국 핀란드는 노동조합과 여성의 참정권을 가장 일찍 도입했다. 핀란드는 유럽의 약소국임에도 20세기 초부터 여성의 권리, 노동권의 신장을 위해 헌신해온 나라다.

핀란드는 사회민주주의 전통이 오래된 나라다. 핀란드의 사회민주주의와 비교해 스탈린식 사회주의라는 것은 겉포장뿐이지 진정한 사회주의가 아니었다. 농민을 강제로 이주시켜서 산업단지에서 일하는 노동자로 만들었다. 무소불위의 권력을 가지고 개인의 인권을 유린하고 독버섯 같은 비밀경찰을 이용한 공포정치를 통해 국민의 입과 행동을 봉쇄했다. 자생적인 노동조합이 만들어질 수가 없었다. 이것은 우리가 희망하는 사회민주주의가 아니다.

우리에게 이데올로기는 일제강점기에 들어온 개념이다. 봉건적인 조선 사회에서 바로 일제강점기로 들어왔기 때문에 사회 발전 과정에서 국민의 통합된 가치 체계를 대변하는 이데올로기는 없었다. 이데올로기란 한 국가의 국민이 또는 사회가 공통으로 갖게 되는 정치적, 경제적, 문화적 가치 체계의 총합이다. 또 각기 다른 공동체가 각각 대립하는 요소의 통합 과정이다. 일례로 통일국가 내에서도 한 개인의 사회 환경에 따라 각각의 이데올로기를 갖게 되고 상호 대립한다. 현대 민주국가에서는 각 세력이 대립하고 국민 투표로 한 세력이 이니셔티브를 갖는다.

이데올로기는 정파적 특징을 갖고 있다. 그 정파는 동일한 가치 체계를 공유하는 집단이 기본이 된다. 우리는 이러한 이데올로기 정당을 갖어본 경험이 없다.

일제강점기에 독립군은 다양한 배경을 가지고 있었다. 그럼에도 좌파가 독립운동의 헤게모니를 장악할 수 있었던 것은 당시의 시대 상황 때문이다. 1차 세계대전 이후 서구 유럽은 제3세계의 해방을 외면했다. 그들에게 국제 협약이라는 것은 승전국끼리 전리품을 나누기 위한 약속을 하는 것에 불과했다. 식민지 수탈 정책은 계속됐다. 그러나 볼셰비키혁명 후 소련의 '피압박민족회의'는 식민지 국가들의 해방을 위해 실질적인 노력을 했다. 이동녕 같은 대한제국의 무관들이 이데올로기가 무엇인지나 알았겠는가? 단지 그들은 민족해방을 위해 좌를 선택한 것뿐이다. 그들이 선택한 좌도 결국 현대적 의미의 유로코뮤니즘과도 상당한 거리가 있는 것이지만 말이다.

그런데 해방 후 미군정이 실시되면서 식민지 공간에서 독립군의 주축 세력인 좌는 그들이 좌라는 이유 하나 때문에 남한에서 배척되었다. 북은 계획경제, 공포정치를 근간으로 하는 소련식 공산주의 체제를 받아들였다.

한국전쟁은 냉전시대에 소련과 미국의 대리전 성격이었지 이념 전쟁이 아니다. 좌·우의 대립 속에서 역사적 정의는 실종되었다. 우파를 자처하는 자들은 반민특위를 와해시켰고 이 과정에서 부일협력자들은 살아남았다. 부일협력자들을 처단하지 못함으로써 우리는 식민지 해방 국가로서의 민족 정의를 바로 세울 수 없었다.

2차 세계대전 후 드골 정부가 비시(Vichy) 괴뢰 정권을 단호하게 단죄한 것은 교훈 삼을 필요가 있다. 역사적 단죄가 삼대를 멸할 정도의 과격성을 띨 필요는 없다. 그러나 장본인이 역사에 다시 발붙이는 것을 용납해서는 안 된다.

프랑코가 사망한 후 스페인 양심 세력의 젊은 계승자 곤잘레스는 프랑코 시대의 군벌·관료들에 대한 적개심을 누르고 광장에서의 처단 대신 역사로부터 이들을 퇴장시켰다. 사마란치 같은 군벌이 올림픽 운동의 수장이 될 수 있었던 것도 곤잘레스의 관용이 있었기에 가능했다. 스페인은 프랑코 사후 당당히 유로존 국가의 일원이 되었다.

프랑코 죽음 후 스페인 좌파 원로 그룹이 정치 전면에 나섰다면 스페인은 군부 세력과 피비린내 나는 전쟁을 치렀을지 모른다. 그러나 지혜로운 원로 그룹들은 국민 통합을 위해 30대 초반의 청년을 국가 통치자로 내세웠다.

반면 우리는 어떤가. 숟가락 들 힘만 있으면 죽어도 자기가 해야 한다며 나선다. 권력을 위한 일이라면 변절도 거리낌없이 한다. 국민도 뭐라 하지 않는다. 이러니 국가의 선진화가 퇴행하는 것이다. 좌파 모험주의로 살았다고 경력을 내세우고 다닌 사람들이 지금은 극좌의 대척점이 되는 극우 행보를 하고 있다.

유엔 경제·사회·문화적 권리 위원회는 한국이 세계 12위의 경제 대국으로 성장했으나 전체 인구의 8.4%가 기초생활보호제도의 보장도 못 받고 있고, 빈곤층 확대는 GDP성장과 반비례한다고 말한다. 또 전체 노동자의 52.3%를 차지하고 있는 비정규직 문제, 최저임금 미보장, 여성과 청년의 노동권, 공무원 노조 불인정, 이주 노동자에 대한 차별과 착취가 시급하게 개선해야 할 과제라고 지적하고 있다.

이런 상황에서 변절자들은 경제성장만 외친다. 조상의 묘지에 공적비 하나 쌓으려고 하는지 몰라도, 친재벌적이다. 왜 이들이 이런 성향을 보이는지 도무지 알 수 없다.

자신들의 정치적인 입지, 개인적 출세주의를 뭐라 말하지 않는다. 작든 크든 변화무쌍한 근·현대에서 변절자에게 돌을 던질 수 있을 정도의 부끄럼 한 점 없는 사람은 대한민국에서 존재하지 않으니까.

극좌에서 전향해 극우 보수에 합류하는 것도 좋다. 그러나 이 땅의 세입자들을 그들 삶의 터전으로부터 쫓아내는 뉴타운·재개발 사업, 4대강 사업의 선두에서 깃발을 흔드는 것은 정말 해서는 안 될 짓이다. 한나라당의 오리지널 보수 세력보다 더 보수적인 적인, 극우라고 말할 수밖에 없는 이재오, 김문수의 정치적 행보를 보면서 국민들이 무슨 생각을 하겠는가. 변절을 해도 좀 그럴듯하고 명분이 있는 변절을 해야 봐줄 수 있다. 친박계의 유승민보다도 시대적 성찰이 없는 인간들이 '민주화 투쟁 경력' 운운하는 것은 듣기도 역겹다.

투쟁 경력을 훈장처럼 달고 다니는 이들이 훈장을 달게 해준 서민을 배신하고 사회악의 편에 선다는 것은 그야말로 인생 역전이다. 인생 역전이란 자신의 살아온 인생을 전면 부정해야 가능한 일이다. 스스로 실패를 자인하는 것이다. 현장 노동 경력을 자랑하는 이가 어느 날 뉴라이트가 되고 기득권 계층을 대변하는 정당의 국회의원이 되는, 이 웃지 못할 현실을 국민은 어떻게 받아들여야 하는가.

그러나 세상에는 아름다운 변절도 있다. 현재 프랑스는 출생률이 2.03명으로 우리의 약 2배다. 보수 우파인 사르코지가 집권한 이후에도 정부의 육아·복지 예산은 오히려 늘어났다. 우파의 변절이라고 할 수 있다.

좌·우의 소모적 대립·정쟁으로 일찍 청산되어야 할 반민족 세력의 공간이 오히려 넓어지고 사회정의가 실종된다면 우리 대한민국의 미래가 어디 있겠는가. 또 우리 아이들은 무엇을 보고 배우겠는가.

노르웨이의 최고 갑부의 재산이 우리 돈으로 2조 원 정도 된다고 한다. 이 노르웨이의 최고 부자는 재산의 절반을 사회에 기부했다. 사회공동체가 무너지면 부자도 소용없다는 것을 인식한 것이다. 서구 자본주의는 이미 오래 전에 이를 깨달았다. 우리 국민의 악착같은 근면성과 지혜는 인류사적으로도 내세울 만하다. 우리의 역사가 왕조사 중심으로 기술되어서 민중의 삶이 드러나지 않았을 뿐, 우리 민중들은 단위 부락 내에서 옷감의 생산, 염색, 벼농사 기술 등 의식주를 해결하는 자급자족 경제를 이뤄냈던 사람들이다. 지주들의 수탈이 없었다면 먹고사는 데 어려움이 없었다. 척박한 토양을 극복할 수 있는 억척스러움의 유전자가 태생적으로 있었기 때문이다.

이것이 아니었으면 '한강의 기적'은 존재할 수 없다. 그러나 압축 성장 시대를 살아오면서 '타인에 대한 배려'는 사라지고 돈이라면 자신의 영혼을 파는 것까지 서슴지 않는 국민이 되었다. 국민의 속성을 간파한 정치권은 국민의 속마음을 자극하여 정치적 수명을 연장한다. 망국적 부동산 개발 정책이 이러한 이해관계에서 세상 밖으로 나왔다. 그런데 소위 민주화 운동을 했다는 이들이 떼로 보수정당에 들어가 토건 사업에 적극 앞장서고 경제성장이 모든 가치에 우선한다고 하면서 사회적 약자의 분노를 외면하는 것은 국민이 용서하면 안 된다.

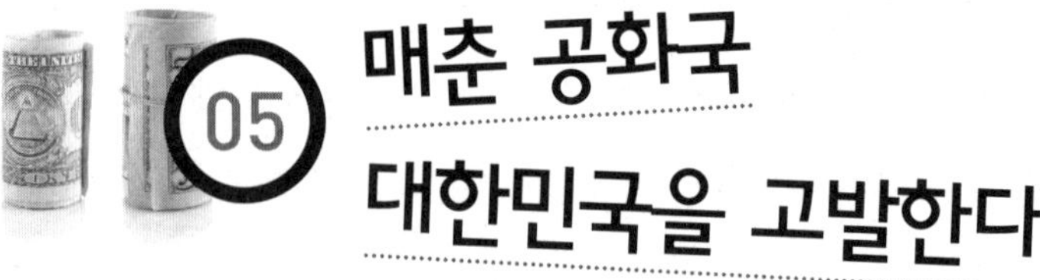

매춘 공화국 대한민국을 고발한다

블랙마켓은 GDP에도 잡히지 않는다. 대한민국의 블랙마켓에서 가장 큰 비중을 차지하고 있는 것이 섹스 산업이다. '성매매 알선 등 행위의 처벌에 관한 법률' 소위 성매매특별법이 2004년 3월 22일 도입된 이후 이 법으로 말미암아 성매매가 근절됐다고 믿는 사람은 없을 것이다. 사창가들은 다 지하로 숨어들었다.

최근 통계를 봐도 해외로 나가는 성매매 여성이 2007년과 비교해 3배가 늘었다. 성매매특별법이 만들어졌어도 성매매 시장은 오히려 커졌고 성매매 여성들은 건강, 의료의 사각지대에 놓여 있다는 것이 문제다.

2007년 여성부의 성매매 실태 조사에 의하면 성매매 시장의 규모가 14조 952억 원이었고 연간 성 구매자 수는 9,395만 명(복수 허용)

이었다. 현재는 성매매 시장 규모를 수십 조로 보고 있다. 남성 중심의 마초 사회에서 회식 문화는 술로 시작해 섹스로 끝난다. 이것이 남성 사회에서는 네트워크 결속력을 강화시키는 최선의 방식이다. 이 문화를 거부할 사람은 거의 없을 것이다. 국가 공권력의 수호자를 자처하는 검찰을 떡검이라고 조롱하는 이유가 이것이다.

불법 성행위로 체포되는 사람을 TV 화면으로 보고서, 이를 집행하는 경찰이나 TV 화면을 보고 있는 남성들이나 모두들 저 사람들은 재수 없게 걸렸다고 생각할 것이다. 그들이 특별히 죄가 있어 체포되었다고 생각하지 않는다. 불법 성매매 단속이 이뤄지는 시간에도 전국 룸살롱의 50%가 몰려 있다는 강남 한편에서 벌어지는 2차는 휴식이 없다. 2차는 성매매를 뜻하는 은어다. 아주 일상적이고 당연하게 이뤄진다. 전부는 아니어도 룸살롱을 가는 이유가 섹스인 사람이 많다. 룸살롱에서 처음 듣는 말이 2차 갈 것이냐고 묻는 것이다. 그래야 그에 맞는 여성이 들어와 접대를 한다.

섹스 시장에도 부익부, 빈익빈 현상이 존재하고 있다. 강남 룸살롱은 아무나 못 간다. 텐프로의 경우 2~3명이 풀코스로 놀면 수백만 원이 나온다. 텐프로가 아니더라도 1차 술값과 봉사료만 백만 원은 가져야 갈 수 있다.

감히 서민들이 출입할 수 있는 곳이 아니다. 서민들은 집창촌, 안마시술소에 간다. 단속은 이곳에 집중돼 있다. 돈 있는 놈은 매춘을 해도 걸리지 않고 돈 없는 놈은 걸릴 가능성이 크다. 지금의 성매매 단속은 눈 가리고 아웅 하는 격이다. 법과 제도로 성매매 문제를 해결할 수 없다. 성을 돈으로 매매하는 것이 야만 사회에서나 있을 수 있는 일이라는 자기 반성이 있어야 한다. 그런 면에서 우리 사회는 갈 길이 멀다.

자본주의에서 말하는 시장은 만병통치약이 아니다. 시장을 방임하면 온갖 역기능이 발생한다. 그래서 현대 자본주의에서는 정부의 시장 개입을 당연하게 여긴다.

시장에서는 수요가 있으면 반드시 공급이 있다. 문제는 항상 지나친 공급이 문제다. 이는 덤핑 경쟁을 낳고 노동자들의 생활은 열악해진다.

우리나라의 매춘 시장은 항상 수요보다 공급 과잉이 있는 곳이다. 정부가 규제를 강화하자 많은 성매매 여성들이 해외 성매매에 나섰다. 국내에 남은 여성들은 지하로 숨어들었다. 시장이 사라진 것이 아니고 암시장화되면서 성매매 여성들의 삶의 질은 열악해졌다. 집창촌을 없앤다고 성매매가 없어지지도 않을뿐더러 오히려 시장의 감시에서 벗어나 다양한 형태로 진화해 문제를 더 키우게 된다. 눈에 보이지 않는다고 시장이 사라진 것이 아니다.

페미니스트적 시각으로 보면 성매매는 결코 용인될 수 없는 문제다. 성스러운 '성'이 일반 재화처럼 교환의 매개체가 되는 것은 인간 존엄성과 인권을 부인하는 것이라고 생각하기 때문이다. 그러나 이 문제를 해결하는 방법은 집창촌을 문 닫게 하는 것이 아니다. 방향을 잘못 잡았다. 우리 주류 사회, 남성중심주의 문화에 만연되어 있는 성의 타락, 성을 매개로한 검은 커넥션을 공격 대상으로 삼아야 했다.

　결과적으로 페미니스트의 시각은 그들이 비판하는 남성들의 시각과 거의 비슷하다. 자신들이 보고 싶은 것만 볼 뿐이다. 눈에 보이지 않는 사각지대에서 벌어지는 이 엄청난 모순을 그대로 방치한 채 말이다.

　닉슨 대통령을 하야시킨 워터게이트 사건이 세상에 알려진 것은 딥 스로트(deep throat) 때문이다. 딥 스로트는 익명의 내부 제보자를 뜻하는 말이다. 딥 스로트라는 용어는 워터게이트 사건이 터지기 이전에 미국 역사상 최초로 일반 상영관에 걸린 포르노 영화의 제목으로 잘 알려졌었다. 딥 스로트는 영화 제작비가 2만 5천 달러에 불과했지만 약 6억 달러를 벌어들일 정도로 투입 비용 대비 최고의 수익률을 올린 영화다. 딥 스로트는 사전적 의미 그대로 ‘목구멍 깊숙이’라는 뜻이다. 영화의 주인공 린다 러브레이스(실명이기도 함)는 성생활에 만족 못하면서 의사와 상담한 후 클리토리스가 목구멍에 있다는 것을 알게 되고 많은 남성들과 구강성교를 하면서 진정한 오르가즘을 느끼게 된다는 것이 이 영화의 시놉시스다.

　지금이야 인터넷의 영향으로 구강성교, 애널 섹스 같은 하드코어 포르노를 자기 방에서 한 번의 클릭만으로 볼 수 있는 세상이지만, 당시로서는 청교도가 세운 국가 미국에서 하드코어 포르노가 일반 상영관에서 상영된다는 것은 상상하기 어려운 이야기였다. 미국 사회의 반향은 엄청났고 전직 미용사 출신의 제작자 제라드 다미아노와 남자

한국 자본주의와 그 적들 ●

배우는 실형까지 살았다. 딥 스로트가 처음 상영관에서 상영된 것이 1972년이었다. 페미니스트들은 분노했다. 그들은 딥 스로트의 여주인공 린다 러브레이스를 남성의 성도구로 이용당한 희생양으로 몰아갔다.

그들은 린다 러브레이스를 TV 화면에까지 끌어내 전 국민 앞에서 자신은 남성들로부터 이용당했다는 고백을 하게 했다. 그러나 방송이 끝난 후 그들은 린다 러브레이스를 외면했다. 린다 러브레이스는 아무런 경제적 보상도 받지 못한 채 늙은 몸으로 다시 포르노 영화에 출연했다. 2002년 그녀는 교통사고로 사망했다. 딥 스로트가 세상에 나온 지 30년째 되는 해였다.

페미니스트들이 원하던 대로 서울의 대규모 집창촌인 미아리 텍사스, 청량리 588, 천호동, 용산 성매매 촌은 다 사라졌다. 그러나 성매매는 다른 변종의 행태로 진화해 줄어들지 않고 있다.

최근에 안마시술소, 키스방 등 변종 성매매업소 간판이 크게 늘었다. 안마시술소에 가서 안마를 받는다고 생각하는 바보는 없을 것이다. 안마시술소는 진한 하드코어 성매매를 하는 곳이다. 전국의 룸싸롱 50% 이상이 몰려 있다는 강남, 충무로 일대의 룸싸롱은 여전히 성업 중이다. 물론 2차로 성매매를 하는 것도 아무런 제약이 없다.

보통의 상식을 갖은 여성들의 시각에서 우리나라의 성매매는 끔찍한 수준이다.

광주항쟁기념일 전날에 운동권 선배들과 광주에 내려온 임수경이 선배들이 술좌석에서 접대부 여성을 옆자리에 앉히는 것을 당연하게 여기는 광경을 보고 언론에 알렸지만, 언론에서는 가십거리 정도로 취급했다.

이를 취재한 기자, 정치인 모두 다 질펀한 우리 접대 문화에 너무 익숙해져 있기 때문이다.

우리 사회는 관행적으로 최고급 일식, 한우집을 가도 2차를 가지 않으면 접대를 제대로 받지 않았다고 생각한다.

실제 집창촌에서 이뤄지는 성매매는 빙산의 일각이다. 오늘도 강남 룸싸롱의 질펀한 술자리에서는 조국의 미래를 얘기하는 정치인, 사업가들이 관계 네트워킹을 위해 날밤을 새우고 있다. 남성 중심의 마초 문화가 사라지기 전까지 국내 성매매 사업은 사라지지 않는다. 진정한 적은 내 주변의 남자들임을 아직도 모르고 있다면 페미니스트가 여성의 적이다.

성매매 시장은 걷잡을 수 없을 만큼 커졌다. 성매매가 옳은 것인지 옳지 않은 것인지의 가치판단을 하기 전에 성매매 여성들의 인권을 생각해야 한다. 또 성매매를 통해 막대한 이득을 보는 성사업자들에게 과세해야 한다. 자료에 따르면 강남의 한 룸살롱(술 접대에서 섹스까지 한 곳에서 가능한)의 연매출이 270억 원에 달한다고 한다.

시민의 성숙도, 인권, 자유화 정도에서 우리보다 한참 앞서 있는 독일, 네덜란드 등의 유럽 국가들이 왜 공창제도를 허용하고 있는지를 성찰해 봐야 한다. 독일의 프랑크푸르트 같은 대도시에서는 중앙역에서 5분 거리에 있는 대로변에 버젓이 간판 걸어 놓고 성매매업을 운용한다. 성매매 합법화는 1984년 호주의 빅토리아 주정부가 세계 최초로 했고 그 뒤 독일, 영국, 스위스, 네덜란드 등 다수의 국가들이 합류하여 세계 39개국에서 합법화했고 9개국에서는 제한적으로 합법화하고 있다. 성매매를 합법화하는 것은 쉽지 않은 결정이다. 특히 기독교 윤리관이 사회 깊숙이 뿌리내리고 있는 서구 국가에서는 더하다. 그러나 성매매를 합법화함으로써 음지에 있는 성매매 여성에게 가해지는 폭력을 예방할 수 있고 건강 및 의료 환경이 개선될 수 있다. 경제적 측면도 분명 있다. 2001년 성매매업소를 합법화한 네덜란드는 성 산업이 GDP의 5%를 차지하고 있는 것으로 추정된다. 성매매 합법화 문제, 이제 공론화시켜 새로운 대안을 내놓아야 할 때다.

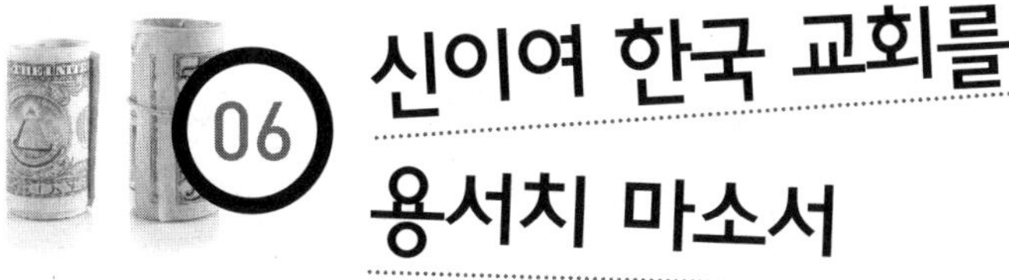

06 신이여 한국 교회를
용서치 마소서

인간은 항상 자신의 신을 창조해왔다. 신이라
는 존재는 일부 인간들에게는 무해한 존재이며, 또 다른 일부에게는
두려움의 존재다.

"그것은 신의 뜻이었습니다"라는 말은 종교주의자들에게는 신의
몰인정함을 용인하거나 합리화하는 편리한 방법이었다.

−루시퍼의 서 중에서

종교는 인간의 약점을 집요하게 파고든다. 그리고 이를 교묘하게
이용한다. 지금 종교가 우리 공동체에 행하고 있는 반사회적 행위를
보라. 자신의 종교만이 진리라고 말하면서 머릿속으로는 그들의 세

치 혀에 기꺼이 지갑을 여는 신도들의 머릿수를 계산하기에 바쁘다.

세금 안 내는 시장, 경제학에서는 꿈의 비즈니스라고 선망하는 수확체증이 가능한 시장이다. 그래서 총성 없는 종교전쟁이 대한민국을 뒤덮고 있다.

종교 단체 기부금의 90%는 교회와 교단을 위해 쓰인다. 21세기에도 지구촌은 2차 세계대전 희생자만큼 기아로 인한 사망자가 발생한다. 세계인이 낸 기부금은 다 어디로 새는가.

종교 단체가 제3세계에서 벌이는 빈민 구호 활동에 쓰이는 돈이 오히려 독재 정권을 강화하고 빈곤의 구조를 악화한다. 제3세계에서의 불평등은 정치 모순에 기초한다.

이들이 진정으로 제3세계 민중의 삶을 개선하겠다면 자기만족적, 선교를 우위에 두는 활동 대신 이들을 억압하는 독재정권, 불평등의 악순환을 만드는 사회 모순에 저항하고 이 부분에 돈과 시간을 집중해야 한다.

그러나 이들은 애당초 그 부분에 관심이 없다. 그들에게 처음부터 끝은 인간이 아닌 그들이 믿는 신을 기쁘게 하는 것이다.

죽어서 성인이 된 테레사 수녀는 정말 그의 신을 온전히 믿었을까? 인도 빈민가에서 생애의 대부분을 보냈던 테레사 수녀의 눈에 비친 세상은 어땠을까? 신이 만든 세상에 정의는 없고 가난은 대물림되고 서로가 차별하고 증오하는 세상의 한복판에서 그녀는 무엇을 보았을까?

척박한 토양과 고립된 지역에서 탄생한 기독교 문명은 타 종교에 대해 매우 배타적이다. 그들의 선지자는 자비로움보다 증오하는 법을 먼저 가르쳤나 보다. 21세기에도 세계를 전쟁의 공포로 몰아넣고 있는 기독교, 이슬람교가 같은 뿌리에서 나왔다는 것은 참으로 불가사의하다.

헤밍웨이의 역작 『누구를 위해 종은 울리나』는 헤밍웨이가 직접 참전한 스페인 내전이 배경이다. 스페인 내전은 파시스트와 교회에 맞서 세계의 양심인이 국가와 인종을 초월해 싸운 전쟁이다. 이 전쟁은 비극적으로 파시스트가 승리했다. 그 후 스페인은 프랑코가 죽기까지 독재정치가 계속됐다. 프랑코가 죽자 스페인에 민주정부가 들어섰다.

스페인 민주 세력은 프랑코 시대인 수구였던 종교인, 군부, 언론, 그 누구도 처단하지 않았다. 국가 통합을 위해 분노와 증오를 버리고 화해와 용서를 택했다. 인간이 인간을 용서하고 구원한 것이다.

나는 종교를 부인하지 않는다. 종교는 개인의 선택 문제다. 그러나 우리 사회는 종교 지도자라는 자들이 증오를 가르치고 종교를 통해서 부를 축적하는 이가 너무 많다는 게 문제다. 만약 그들이 가는 천상이 그들이 말하는 분노와 증오로 가득하다면 그런 천상에 가고 싶지 않다.

신교를 우리는 프로테스탄티즘이라고 한다. 이 말은 '저항한다'는 뜻을 담고 있다. 신교는 부패한 중세 카톨릭에 저항하면서 탄생한 교파다. 오히려 한국에서는 가톨릭이 개혁적이며, 관용적이며, 부패하지 않았다.

남미의 사제는 그들의 신께 간구했다. "하나님 아버지 왜 우리가 사는 이 땅은 이처럼 가난한 자가 넘쳐나며, 사람을 벌레처럼 아는 독재자가 승리하는 겁니까?" 그 밤 사제들은 신의 음성을 분명히 들었다. 사제들은 성경을 내려놓은 손으로 총을 잡았다.

"신이여 당신의 힘은 전지전능하다는데, 당신의 자녀라는 세상의 인간을 구원하지 못하는 것 입니까? 그래서 세상은 당신의 존재를 부정합니다. 인간의 정의를 믿기로 했습니다."

신이 존재한다면 신은 인간을 향해 이렇게 말할 것이다.

"오! 사랑하는 백성들아 너희가 내 곁에 올 때까지 너희들이 사는 세상에서 정의를 세워라."

그러나 이 땅의 종교지도자들은 신의 성전마저 사유화한다. 또 대물림한다.

이들은 사회정의에 관심이 없다. 그러나 이권이 걸린 문제에서는 광장에 나가 머리를 빡빡 미는 일도 서슴지 않는다. 중세암흑기에도 없었던 일이다.

대한민국은 세계에서 종교, 종파 간 마케팅 프로모션이 가장 치열하다.

기독교 문명의 발상지인 유럽에서는 배타성으로 외면받는 장로파가 유독 우리나라에서만은 득세해왔다. 그러나 현재 장로교의 교세는 점차 떨어지고 있다. 과거와 반대로 원리중심적이고 배타성이 강한 교파일수록 교인이 늘지 않는 현상이 뚜렷해졌기 때문이다. 반면 가톨릭은 부활하고 있다. 한국에서 만든 카톨릭이 개신교보다 더 개혁적이고 더 관용적이다.

종교가 화해와 관용보다는 증오를 가르치고, 사회 통합의 걸림돌이라는 것을 깨닫고 대부분의 선진국 국민들은 교회를 떠났다.

한국의 종교 시장은 가까운 미래에 극심한 공동화의 길을 걷게 될 것이다. 교회가 미래에도 존재하기 위해서는 갈등과 증오를 가르키는 것을 중지하고 정의와 약자를 배려하는 공동체의 가치에 충실해야 한다.

한국 교회는 지속적으로 성장해야 한다(?). 그래야 그 많은 신학교 졸업생들의 일자리를 마련해 줄 수 있고 선교지상주의 한국 교회가 내보낸(또 내보내야 하는) 선교사들의 활동비를 대줄 것이 아닌가. 그런데 이게 최근 들어 선순환이 이뤄지지 않게 됐다. 이는 전적으로 그들의 자충수다. 그들의 원리주의에 기초한 배타성과 반사회적 행위들이 교인을 떠나게 만들었고 새로운 신자는 늘지 않게 했다.

그들이 이 난국을 타개하는 벤치마킹모델이 있다. 기독교가 다시 부활한 미국이다. 베트남전쟁이 미국 사회에 몰고 온 반전주의 · 사회시스템으로부터 자유로움을 추구하는 히피운동의 확산과 스테그플레이션 이후 불거진 경제 불황 등의 사회 위기와 변혁 과정에서 종교는 대중으로부터 멀어져갔다. 미국의 기독교가 부활한 것은 레이건의 등장 이후다.

경제적으로 시카고학파의 통화주의자들의 논리를 수용하고 사회 정치적으로 냉전의 틀을 고수하는 보수 우파 정권이 레이건 정부다. 이 흐름이 클린턴 집권 기간 8년 동안 수면 아래에 있다가 다시 본격화된 것이 주니어 부시가 대통령에 취임한 이후다. 정경분리의 국가 미국에서는 종교의 정치 개입을 엄격히 통제하는 전통이 확고히 자리잡았으나, 기독교 원리주의자 주니어 부시는 정치에 종교를 끌어들였고 종교 지도자의 정치적 발언의 수위도 높아졌다. 주니어 부시 집권기에 미국 기독교는 교세를 다시 확장시킨다. 이는 종교가 특정 정당을 지지를 노골화하면서 보수주의자를 결집시킴으로써 갖게 된 정치 영향력, 그리고 미국 교회가 개인의 비전과 성공에 대한 담론들을 주제화해 대중들의 관심을 교회로 끌어들인 것이 교세가 확장된 성공 요인으로 볼 수 있다.

미국의 사례를 지켜본 교회 지도자들의 정치 행보는 더욱 과감해졌고, 지역 커뮤니티에서 강력한 여론 형성에 힘을 갖고 있던 기독교는 교회 연단에서까지 특정 정당, 특정 후보의 지지를 공개적으로 표출했다. 이것이 절대적이라 할 수 없지만 이명박 정권 탄생에 일조한 것만은 틀림없다. 이후 이러한 흐름은 상대적으로 종교에 대해 열린 시각을 갖고 있던 진보 정당마저 선거철만 되면 교회와의 관계를 밀착시키기 위한 노력을 강화하고 있다.

교회는 교인수와 비례해 성장한다. 진성 교인(등록 교인이면서 십일조를 내는)이 많을수록 교회의 재정은 확장된다. 이 돈으로 목사는 세비를 받고 건축물을 지어 그들의 성전을 세상에 알린다. 목사의 세비, 교회 건축물(교회가 운영하는 요양원, 기도원 포함)은 비과세의 혜택도 받는다.

대한민국의 성공한 목사들은 그가 믿는 신께 감사해야 한다. 그의 신이 그에게 한 인간이 갖기에는 너무도 많은 돈과 사회적 명예를 안겨줬으니까.

그들은 그토록 원하는 천상에 가기 전에 현실의 세상에서 모든 것을 이뤄냈다. 그들은 이 행복이 영원하길 기도할 것이며, 그래서 그들은 천상에 가고 싶은 마음이 없어졌다. 반면 그들을 통하여 천상 가는 완행표라도 얻을 수 있다고 생각하는 가난한 이들은 현실의 고통을 벗어나기 위해 그들을 구원할 목사들에게 절대적으로 의지한다. 10만, 20만 명의 신도가 있는 대형 교회로 성장하기 위해서는 가난에서 해방되고자 하는 욕구가 강렬한 기층민이 몰려들어야 한다. 수만 명에서 수십만 명의 교인을 가진 대형 교회들은 서울 강북의 서민 동네에서 처음 개척했지만 대형화의 꿈을 실현한 후에는 죄다 강남으로 옮긴다.

대형 교회 목사들은 그들만의 단체를 만들고 그 단체의 장이 되기 위해서 이전투구한다. 그들의 이해가 걸린 문제에서는 한 치의 양보도 없다.

과거에는 대한민국 교회가 사회적 문제에 무관심하고 자신들의 이

득만 쫓지 않았다. 군부독재에 맞서 무섭게 저항한 그룹 중에는 종교 지도자들이 많았다. 수많은 젊은 목사들이 도시 선교회에 참여해 노동자의 인권을 위해 싸웠고, 문익환 목사는 반독재·민주화 투쟁에 앞장섰다. 교회가 우리 공동체를 위해 희생하는 모습을 보고 교회에 가는 젊은이도 많았다.

지금은 교회 지도자란 사람들이 청빈, 검소, 노동을 기초로 하는 프로테스탄티즘을 스스로 부정하고 있다. 그들은 교회를 사유화하고 교회를 자식에게 대물림한다. 이것도 모자라 교회 재산으로 사업을 운용하면서 그것을 개인 소유화한다. 이러고도 연단에서는 하나님의 말씀을 전한다. 교인들은 순종이 덕이라 이런 목사들을 비난하지 않는다. 이게 그들의 신이 원하는 모습은 아닐 것이다.

한국 교회의 성장에는 영적 구원 이상의 경제적 이권이 개입되어 있다. 교인은 수익 구조의 원천이고 목사의 명예를 높여주는 존재다. 교인이 늘어나야 대외적 평가도 올라가고 영향력도 갖는다. 이러한 구조하에서 "목숨을 걸고 전도하라", "죽을 힘을 다해 전도하라"는 말이 나오는 것은 당연하다. 돈과 이윤이 걸린 선교, 그래서 죽기 살기로 전도를 강요하고 전도를 하는가 보다. 제발 종교는 인간의 영혼을 구제한다는 초대 교회의 정신으로 돌아가라.

그대들이 그대들의 종교를 믿건, 안 믿건 관심 없다. 다만 사회구성원으로 지켜야 할 예의는 알고 살아가야 되지 않을까. 우리는 그저 이것만을 바랄 뿐이다.

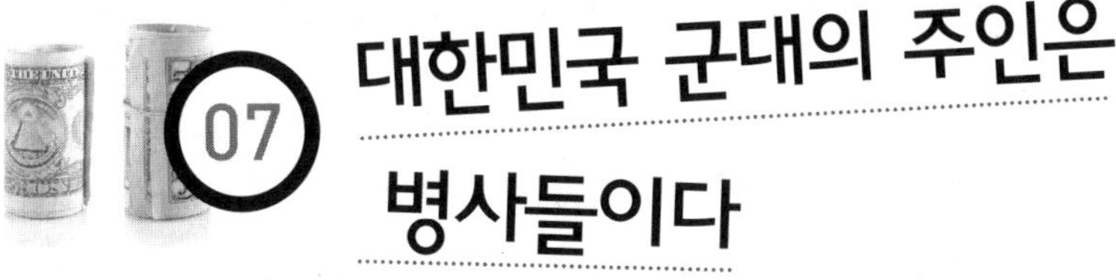

07 대한민국 군대의 주인은 병사들이다

종심이 짧고 3면이 바다인 국토 조건에 비추어 보병 중심의 군대는 대륙을 통해 들어오는 적의 침략에 매우 취약하고 해양 세력에 대한 대응력도 떨어진다.

한국전쟁 이후 군력은 질적으로, 양적으로 매우 빠르게 성장했다. 북한과의 군사 대결은 무의미해졌다. 앞으로 우리 군은 통일 이후의 군사 환경에 대비해야 한다. 역사적으로 중국의 팽창주의는 한반도의 정세 변화에 따라 언제든지 우리의 가상 적이 될 수 있다.

현재 중국은 경제력으로 미국과 대적할 수 있는 유일한 나라가 되었다. 통일된 한반도는 중국과 국경을 마주하고 있다. 우리는 물량적 측면에서 중국을 넘어설 수 없다. 경제 규모, 인구, 군사력에서 차이가 너무 크다.

이를 극복하는 전략은 외교적 측면에서 미국과 중국을 같은 등가로 두고 양 세력을 조종하는 것이다. 그러나 이것만으로 국가를 지켜낼 수는 없다. 우리는 대군을 위협할 수 있는 군사 전략, 무기 체계를 확보하는 일을 병행해야 한다. 이것이 전쟁 억지력을 확보하는 길이다.

전쟁은 물리력의 계량화된 수치로 승부가 나는 것은 아니다. 조국에 헌신적인 지도자, 국민들의 자발적인 충성심이 승리의 키워드다. 그렇다. 병사들의 자발적인 충성심, 지도자의 헌신이 때로는 물리적 군사력보다 비교 우위를 가질 수 있다.

우리의 현실은 어떠한가. 정부 고위층 관료들의 병역의무 수행 비율은 국민 평균치에 턱없이 못 미친다.

청와대 보좌관, 관료들의 병역 이행률은 50% 내외로 전 국민 대상 병역 이행률 80%보다 30% 이상 낮다. 이래서야 군령에 위신이 설 수 없다.

대한민국에서 병역은 매우 중요한 국민의 의무다. 대한민국 남자에게 군대는 인생의 가장 중요한 시기를 국가를 위해 희생해야 하는 것이다. 이 엄숙한 의무에는 누구도 예외가 되어서는 안 된다.

그런데 현실은 어떠한가. 통계를 보면 최근 5년간 병역면제를 시도하다가 적발된 사람만 600여 명에 이르고 그중 운동선수, 공익, 산업 기능요원, 유학생이 가장 많았다. 병역면제자의 3분의 2가 소위 사회 관심 계층이다. 법망에 걸려들지 않는 사람까지 합하면 그 숫자는 더 많을 것이다.

사회 전 분야에서 신체 멀쩡한 놈들이 병역을 회피한다면 반드시 그 분야에 발을 붙이지 못하도록 퇴출시켜야 한다. 특히 우리 어린 학생들에게 많은 영향을 주는 연예인들이 서른이 넘도록 군대를 연기하다가 신체 이상으로 군에 안 가거나 현역 입영이 충분히 가능한 몸을 가지고서 공익으로 가는 것은 막아야 한다. 보통의 대한민국 젊은이가 서른 살이 될 때까지 입대를 늦출 수 있는지도 의문이다. 병역법 운용에 문제가 많다.

종교적 양심으로 집총을 거부하고 병역을 거부하는 사람도 예외가 있을 수 없다. 이는 포용과 관용의 정신이 부족해서가 아니다. 군대를 가는 이 땅의 젊은이들은 양심이 없어서 군대를 가는 것이 아니기 때문이다. 그 종교적 양심의 뿌리는 세계에서 가장 배타적인 종교에 기초하고 있다.

종교적 양심이라는 이름 아래 얼마나 많은 전쟁을 치러야 했으며 이교도들은 얼마나 많이 죽어 갔는가. 지금도 종교적 이념의 마찰로 세계 곳곳에는 많은 사람들이 죽어가고 있다.

군대에 가는 것은 대한민국 남자로 태어나 자신의 가장 소중한 시간을 조국에 바치는 숭고한 행위다. 그런 면에서 보자면 군가산점제도 부활과 같은 인센티브도 필요 없다. 병역의무라는 소중한 가치에 비견될 '기회비용'이란 존재하지 않기 때문이다. 그러나 우리 사회는 인생의 가장 소중한 시간을 조국에 바친 젊은이들의 고마움을 기억해야 한다. 그리고 보상해야 한다.

군대는 사기를 먹고 사는 곳이다. 대한민국의 군대의 주체는 일반 병사들이다. 그런데 우리 군예산 집행을 보면 일반 병사의 생활 여건을 개선하는 데는 매우 인색하다. 성적으로 왕성하고, 이전 세대보다 훨씬 풍족한 생활을 경험한 병사들을 아직도 자기 공간이 0.2평도 안 되는 내무실에 가둬두고 있다.

예산이 없다는 것은 변명에 불과하다. 대한민국 군대는 사관학교 출신에게 별자리를 주기 위해 하부구조로 병사들이 존재하는 곳이 아니다.

현대의 전쟁은 과거와 양상이 많이 달라졌다. 원격 조종되는 무인 항공기가 조종사를 대신하고 장거리유도탄은 스스로 풍향, 고도까지 조종하면서 정확하게 목표물을 파괴한다.

초계함(PCC)급 이상의 모든 함정의 포와 유도탄은 사격통제실에서 워 게임 하듯이 오퍼레이터들에 의해 통제되고 타겟팅 된다.

완벽한 사격통제시스템 덕분에 명중률이 거의 100%다. 이지스함 한 척이 보병 1개 사단 이상의 전력이라고 하는 말이 근거 없는 소리가 아니다.

수상함 P3기의 음파 장비로 잠수함을 잡아내는 것은 현재도 매우 어렵다. 지금으로서는 믿기 어려운 일이지만 20년 전만 해도 우리 해군에는 해군첩보부대가 정보 수단으로 사용하던 시속 6~8knot(노트: 시속 10km~15km)짜리 잠수정은 몇 척 있었지만 잠수함은 없었다. 반면에 북한은 구형 소련제 잠수함이 20척이나 있었다. 북한이 NBL(서

해의 NLL 개념과 동일한 동해 아군 작전 경계선)을 제 집 드나들 듯이 할 수 있었던 것도 잠수함 세력에서 우위에 있었기 때문이다.

현재는 우리 해군의 잠수함 전력이 강화되면서 북한 잠수함이 국내로 진입하는 것이 거의 불가능하다.

종심이 짧은 우리 국토 여건에서 대군의 보병을 유지하는 것은 별들을 위해 병사들의 수만 늘리는 꼴이다. 보병을 줄이고 하이테크 중심의 무기 체계를 강화시켜야 한다.

잉카제국의 5,000명 병사가 겨우 150명의 스페인 군에게 전멸한 것을 봐도 적에게 치명적인 무기가 전쟁에서 얼마나 파괴력이 있는지 알 수 있다.

이제 한국 군대는 민주주의를 수호하고 국민을 보호하는 민주공화국의 군대가 돼야 한다. 더 이상은 직업군인들의 자리를 보존하는 기득권의 하부구조가 되어서는 안 된다.

불행히도 미군정하에서 우리 군대의 창설은 독립군을 잡는 만주군관학교, 간도토벌대 출신이 주축을 이루었다. 백선엽이 정일권과 함께 간도토벌대의 수장이었다는 사실을 모르는 사람은 없을 것이다.

우리 군대는 일본제국주의 군대의 영향을 많이 받았다. 폭력은 일상적이었고 병사들의 인권은 보장되지 않았다. 지금이야 보는 눈이 많아지고 자체 정화를 통해 많이 개선되었다지만 아직도 미진한 부분이 있다.

한국 군대가 가진 폭력성의 기원은 일제강점기의 제국주의 군대에서 시작됐다. 제국주의 군대의 정체성은 해방 후 창설된 사관학교에 그대로 이식됐다.

미국 남북전쟁 당시 남군 장교들 대부분이 대령까지 병사들의 투표로 뽑혔다. 부대원들은 전쟁 현장에서 자신의 생명을 책임질 지휘관의 선출이기에 투표에 신중했다. 인간의 생존 본능이 발휘되기 때문이다. 이 때문에 가장 유능한 장교가 뽑힐 수 있었다. 현대 군대에서는 효율적이지 않은 제도이기는 하다. 그러나 군대에서의 장교의 역할이 어떠해야 하는지 교훈이 되는 이야기다. 이와 비교해 대한민국 군대의 직업 장교들의 모습은 어떠한가.

국민과 국가보다는 자신의 인사권을 가진 상급자에 충성하는 비겁한 장교들이 대한민국 군대를 장악하고 있다. 대한민국 군대는 국민이 주인이 아니라 직업군인들, 그중에서도 전체 장교의 10%도 안 되는 사관학교 출신들의 출세를 위한 하부구조로 존재하고 있다.

이런 폐쇄적 인적 구조에서 군 개혁은 가능하지 않다. 대한민국은 모병제 국가가 아니다. 대한민국 남자라면 병역의 의무를 다해야 하는 징병제 국가다. 이들이 대한민국의 주인이며 주체다. 그런데 이 어린 병사들이 적과 싸워보기도 전에 1년에 수백 명이 사고, 자살로 죽는다. 있을 수 없는 일이다. 어떠한 변명도 해서는 안 된다. 인권 의식이 투철하고 민주적인 소통이 가능한 군대에서는 벌어질 수 없는 일이다.

곧 내 아이도 나처럼 인생의 가장 소중한 시간을 조국에 바쳐야 하는 시간이 다가왔다. 내 아이가 무엇과도 대체할 수 없는 소중한 시간을 군대에서 보냈지만 훗날 그 시간이 인생에서 정말 가치 있는 일이었다고 말할 수 있는 대한민국 군대가 되기를 진정으로 바란다.

좌파 경제학이 추구하는 사회연대의 가치에서는 사람을 그가 가진 것으로 평가하지 않는다.
사람 자체만으로도 존중받아야 마땅하기 때문이다. 또 미친 소리 한마디 하겠다.
당신이 가는 백화점의 청소하는 어머니들은 쉴 공간이 한 평도 없어
그 화려한 백화점에서 비상계단에 쪼그려 앉아 쉬고, 밥을 먹고 있다는 사실을…….

같이 누리는
사회를 만들어라
(사회)

- 가난한 나라에서 온 노동자를 차별하지 마라
- 명품 소비의 경제학
- 강남 좌파, 니들 좌파 맞아?
- 뱃속의 아이도 생명이다
- 육아 문제는 정부가 나서라
- 2 대 8 자본주의에 승자는 없다
- 중국에 대한민국의 미래가 있다

이 장에서 나는 성장위주의 정책 속에서 파생된 사회적 병리 현상에 대해서 말하고자 한다. 외국인 노동자 문제, 양극화 문제, 육아 환경 문제, 부의 양극화 문제, 외교 문제 등을 전반적으로 비판한다. 더불어 사는 사회라는 의식이 없이는 사회 전반에 퍼진 문제점을 해결할 수 없음을 주장한다.

01 가난한 나라에서 온 노동자를 차별하지 마라

대학교 때 '사회학개론'을 가르치던 손 교수라는 분이 계셨다. 그 분은 70년대 중반에 미국 동부에 있는 대학에 유학을 갔다가 80년 초에 귀국하여 필자가 다니던 학교에서 첫 강의를 시작하셨다. 이 분은 전철을 타고 출강하셨다.

하루는 서울에서 수원까지 전철을 타고 오는데 미국인 2명이 전차가 떠나가도록 큰소리로 떠들어대더라는 것이다. 같은 칸에 있던 사람들은 그 소리가 불편했지만 아무 소리 안 하고 가만히 있더란다. 그때 선생님은 우리말로 개새끼 소새끼 하면서 한바탕 욕을 퍼부어 주었다고 한다. 특히나 인종차별이 심한 동부 뉴저지에서 오랜 기간 공부 하면서 받은 기억이 예사롭지 않다는 것을 읽을 수 있었다.

고등학교 1학년 때 내 짝이었던 종혁이는 당시 선망의 직장이었던

IBM에 입사해 엔지니어로 일했다. 종혁이가 말하는 것을 들어보면 90년대 중반까지도 우리 엔지니어들은 본사 파견 테크랩들의 심부름꾼 신세였다고 한다. 메인 장비는 그들이 도맡아 관리하고 우리 엔지니어들은 손도 못 댔다는 것이다.

1976년 서울 종암동 소재 중학교 도덕 시간, 매우 세련된 미혼의 여선생님은 비틀즈 마니아였다. 나는 비틀즈가 가수인지도 그때 처음 알았다. 선생님 말만 듣고 나중에 비틀즈의 모습을 보고 실망을 금치 못했다. 중학교 때 내 취미는 수업 중에 사회과부도를 선생님에게 들키지 않으려고 무릎 위에 펼쳐놓고 국가별 국민소득지표를 비교해보는 것이었다. 기억이 정확할는지 모르지만 사회과부도에 나오는 당시 우리나라의 1인당 GDP는 450달러였다. 1인당 국민소득 1,000달러 달성이 국가적 목표이던 시대다. 우리 시대의 어른들은 미제라면 양잿물도 좋다고 믿었다. 미국은 우리에게 메시아 같은 나라였다.

대학원 때 국제경제학을 가르치던 교수는 "미국을 증오해도 우리는 미국 시장을 포기할 수 없다. 왜냐하면 우리 수출의 80% 가까이가 대미 수출이므로 달러를 벌기 위해서는 어쩔 수 없다. 미국은 우리 경제의 생명줄을 쥐고 있다"라는 말을 했다.

그 후 20년이 지났다. 이제 미국은 두려움의 대상도 아니고 부러움의 대상도 아니다. 경제성장, 다변화된 성숙한 시각이 미국을 객관화시켜 볼 수 있게 했다.

구한말 이후 우리는 서구 콤플렉스를 극복하지 못했다. 나아졌다고 하지만 지금도 백인들에 대한 우호적 시각은 여전하다.

누가 나에게 존경하는 사람이 누구냐고 묻는다면 국내에서는 이영희 선생님이고 세계적으로는 호치민이라고 답한다.

나는 이영희 선생님을 존경하는 수십만 명의 독자 중 한 명에 불과하겠지만, 그 암울한 시기에 우리 세대에게 이영희 선생님은 진실과 정의의 세계관을 심어준 분이다.

호치민은 300년에 이르는 서구 제국주의 침략 전쟁에서 승리한 유일한 국가의 지도자이다. 베트남은 세계에서 가장 강한 군대인 프랑스, 영국, 미국 군대를 맞아 보잘 것 없는 보급 체계와 무기로 싸워 승리했다.

호치민은 가장 저급한 음식을 먹고 초라한 집에서 평생을 살았다. 그는 인자한 사람이었고 국민을 대할 때 너무도 겸손한 사람이었다. 아이들이 그의 수염을 잡고 흔들어도 그는 허허 웃고 말 뿐이었다. 미국정보부 소속 장교인 찰스 펜조차 그의 적인 호치민에 대한 인간적 존경심을 나타냈다.

호치민은 세계 최강이라는 프랑스 외인부대를 디엔비엔푸 전투에서 몰살시켜버렸다.

호치민은 이동 수단은 절대 다닐 수 없다는 정글을 헤치며 200문 중포와 다연발 로켓포를 오로지 사람과 조랑말의 힘으로 운반하는 도무지 믿기지 않는 일을 해냈다.

같이 누리는 사회를 만들어라 ●

베트남이 자력으로 보급 문제를 해결한 것도 기적에 가까웠다. 베트남에서는 수많은 남자, 여자, 심지어 어린아이들까지 보급부대로 편성되어 밤마다 장대에 짐을 매달고 정글 속의 길을 걸었다. 보급품 대부분은 쌀이었다. 한 사람이 지고 가는 양의 10분의 9는 행군 도중 소비하고 10분의 1만이 최전선에 도착했다.

현대전에서 보급은 전쟁의 승부를 가르는 주요 요소다. 미국이 통킨만에 수많은 폭탄을 쏟아부었을 때 호치민의 군대는 재래식 대공포조차 없었다. 그러나 그들은 밀림에서 살아남아 세계 최강의 군대, 미국과 싸워 승리했다.

베트남은 가난하지만 충분히 존경받을 만한 나라다. 하지만 세상에는 이상적인 국가란 존재할 수 없는가 보다. 시장경제를 받아들이면서 베트남은 전형적인 개발 독재의 길을 걷고 있다. 개발 독재는 정부의 시장 독점화, 빈부의 양극화를 필연적으로 수반한다.

어느 날부터 베트남 신부에 대한 문제가 불거지기 시작했다. 위장 결혼이라도 해서 한국에 들어오면 3D 업종에 일해도 베트남 노동자 10배의 돈을 벌 수 있다고 한다. 우리가 70년대 미국 이민을 가려고 발버둥질하던 때와 똑같다.

베트남은 서구적 개인주의에 대한 이해와 시민의 성숙도가 낮다. 그러나 이것이 베트남 여성을 평가하는 절대적 잣대가 되어서는 안 된다. 그들도 우리 어머니들처럼, 가족을 위해서라면 목숨까지 내놓을 사람들이다. 베트남은 모계사회다. 베트남 여성은 우리 장남들처럼 가족에 대한 무거운 짐을 지고 살고 있다. 또 그들은 인도차이나 반도에서는 유일하게 유교 문화권이다.

현재 우리나라 여성들은 남성과 동등하게 경쟁해 온 알파걸들이다. 그녀들은 한국 남자들의 가부장적 행태에 질려있다. 결혼해서 맞벌이를 함에도 유아, 가사 노동은 모두 여성의 몫이고 남편은 나 몰라라 한다. 때문에 여성들은 결혼을 기피하고 아이를 낳으려 하지도 않는다.

우리 여성들의 국제결혼도 크게 늘고 있다. 어렸을 때부터 대학 때까지 가족 여행, 해외 연수, 유학 등의 경험으로 세계화된 가치를 획득한 여성들에게 한국 사회는 마초가 지배하는 땅일 뿐이다. 그녀들을 탓해서는 안 된다.

고령화 사회가 급속하게 진행되는 사회에서 출산율은 계속 낮아진다. 국가적 위기다. 국제결혼은 유력한 대안이다. 국제결혼 과정을 투명하게 하고 그 과정에서 인권 유린을 방지하는 제도를 시급히 만들어야 한다.

앞으로 탄생할 우리 아이들 중 많은 수는 가난하고 못사는 나라에서 온 피부색이 다른 엄마를 갖게 될 것이다. 미래에 대한민국을 이끌어 갈 아이들을 낳아주고 키워주는 엄마들을, 가난한 나라에서 왔다거나 피부색이 다르다고 차별한다면 우리는 강한 자에게는 약하고 약자에게는 강한 비겁한 사람이 되는 것이다.

이들을 받아들이지 못한다면 낮은 출산율 속에 급속하게 진행되는

같이 누리는 사회를 만들어라 ●

고령화 사회에서 우리는 성장 동력을 상실할 수 있다. 국가 발전 측면에서 차이를 인정하되 차별하는 것은 절대 하지 말아야 한다.

다민족국가로 변하는 우리 사회를 보고 정서적으로 불편한 마음이 없다면 거짓말이다. 우리는 태어나면서부터 귀에 박히도록 들었던 말이 홍익인간, 단일민족이다.

유럽에서는 과거 그들이 식민지로 거느린 국가의 이민자들이 급증하고 있다. 이에 따라 문화적 충돌, 사회적 병리현상도 우려할 만한 수준이다. 특히 종교적 원리주의자(그것이 무슨 종교라 할지라도)들 간의 사회·문화적 충돌은 매우 우려스럽다. 이런 영향 때문인지 국내에서도 이슬람문명권에 속하는 서남아시아 출신 이주민에 대한 반발이 크다. 실제 이들은 법치보다는 그들의 율법에 따라 생활한다. 국내법과 배치되는 일부다처제 생활을 한다. 부정적으로만 보면 이들을 포용할 수 없다. 그리고 이들 역시 한국에 정착해 살려면 한국적 정서와 법체계를 존중해야 한다. 이 부분이 보완되면 다민족국가에 대한 정서적 불편함은 줄어든다.

미국의 IT산업을 주도하는 핵심 엔지니어 중에서는 인도, 중국 출신이 많다. 이들은 미국 기업, 미국 경제에 없어서는 안 될 인력이다. 지금은 못사는 나라에서 온 이주민들이 국내 3D업종에서 값싼 노동력을 공급하는 것이 전부일지 몰라도 우리가 마음을 열면 이들 나라의 고급 인력을 유치해 R&D 분야에서 국가 경제에 큰 도움을 받을 수 있다.

다민족국가에 대해서는 각자의 생각이 다르다. 그러나 이 흐름을 막기는 어렵다. 어차피 가야 할 길이라면, 또 그들이 우리와 함께 살아야 할 이웃이라면 그들의 인권과 존엄성을 존중해야 한다.

명품 소비의 경제학

마케팅에는 거의 매뉴얼적으로 기피하는 요소가 있다. 점포는 구릉지에 열어서는 안 되고 인근에 강력한 경쟁자가 이미 자리를 잡고 있는 곳은 피한다는 것도 한 예다.

한화그룹 김승연이 사석에서 이런 얘기를 했다.

"갤러리아는 참 재미있는 백화점이야 위치는 청담동 언덕에 있고, 역세권도 아닌데 장사가 잘된단 말이야."

갤러리아 백화점은 인근 압구정 역 앞에 고객 충성도가 높은 현대백화점이 있고, 반경 5km 내에 국내 굴지의 백화점인 고속터미널 신세계, 삼성동 현대 무역센타점, 대치동에는 롯데 백화점이 자리 잡고 있다.

도저히 이 정글 속에서 살아남기 어려워 보인다. 그런데 갤러리아 명품관은 밀려드는 고객 때문에 확장을 계속한다. 이유가 뭘까.

갤러리아의 충성도 높은 고객은 강남 주부가 아니다. 20대, 30대 초반의 직장 여성이다. 이들이 갤러리아 명품관의 주요 고객이다. 이들은 자기 월급의 몇 달치에 해당하는 돈을 고작 명품 하나 사는 데 기꺼이 내놓는다.

이들은 말한다. 명품은 내구성이 튼튼해서 일반 제품 10개 사는 것보다 낫다고. 과연 그럴까? 세상에 나와 있는 명품 중에서 정말 오리지널티는 몇 개나 될까? 명품의 대부분은 본사가 상품 개발, 기획, 마케팅을 전담하고 세계의 제조 공장인 중국에서 OEM으로 만들어진다. 정말 오리지날리티 명품을 사려면 밀라노, 피렌체 뒷골목의 수공 업체를 찾아 가야 한다. 보통 사람은 A급 짝퉁과 명품을 구분 못할 정도로 제품의 품질도 별 차이가 없다. 그런데 왜 젊은 여성들이 자기가 힘들여 벌은 돈을 다 써 가면서까지 명품 구입에 혈안이 돼 있는 걸까.

이유를 알고 나면 너무 허망하다. 남의 이목 때문이다. 명품의 내구성 때문이 아니라 명품을 가짐으로써 받게 되는 평가가 명품을 구입하는 동기다.

강남 아파트를 가리켜 명품 아파트라고 한다. 최근 신축한 것 말고 90년대 초 지어진 강남 아파트는 2-bay 구조로 매우 협소하고 낡았다. 주거 환경으로 따진다면 상ㆍ중ㆍ하 중에서 하에 가깝다. 그런데도 사람들은 강남 아파트를 못 사서 안달이다.

강남은 국내 룸살롱의 50%가 몰려 있을 정도로 유흥 시설이 밀집

같이 누리는 사회를 만들어라 ●

해 있다. 다가구 다세대 등 서민주택 비율도 높고 녹지 비율도 높지 않다.

강남 아파트는 대체재가 없다. 공급 물량이 한정되어 있다. 돈이 있다고 살 수 있는 곳이 아니다. 강남 아파트를 가짐으로써 받게 되는 남들의 평가, 이것이 부동산 붕괴 운운하는 시기에도 강남 아파트만은 예외적으로 벗어난 이유다.

꽤 성공한 의사가 타워팰리스에 입주하면서 감격했다고 말한다. 드디어 대한민국 상위 1%로의 좁은 문은 통과 했다고. 커튼월(curtain wall) 방식의 주상 복합이 얼마나 전기 소모가 많고, 환기가 안 되고, 살기 불편한지를 살아본 사람이면 다 안다. 그는 그 불편함을 1%가 됐다는 평가에 기꺼이 감수한다. 웃기는 일이다. 벌거숭이 임금님 우화가 생각난다. 내 주변을 봐도 이런 유의 인간이 정말 많다.

그들에게 옷만 명품으로 입지 말고 인성도 명품이 되라고 말하면 나는 시대착오적 사람으로 몰린다. 이런 흐름을 거부하기에는 애 어른 할 것 없이 죄다 명품 논리에 미쳐 있기 때문이다. 하긴 서울시장이란 자가 뉴타운 개발 때문에 생계의 수단이 되던 곳에서 아무런 대책 없이 쫓겨나는 세입자의 고통은 외면하고 명품 도시 서울을 외치는 이 땅이다.

그런데 묻고 싶다. 정말 한강 르네상스 추진하고, 뉴타운 공사해서 콘크리트 범벅의 고층 아파트로 서울의 스카이라인을 완성하면 서울이 명품 도시가 되는지. 타운하우스에 주로 사는 유럽인은 이렇게 변한 서울을 거대한 정신병동 같다고 하지는 않을까.

명품 마케팅을 보면서 우리 젊은이들이 자본의 덫에 걸려들어 동시대를 사는 사람들의 고통과 아픔을 외면하는 것은 아닌가 하는 우려가 든다. 명품을 걸치지 않아도, 키가 작아도, 하는 일이 거칠어도 사람 자체를 명품으로 대하고 평가하는 세상에서 그대들은 살고 싶지 않은가.

좌파 경제학이 추구하는 사회연대의 가치에서는 사람을 그가 가진 것으로 평가하지 않는다. 사람 자체만으로도 존중받아야 마땅하기 때문이다. 또 미친 소리 한마디 하겠다. 당신이 가는 백화점의 청소하는 어머니들은 쉴 공간이 한 평도 없어 그 화려한 백화점에서 비상계단에 쪼그려 앉아 쉬고, 밥을 먹고 있다는 사실을…….

만약 당신이 용기 내서 그 백화점의 충성도 높은 고객을 모아(소통할 수 있는 도구는 얼마든지 있다) 그분들이 밥이라도 편하게 먹을 수 있는 공간을 만들어 달라고 요구한다면, 충성도 높은 고객이 집단으로 나서서 말하는데 백화점이 요구를 거부하기는 어렵다. 당신의 자그마한 용기에 그분들은 얼마나 행복함과 감사함을 느낄까. 그 행복과 감사함이 손을 타고 당신에게 전달된다면 당신이 느끼는 행복 지수는 명품을 살 때보다 더 클 것이다.

남을 위해서 시간과 비용을 쓰는 이유는 내가 더 행복해지기 위함이다. 사회연대, 좌파 경제학이 추구하는 가치가 바로 이것이다.

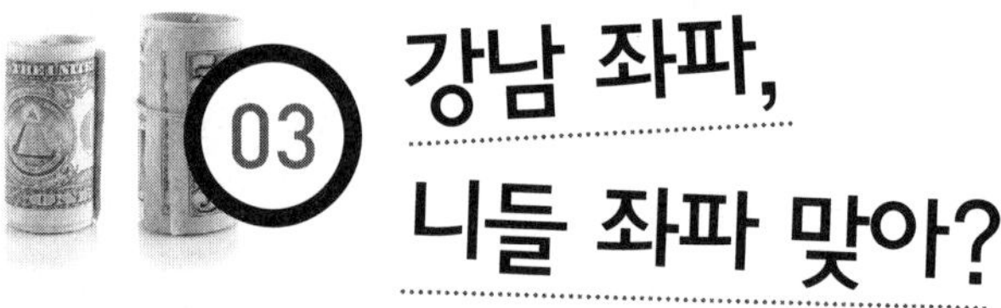

강남 좌파,
니들 좌파 맞아?

난 부르주아지들의 기부 운동에 대해 그 진정성을 의심하지 않는다. 그러나 이것이 미치는 사회적 악 영향에 대해서 생각해보지 않을 수 없다. 투자의 신이라고 불리지만 대중 조작에 능한 잡식성 투자가인 워렌 버핏이 세계 400대 부호들과 접촉해 죽기 전에 이들의 전 재산 중 절반을 기부받는 운동을 한다는 것이 전 세계에 알려졌다. 이것을 보면서 살아생전에는 게걸스러운 자본가였던 록펠러가 반독점법이 강화되면서 그의 재산을 사회에 환원한 상황이 데자뷰처럼 머릿속에서 교차되었다.

부호들의 기부로 빵의 정의가 실현하고 사람의 노동이 정당하게 평가되어 이 세상 노동자의 삶이 나아지기를 기대하는 것이라면, 그들은 그 돈으로 워싱턴을 움직여 경제 모순의 시작점이 된 경제 시스템을 개혁하는 데 써야 한다.

이들의 돈이 그저 단시간 동안 빵과 교환하는 수단이라면 경제적 불평등을 가져온 모순된 경제 시스템을 강화시킬 뿐이다.

사람의 만족에 대한 효용 가치는 물질에서 정신적 만족으로 이동한다. 인간은 1차적 욕구가 만족되면 형이상학을 추구한다. 부르주아지들이 경제적 불평등을 가져온 모순된 경제 구조를 외면한 채 가난한 자에게 돈 몇 푼 쥐어주는 기부나 사회 봉사에 열중하는 것은, 그런 행동이 주는 정신적 만족도가 무엇보다 크기 때문이다.

강남 좌파가 무엇을 말하는지는 정확히 모르겠다. 그러나 이점은 분명하다. 경제적으로 여유 있고 사회적으로 출세해 기득권층이 됐지만 이것만으로는 삶이 공허한, 그래서 사회 개혁과 진보 성향의 가치를 앞세워서 도덕적 만족감까지 성취하려는 집단.

인간의 의식은 혹은 가치 체계는 그가 살아오고 살고 있는 물적 토대에 절대적으로 영향 받는다. 혹자는 종속된다는 표현을 한다. 표현이 어쨌든 간에 인간의 가치 체계는 물질적 토대에 심히 영향 받는다. 보수당, 노동당의 정당정치가 뿌리내린 영국은 집을 갖고 있느냐, 갖고 있지 않느냐에 따라 지지 정당이 확연히 차이난다.

부르주아지의 물적 토대를 갖고 있고, 부르주아지처럼 아이를 교육시키며, 학력 중심 사회에서 온갖 기득권을 다 누린 그들을, 기득권 어느 하나 포기하지 않는 그들을 좌파라 하는 것은 말이 말을 낳는, 말도 안 되는 대한민국에서만 있을 수 있는 현상이다.

같이 누리는 사회를 만들어라 ●

이 땅에 살고 있는 민중의 삶을 위해 개인의 삶을 버렸다는 이 땅의 명망가들이 왜 진보 정당에는 가지 않고 지역정치를 하는 보수 정당에만 목매 왔는가를 잘 생각해보면, 이 땅에서의 정치는 수사에서 시작해 수사에서 끝난다는 한계가 드러난다.

강남 좌파는 없다, 우리 사회 시스템에서 온갖 특혜를 다 누리면서 룸살롱에 가서 민주화 경력을 안주 삼아 희희낙락하는 이들이 좌파라면 지나가는 개도 웃는다.

부루주아지들이 적어도 "나는 좌파야"라고 말할 수 있기 위해서는 구체적인 행동, 이를테면 우리 사회의 구조적 모순의 원인이며 갈등의 원천인 사안에 대해 명확한 입장을 밝혀야 한다. 전 국민의 99%를 한 번에 루저로 만들어버리는 학벌 공화국에서 학벌을 해체하는 데 확실한 공헌을 해야 한다. 그리고 세금과 관련한 개혁 조치에 적극적으로 동참해야 한다. 부자들을 과세 대상으로 하는 부유세 도입 등의 문제에서부터 시작해야 한다.

집값 버블의 최대 수혜 지역인 강남 거주자는 1가구 1주택 양도세 비과세에 숨어 그 막대한 시세 차익을 불로소득화하지 말고 최소한 그 절반을 자발적으로 사회에 기부한다면 보편적 사회복지는 시간이 문제이지 반드시 실현될 수 있다.

'좌' 라는 용어는 신성하다. 보수정당끼리 치고받으면서 서로 좌파·우파라면서 공격하는 모습을 지켜보는 것은 불편하다.

'거시경제 운용' 이라는 면에서 박정희는 '좌' 의 선상에 있다. 반면 김대중, 노무현은 '우'의 선상에 있다. 따라서 박정희 정치적 계승자라고 하는 한나라당은 좌파 경제의 계승자가 되어야 하고 민주당은 우파 경제의 계승자가 되어야 한다. 그런데 뒤바뀌어 있다. 그래서 불편하고 웃기다. 다 같이 공생하는 부르주아지 정당들이 서로를 향해 좌파·우파라며 다툰다.

김여진, 김제동이 국민이 헌법으로부터 부여받은 저항권을 정당하게 행사하는 집회에 참여했다고 그들을 좌파로 모는 이들은 민주공화국의 헌법과 이데올로기의 개념을 이해하지 못하고 있거나 알면서도 그들의 기득권 유지를 위해 외면하는 것이다.

한국 사회는 존재하지 않는 이데올로기가 자신들의 입맛에 따라 재단되는 이데올로기 과잉의 국가다. 이러니 물적 토대의 기반이 부르주아지인 사람에게조차 '강남 좌파'란 딱지를 아무렇게나 붙인다.

04 뱃속의 아이도 생명이다

뱃속의 아이도 살아 있는 생명체다. 세상에 어느 누가 이들의 생명을 빼앗을 권리를 부여했는가. 우리나라의 한 해 출생아는 45만 명이다. 낙태로 세상 빛을 못보고 죽는 아이는 35만 명이다. 출생아의 70%에 이른다. 우리가 원하는 사회는 가난한 자, 잘사는 자, 장애우, 미혼모, 노인 등 사회적 약자가 차별받지 않고 모두 함께 인간답게 사는 사회다.

자신이 사는 아파트단지에 임대 아파트가 섞여 있어 집값이 안 오른다고 철책을 두르고 도로를 막고 자녀들 학교까지 다른 곳으로 보내는 이 땅의 부모가 있는 한 세상은 변할 수 없다.

내가 살았던 서울은 이런 곳이 아니었다. 고구마를 쪄도 이웃과 나누어 먹고, 세입자가 월세를 못내도 기다려주고, 설사 그 돈을 못 받더라도 야박하게 쫓아내지 않았다. 가난한 이웃을 차별하는 것은 천벌을 받는 일로 생각했다.

사회적 약자에 대해 아주 모진 공격적인 집단이 사회 저변에 퍼져 있다. 미혼모들이 살 수 있는 공간이 있을 턱이 없다. 낙태를 개인의 탓으로 돌리는 것은 적절하지 않다. 우리 사회가 눈 질끈 감고 방치한 결과다.

세상에 어느 엄마도 자신이 가진 생명을 쉽게 버리지 않는다. 우리 사회가 육아에 대한 경제적 지원과 미혼모에 대한 따뜻한 시선을 보냈다면 낙태는 크게 줄어들 것이다.

산부인과 의사들은 출산율이 크게 떨어져 아이를 받아서는 수지타산이 맞지 않는다고 한다. 난 이들에게 히포크라테스 선서까지 들먹이지 않아도 왜 산부인과 의사가 됐느냐고 묻고 싶다. 또 이 땅의 모든 산부인과 의사들이 불법 임신중절을 하지 않는다면 출산율은 지금보다 50% 이상 늘어난다.

사람을 살리려고 배운 메스를 사람의 생명을 앗아가는 데 쓰는 것이다. 어떠한 변명도 통하지 않는다. '임산부의 건강 위험' 때문이라면 이는 법에서도 보장한다.

일부 페미니스트들은 낙태가 여성의 행복추구권이라고 말하고 있다. 하지만 어린 나이에 아이를 갖게 된 미혼모까지 실제 아이를 낳게 되면 대부분은 출산을 후회하지 않는다고 한다.

하이디클룸은 세상에서 가장 아름다운 모델로 알려져 있다. 그녀

같이 누리는 사회를 만들어라 ●

는 임신 중에 남자로부터 버림받았고 임신 중에 현재의 남편을 만나 4명의 자녀를 두고 있다. 그녀는 자신을 이 세상에서 가장 행복한 사람이라고 말한다.

미혼모가 아이를 낳아도 결혼을 할 수 있고, 꼭 결혼이 아니더라도 훌륭한 인생을 살 수 있다. 이 문제를 개인의 문제로 방치하지 말고 공론화시켜 이들이 자립할 수 있도록 사회가 도와야 한다. 우리 사회는 이런 기반이 너무 안 돼 있다는 것이 문제다.

미혼모에 대한 냉정한 시선은 한 여성의 삶을 완전히 망가트릴 수 있다.

우리 사회의 실정에서 과격한 낙태 금지는 역작용이 많을 것이다. 아직 우리 사회가 미혼모를 받아들이고 그들이 건강하게 사회생활을 할 수 있도록 도와주기에는 성숙되지 못했기 때문이다.

한창 공부해야 할 아이들이 부모 몰래 낙태를 하고 학교에서 쫓겨나는 일은 너무 마음 아픈 일이다. 교사는 물론이고 우리 어른들의 잘못이 크다.

인간에게 성은 종족 보존의 수단이며 두 남녀의 사랑의 정점이다. 법원에서 성과 관련된 사건이 거의 절반이라고 할 정도로 성 문제에 있어 한국은 뜨거운 사회다.

사랑하기 위한 성은 원치 않은 임신을 할 수 있다. 이것이 나쁘다는 것이 아니다. 사랑은 둘이 했어도 임신한 여성은 사회적으로 보호받지 못한다. 미혼여성에게 원치 않는 임신은 뱃속의 아이에게도 엄마에게도 축복이 아니다.

성은 불결한 것이 아니다 또 결혼을 해야 성을 공유한다는 생각도 고루한 생각이다. 이미 우리 아이들은 자유롭게 성을 공유하고 있다. 하지만 남성들에게 꼭 말하고 싶다. 욕구가 왕성한 나이의 남성은 섹스가 사랑의 전부일 수 있다. 사회가 개방되었다고는 하나 성에 있어서는 여성은 남성에 비해 소극적이다. 사랑해서 성을 공유하는 것이 아닐지라도 여성에 대한 배려심이 조금이라도 있다면 무조건 여성의 건강을 우선적으로 생각해야 한다. 이것은 상대에 대한 최소한의 예의다. 나에게는 섹스가 한 번의 욕망을 해소하는 것일 수도 있으나 그 한 번 때문에 여성은 인생 자체가 흔들릴 수 있다. 원치 않은 임신의 상당 부분은 절대적으로 남성에게 책임이 있다.

미성년자나 성폭력에 의해 임신한 여성까지 낙태를 금지하자는 것이 아니다. 성에 있어서 자유롭다고 생각하는 미국에서도 출생 후 생존이 불가능한 무뇌아, 에드워드 증후군 등 기형아에게만 제한적으로 낙태가 허용된다.

이 땅에서 태어나는 모든 아이는 미혼모 엄마로부터 태어났어도 국가에게는 축복이다. 이 땅에 태어난 모든 아이는 국가가 키운다는 사회연대의 가치가 살아 숨 쉬는 사회에서는, 그 누구도 미혼모를 비난하지 않는다. 미혼모에게 이 땅의 현실은 너무도 가혹하기에 낙태를 택하는 사람이 줄지 않는 것이다.

같이 누리는 사회를 만들어라 ●

육아문제
정부가 나서라

사회정의는 사회 시스템이 약자를 위해 얼마나 작동하는지를 계량화한 수치로 알 수 있다. 경제성장이 이 문제를 해결할 수는 없다. 이는 경제의 문제 이전에 사회 구성원의 철학 문제다.

오랜 군부독재에서 시름해오던 남미에 민주화의 바람이 거세게 불었다. 브라질의 룰라, 칠레의 바칠레트가 상징적 인물이다. 칠레의 바칠레트는 남성 중심의 보수적 카톨릭 사회에서 첫 여성 대통령으로서 2006년에 당선되어 임기를 시작하였다. 그것도 미혼모에 싱글맘 신분이었다. 바칠레트는 적극적으로 FTA를 국가 성장의 동력으로 삼았다. 전형적인 신자유주의자의 모습이다.

그녀가 2006년 집권했을 때, 미국 월가의 파생금융을 이용한 금융 레버리지 덕분에 원자재 현물 가격이 치솟았다. 그녀는 이때 발생한 이익 300억 달러 중 200억 달러를 국부펀드로 만들어 빈곤층을 위한 복지혜택을 확대했다. 그 결과 그녀는 임기 말년을 앞두고 80%라는 전폭적인 국민의 지지를 받았다.

국부펀드의 원조는 노르웨이이다. 산유국인 노르웨이 역시 석유를 판 돈으로 국부펀드를 만들어 사회복지에 쓰고 있다.

우리도 충분히 할 수 있다. 4대강 사업을 당장 중지하고 이 예산을 사회복지에 돌린다면 출산율과 직접적인 연관이 되는 육아 문제, 빈곤 계층의 생활 문제를 해결할 수 있다.

육아 문제는 우리에게는 당장 떨어진 과제다. 우리의 출산율은 OECD 국가 중에서 꼴등이고 전 세계 국가 중에서도 꼴등이다. 이 추세로 나가면 40년 후에는 400만 명의 인구가 줄어든다. 노령화 추세 역시 세계 최고다. 출산율을 당연히 늘려야 한다. 정부가 출산장려금을 늘린다고 해서 출산율이 늘지는 않는다. 이런 현상이 왜 발생했는지 정밀 진단한 후 그 문제점을 해결하는 정책이 나와야 한다.

우리 세대만 해도 결혼은 꼭 하는 것이었다. 낙후된 농경국가였던 나라에서 생산과 종족보존이라는 측면에서 결혼은 당연시 되어왔다. 또 수백 년 이어져온 성리학 파시즘에 의해서 그 논리는 고착화되었다.

그런데 수백 년의 역사보다 최근 30~40년간 사회 패러다임은 경제의 발전만큼 눈부신 변화를 겪어었다. 여성의 지위는 향상되었고 여성들은 더 이상 수동태가 아니라 능동태로 바뀌었다. 이런 여성들에

같이 누리는 사회를 만들어라 ●

게 여성들에게 가사 노동, 유아 문제까지 짊어지는 우리나라의 결혼 문화를 강요하는 것은 견딜 수 없는 일이다.

농경사회에서의 결혼의 주요 니즈(needs)가 되었던 섹스의 문제도 혼전 섹스가 보편적일 정도로 자유로워 졌다. 이러한 시대 흐름에서 육아 문제가 걸림돌이 되는 한 여성에게 결혼은 미친 짓이다.

한 사람과 또 다른 성의 사람이 만나 평생 함께하는 결혼 문화는 이제 종언을 고했다. 결혼 때문에 사랑이 머무는 것이 아니다. 또 다른 사랑을 향해 떠날 수 있다. 사랑은 절대 구속이 아니다. 그런데 동거를 통해서 아이를 낳는 것과 결혼이라는 계약을 통해 아이를 낳는 것 사이에는 사회적 불평등이 존재한다. 우리나라에서는 동거를 통해 낳은 아이는 시설에 가거나 사회적 냉대 속에서 미혼모가 홀로 키워야 한다. 여기에 사회적 보호는 전무하다.

프랑스는 동거 과정에서 낳은 아이도 국가가 적극 개입해 미혼모와 아이들이 차별받지 않고 생활할 수 있도록 국가가 전적으로 책임진다. 만약 프랑스가 우리처럼 이 부분을 방치했다면 과연 프랑스의 출산율이 높아질 수는 있었을까?

출산율을 높이기 위해서는 여성들에게 육아에 대한 두려움을 없애 줘야 한다. 사회생활을 하는 여성이 임신을 하면 최소 1년 이상의 출산휴가를 보장해주고 출산휴가 후 복직에 따르는 불이익을 없애야 한다. 아이가 초등학교에 들어갈 때까지 국가가 지원하는 육아 기관에서 양육을 책임져 준다면, 여성들의 출산에 대한 두려움은 많이 사라질 것이다.

이벤트성의 출산 장려 지원책으로는 이 문제를 해결할 수 없다.

우리 사회는 2~3년 후에는 한국형 베이비부머인 58~64년생들이 본격적으로 은퇴해 고령화 사회로 본격 진입한다.

출산율을 크게 늘리지 않으면 우리 경제는 성장 동력을 상실하게 된다.

지금 이 땅의 워킹맘들은 육아 문제로 고통을 받고 있다. 젊은 여성들은 결혼을 기피하고 있다. 이 문제를 방치하는 것이 정상적인 사회는 아니다.

육아 예산을 증액해야 한다. 우리 젊은 여성들이 일과 육아를 병행하는 데에 고통을 주어서는 안 된다. 이런 데 쓰이는 세금이라면 나부터 기꺼이 즐거운 마음으로 낼 것이다.

제발 뉴타운·재개발이니 4대강 사업이니 엉뚱한 데서 삽질만 하지 말고 국민이 무엇 때문에 고통 받고 있는지 귀 기울여라. 마케팅 격언 중에는 가장 유능한 사업가는 시장을 가르치는 자가 아니라 시장의 소리를 듣고 따르는 자라는 말이 있다. 국민의 종인 정부가 국민의 소리를 무시하는 것은 너무 오만 방자한 일이다. 이 땅에서 태어난 모든 아이들은 우리 사회가 보살피고 키워야 한다. 지금 우리 사회에서 신생아의 울음소리만큼 큰 축복은 없다.

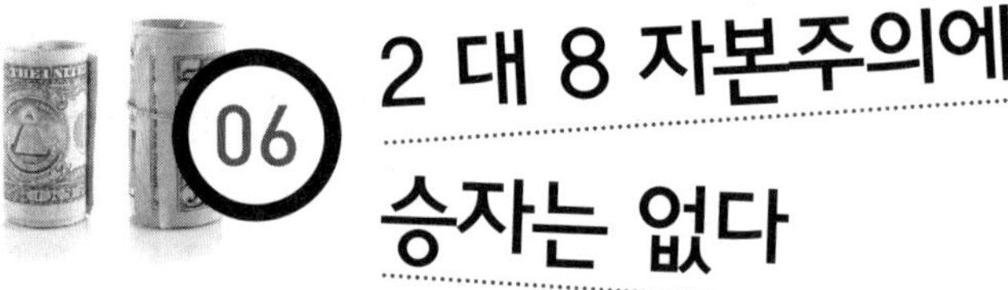

2 대 8 자본주의에 승자는 없다

지금으로부터 10년 전, 전 세계가 부품 꿈으로 새 밀레니엄 시대라는 희망적 미래를 기대하는 순간에, 한스 피터 마르틴은 그의 저서 『세계화의 덫』에서 우울한 자본주의의 미래를 예언했다. 속도와 경쟁만이 존재하는 신자유주의하에서는 승자, 패자 모두 피곤할 뿐이다.

경제학에서는 "인간의 헌신과 노력에는 적절한 보상이 뒤따른다"고 말한다. 그러나 우리는 리먼 브라더스 파산 이후 월가의 투자은행 임·직원 들이 어떤 행보를 걸었는지를 잘 알고 있다. 리먼 브라더스의 파산으로 말미암아 주주와 납세자는 치명적인 피해를 입었지만 그 와중에도 그들은 인센티브와 함께 유유히 사라졌다.

우리는 또 기억한다. 외환 위기의 직격탄을 맞고 공적 자금을 지원받아 부활한 국내 은행 임원의 연봉이 외환 위기 이후 15배 이상 올랐다는 것을…….

그 기간 동안 국내 노동시장은 더 열악해졌고, 자본의 시장 독식 현상은 심화돼 납품가 후려치기에도 울자 겨자 먹기로 납품해야 하는 중소기업은 고사 직전이다. 인류는 온갖 역경에도 진보의 가치를 위해 노력해왔다.

그러나 빛의 속도로 발전한다는 세상에서 인류의 진보 가치는 훼손되고 있다. 세계화로 빈부 격차는 더 벌어졌고 소수의 부자가 가진 돈이 그들을 제외하고 지구에 사는 모든 사람이 가진 돈을 합한 것보다 많은 세상에서는 인류가 추구하는 평등한 세상은 만들어지지 않는다.

세계화를 적극 받아들인 우리 경제의 자화상을 들여다보자. 외환 위기 발생 이후 우리 경제의 1인당 GDP가 10년간 두 배 이상 늘었다. 그러나 소득 하위 20%에 속하는 급여 생활자, 자영업자의 소득은 평균 3분의 1이 줄었다. 이에 반해서 상위 20%의 소득은 크게 늘어 전체 소득의 71%를 차지한다. 상위 20% 계층이 부의 80%를 갖는다는 2 대 8 자본주의가 현실화되고 있다.

전체 소득에서 각 계층별로 차지하는 비율을 자세히 들여다보자. 국세청 자료에 의하면 2009년 종합소득세 납부자의 총 소득 금액은 90조 2,250억 원이다. 이 중 상위 20%가 가져간 금액이 64조 4,203억 원으로 전체의 71.4%다. 하위 20%의 소득 금액은 전체의 1.6%다.

같이 누리는 사회를 만들어라 ●

종합소득세 납부액을 기준으로 상위 20%의 고소득자가 전체 소득의 3분의 2 이상을 가져갔고 전체 납부자의 상위 40%를 제외한 60%는 10%를 약간 상회하는 소득을 가져갔을 뿐이다.

종합소득세 과세 대상인 개인 사업자들의 소득 격차가 이처럼 심해진 이유는 일자리를 잃은 고령의 창업자, 비정규 노동자 중 상당수가 영세한 자본을 가지고 고육지책으로 창업에 나섰기 때문이다. 그러나 그들이 나선 시장의 경쟁은 과거와 비교할 수 없을 정도로 강해졌다. 대형 할인 소매점의 싹쓸이로 지역 상권은 죽은 지 오래고, 그 좁은 시장을 영세 자본끼리 경쟁하면서 시장이 아예 공동화됐다.

2009년, 489만 명이 자영업에 종사하는 것으로 집계됐다. 이들 중 96만 3,000명이 가게를 새로 열었고, 거의 그만큼의 수인 76만 6,000명이 가게 문을 닫았다.

이것이 신자유주의가 우리 서민들 생활을 얼마나 고통 받게 했는지를 보여주는 사례이다.

인간의 탐욕이 지배하는 시장을 방임하면 기층민의 삶은 열악해진다. 이들의 잉여가치를 자본이 흡수하고 독식하기에 그렇다.

대형 할인 소매점이 들어서면 주변의 상권은 다 죽는다. 예외가 없다. 바로 대형 할인 소매점이 지역 상권을 몰락시키고 지역 상권의 잉여가치를 독식한 것이다.

자본은 통제하지 못하면 괴물이 된다. 금융 위기가 왜 왔는지를 기억해야 한다. 월가의 로비가 워싱턴 정가의 칼을 무디게 만들었기 때문 아닌가. 각종 금융 규제가 철폐되면서부터 금융 위기가 시작된 것이나 다름없다.

영연방 국가인 캐나다, 호주, 뉴질랜드는 민주공화국이면서 사회주의 경제 모델이 뿌리 깊게 자리 잡고 있다. 금융회사 간의 M&A를 법으로 엄격히 규제한다. 이 같은 규제 정책으로 북미 경제권에 속하는 캐나다는 금융 위기의 피해를 입지 않았다.

메가뱅크가 오히려 금융 위기에 취약하다. 실제 금융 위기 당시 세계 5대 투자은행이 가장 많은 피해를 입었다. 대형 투자은행이 망하는 것은 단지 이들 만의 문제가 아니다. 이들 은행에 투자한 주주, 일반 시민 납세자에게 그 피해가 전가된다. 투자은행의 파산으로 들어간 막대한 공적 자금은 국민의 혈세다. 이 정도까지 국가와 국민의 도움을 받아 회생됐다면 투자은행은 과거와 다른 모습을 보여야 했다. 그러나 이들은 국민의 혈세인 공적 자금으로 회생했지만 금융 위기 이전의 탐욕적인 자본의 속성에서 한 치도 벗어나지 않았다.

자본은 이들을 통제하지 않으면 그것이 금융자본이든 산업자본이든 탐욕의 끝은 보이지 않는다. 이명박 정부 들어와 대기업 규제를 풀고 완화시켜준 결과가 어떻게 됐는가. 동네 문방구, 철물점, 빵집, 콩나물, 두부 시장까지 빼앗아 갔다.

하라는 고용 창출은 안 하고 출자 규제 완화를 이용해 영세 상인을 고사시키고 손쉽게 자본이득을 얻는 계열사 늘리기, 비상장 계열사에 일감 몰아주기, 대주주에게 막대한 이익을 안겨주는 비상장 기

같이 누리는 사회를 만들어라 ●

업 상장시키기에만 전력투구하고 있다. 이런 짓이나 하고 있으니 국민의 분노를 사는 것이다.

2 대 8 자본주의는 필연적인 것이 아니다. 정부가 시장을 공정하게 관리하고 사회적 약자의 이익을 헤치는 행위를 적절히 규제하고 통제하는 것만으로도 이처럼 극단적인 부의 양극화 현상은 벌어지지 않는다. 항상 문제는 시장을 방임하는 것이 자본주의라고 알고 있는 무식한 시장주의자들이다.

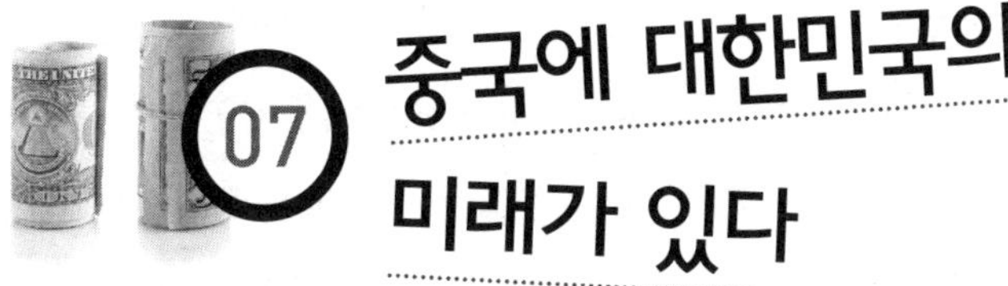

중국에 대한민국의 미래가 있다

현재 우리나라와 미국과의 교역량은 9.71%다. 반면 중국과의 교역량은 20.53%로 매년 급속히 증가하고 있다. 우리가 먹고 살기 위해서 가까이 해야 할 나라가 누군지 분명해진다.

세계시장에서 우리의 주요 교역 대상은 중국, 미국, 유로존이다. 중국과 유로존 국가와의 교역 비중은 점점 높아질 것이다.

1세기 이전 한반도는 제국주의 열강들의 각축장이었다. 신미양요로 일찍이 제국주의 모습을 보였던 미국은 구한말 가쓰라 태프트협정으로 일본의 한반도 강점을 허용했다.

일제강점기를 거처 해방된 조국은 냉전시대의 초강국인 미국과 소련이 맞붙은 최전선이 되었다. 우리는 역사 발전 과정과 사회변혁 과정에서 생성된 이데올로기가 없었다. 산업화된 국가도 아니고 오랜 기간 식민지 상태였기 때문이다. 그런데 미·소 양국이 강제 이식한 이데올로기 때문에 같은 민족이 죽고 죽이는 한국전쟁이 발발했다.

때문에 우리 사회에 세계사를 이분법으로만 보는 선악 구조가 만들어졌다. 공산주의는 무조건 척결 대상이며 우리의 메시아는 오직 미국이라는 생각이 팽배했다.

중국은 우리와 국경을 맞대고 있으며 우리의 최대 교역 상대국이다. 그럼에도 군사 정치적 간극은 좁혀지지 않고 있다. 현재 우리 땅에는 미국이 주둔해 있고 세계 G_1, G_2 국가 미국과 중국의 대결 구도 속에서 한반도의 군사적 긴장감은 고조되고 있다.

통일된 조국에서도 미국이 여전히 주둔해 있는 미래를 상상해보자. 미국은 전략적 요충지에서 전쟁이 발생하면 언제든 주한미군을 이동해 전쟁에 참전시킨다. 만약 차기 대만 총선에서 대만 독립을 외치는 민진당이 집권했다고 가정해보자. 미국의 최대 무기구입국 중 하나인 대만에 중국은 하나라는 이른바 중화주의를 앞세우는 중국 정부가 침공한다면 미국과 중국이 실제로 전쟁을 하는 시나리오도 생각해볼 수 있다.

우리와 관계 없는 전쟁에 대한민국이 또 엮이게 될 수 있다. 이 전쟁 시나리오는 얼마든지 현실이 될 수 있다. 우리는 이제 생존하기 위해서라도 중국과 미국을 등가에 놓고 저울질해야 한다. 물론 그것이 가능하기 위해서는 일정 수준 이상의 경제력과 군사력을 확보해야 할 것이다.

냉전이 종식된 후 한국전쟁의 진실을 다룬 기록물들과 저서들이 쏟아져 나왔다. 이들 기록물과 저서의 주류적인 시각은 미국은 소련의 팽창주의를 막기 위해 서둘러 38선을 그었다는 것이다. 미국이 지도책을 놓고 38선을 긋기까지 걸린 시간이 불과 1시간 정도라는 것은 미국이 소련의 남하를 매우 두려워했다는 것을 알 수가 있다.

미국은 처음부터 식민지에서 해방된 신생국가의 민족 정의를 세우고, 민주공화국을 세우는 데 관심이 없었다. 이는 미군정이 냉전의 전진기지로서 남한을 장악하기 위해 민족주의자는 제거하고 일제강점기의 부일협력자와 냉전의 지지자 이승만과 손잡은 것에서도 여실히 드러난다.

한국전쟁에서 중국은 우리의 적이었다. 국공내전에서 겨우 승리한 지 1년이 지난 중국은 세계 최강의 미군이 한반도를 점령해 국경을 마주하는 것을 두려워했다. 한국전쟁 참전을 두고 베이징은 난상토론을 벌였지만 모택동은 결국 참전을 결정했다. 모택통은 미국과 직접 대면하지 않는 완충 지구가 필요했을 것이다.

전쟁은 끝났다. 한국전쟁은 미·소 냉전주의의 대리전이었을 뿐이다. 한국전쟁으로 가장 많은 피해를 입은 것은 우리 민중이었으며 유린된 국토였다.

다시는 이 땅에서 강대국의 헤게모니 다툼으로 우리 국민이 희생당하는 일이 없어야 한다.

워싱톤에서 나오는 얘기를 들으면 의학적으로 김정일이 3년 내에

같이 누리는 사회를 만들어라 ●

사망할 확률이 높다고 한다. 독재정권이 유지되는 것은 독재자 1인의 힘이 아니라 독재정권에서 부귀영화를 누리는 권력층 때문이다. 아무리 눈 감고 귀 닫고 하는 북한이라지만 권력층이 북한의 최후가 다가오고 있다는 것을 모를 리 없을 것이다.

북한 정권이 무너질 경우 한국전쟁의 참전국 중국은 한반도에서의 영향력을 확대하려고 할 것이다. 한국전쟁이 끝난 지 60년이 지났지만 중국 정부는 미군이 주둔해 있는 한반도와 국경을 맞대는 것을 여전히 불편해하고 두려워한다.

북한이 붕괴된 후 한반도에 미군이 계속 주둔하는 것에는 양면성이 있다. 냉전종식 후 미국과 대적하는 G2 국가 중국과 군사, 경제 충돌이 상수(常數)가 될 수 있다. 또 다른 측면에서는 미군이 주둔함으로써 전쟁 억지력을 가질 수 있다. 두 가지 양면성에서 우리가 어떤 이니셔티브를 취해야 하는지를 지혜롭게 풀어야 한다.

구한말 이후 한반도는 해양 세력이 절대적인 영향력을 끼쳤다. 유감스럽게도 해양 세력은 제국주의의 모습으로 한반도에 들어왔다. 군사적 문제를 떠나 국가 경제의 성장 동력을 확대시키기 위해서 우리는 대륙 세력과 공조해야 한다. 통일이 된다면 우리는 시베리아 횡단 열차를 타고 블라디보스톡에서 시베리아, 모스코바를 거처 유로존을 육로로 갈 수 있고, 또 지하자원의 보고인 중앙아시아 국가들과 철도를 이용한 교역을 확대시킬 수 있다.

21세기 새로운 비단길이 열리는 일이다.

세계의 슈퍼파워는 이제 3존의 시대다. 달러화 약세로 미국의 파워는 예전만 못하다. 미국을 하나의 존으로 하면 두 개의 존은 동아시아존의 한국, 중국, 일본 그리고 유로존이다. 앞으로 우리 경제는 대륙과의 교역을 통해 성장할 수밖에 없다.

10년 후 세계의 슈퍼파워 3존 중에서 동아시아존은 가장 강력한 경제 중심이 될 것이다. 이데올로기보다 중요한 것은 실리이며, 국민의 안전, 국가의 번영이다. 중국을 적으로 삼아서는 절대 안 된다. 국가의 이해, 국제 관계는 어떻게 변할지 예측할 수 없고 강대국 이해관계에 따라서 한반도가 다시 희생당하는 일은 막아야 한다.

같이 누리는 사회를 만들어라 ●

사회연대의 가치를 위한 중요한 테제임에도 우리 정서로는 씨알도 안 먹힌다. 세계화 경제를
적극 받아들인 독일도 10년 이하의 부동산 시세차익은 세금으로 환수한다. 그러니 국민
누구도 부동산으로 돈 벌 생각을 하지 않고 대부분의 국민이 장기 공공 임대주택에서
살고 있다. 이것이 정치를 떠나 균형과 사회정의를 지향하는 좌파 경제학의 실체 중 한 부분이다.

토건주의자에게 돌을 던져라

(개발)

- 한강 르네상스 엿이나 먹으라고 해!
- 고용 없는 시장에 대처하는 법
- 행복은 GDP 순서가 아니다
- 사회복지를 위한 세금 증악의 경제학
- 금융 위기 이후 3년
- 99% 루저에게 보내는 찬가

이 장에서 나는 토건주의에 대해서 말한다. 경제 발전을 위한답시고 전 국토를 대책 없는 공사장으로 만들어버린 자들에 대해서 고발한다. 이들이 추구하는 GDP 성장은 국민의 행복과 하등 관계가 없음을 이 장을 통해서 증명한다. 결론적으로 우리가 성장시켜야 할 것은 GDP가 아니라 행복 지수임을 역설한다.

한강 르네상스.
엿이나 먹으라고 해!

된장남, 된장녀가 의미하는 뜻은 무엇일까? 개인적으로 풀이해보자면 자신은 노동을 하지 않으면서 남이 만들어온 잉여가치로 폼생폼사하는 인간 집단을 상징하는 말이라 생각한다.

르네상스. 참 좋은 말이다. 느낌으로 들어도 럭셔리하다.

한강르네상스의 핵심 수혜 지역은 대한민국에서 제일 비싼 흑석뉴타운, 반포·잠원지구, 강북의 용산뉴타운, 이촌지구, 한남뉴타운, 성수거점지구다.

한강르네상스 프로젝트 개발에 들어가는 돈은 누구의 주머니에서 나오는 것인가. 한강의 인공섬 세빛둥둥섬에 들어간 돈은 민자라고는 하나 964억 원이 들어갔다. 이 돈이면 그렇게 반대하던 초등학생 무료 급식 비용 706억 원을 내고도 남을 돈이다. 서울시민의 주머니에서 나온 세금으로 엉뚱한 일만 하고 있다. 7월 장마에 고립된 세빛둥둥섬을 보고 그가 무슨 생각을 할지 참으로 궁금하다. 한강 르네상스는 특정 지역, 특정 계층을 위한 개발이다. 한강 르네상스를 기획하고 추진한 사람들이 '르네상스'의 의미를 알고 있는지 묻고 싶다.

르네상스의 사전적 의미는 라틴어 의미로 '다시', '거듭'을 뜻하는 're'와 '태어나다'라는 뜻의 'nascere'가 결합해 만들어진 이태리어 Rinacimento에서 유래했다.

르네상스는 '재탄생'의 뜻이다. 무엇을 향한 '재탄생'인가를 생각해 보자. 교조적 교회와 절대왕권이 지배하는 중세암흑기에서 인간이 중심이 되는 문명의 시대로 돌아가자는 의미의 재탄생이었다.

서기 1453년 보스포루스 해협을 사이에 두고 동서양의 가교 역할을 해왔던 난공불락의 성 콘스탄티노플(현 이스탄불)을 수도로 한 동로마제국(비잔틴제국)이 유럽인의 시각으로 보자면 야만적인 오스만 튀르크에 멸망하면서 당시 유럽 문명 사회에 경악스러운 충격을 주었다.

콘스탄티노플은 해양 도시로 군사적으로는 천연의 요새였다. 동쪽은 마르모라해에서 불어오는 북풍과 강한 조류가 흘러 전함의 접근이 어려웠고 서쪽은 삼각형의 지형 한 부분만 육지로 연결되어 있어 육로를 통한 대군의 침략이 불가능하였다.

동로마제국이 멸망하면서 서기 324년 로마황제 콘스탄티누스가 비잔티움에 수도를 건설한 이후 천 년 동안 축척되었던 문명의 보고가 유럽으로 이식되었다. 이러한 문명의 이식은 문학, 미술, 건축, 자연과학 등의 여러 분야에서 유럽 문명을 바꿔놓았다. 이는 후에 유럽 문명의 진화와 발전을 가져온 과학기술, 사상적 변혁의 중심이 되었다.

문명의 가치는 인간 중심일 때 빛이 난다. 문명의 진화는 하드웨어로는 이루어낼 수 없다.

최근 10년 간 서울 경기도 구 도심은 거의 파괴되었다. 뉴타운사업때문이다. "강북 발전의 대항해는 이미 시작되었습니다. 뉴타운사업이 본궤도에 오르면 강북지역은 누구나 살고 싶은 지역으로 변할 것입니다." 2003년 11월 18일 이명박 전 서울시장이 뉴타운사업의 시작을 알리면서 말한 연설 중의 일부 내용이다.

이렇게 시작된 뉴타운사업은 현재 77개 지구(719개 지역) 7,940만 m²에 달한다. 그러나 한때 노다지라고 여겼던 뉴타운사업은 지역 주민에게 재앙이 되고 있다. 원주민 재정착률은 20%(길음뉴타운 재청착률 17.11%)가 안 되고 서울에서도 실제 착공에 들어간 구역은 전체의 13.3%에 불과하다. 경기도 군포 금정, 평택 안정, 안양 만안 지구는 뉴타운에 선정됐다가 주민의 반대로 해제되기도 했다. 뉴타운사업의 사업성이 악화되면서 주민들의 원성은 분노로 바뀌었고 그들은 뉴타운을 추진한 지역 국회의원을 다음 선거에서 꼭 떨어뜨리겠다고 벼르고 있다.

나는 고향이 없다. 고향에 대한 추억거리도 없다. 내가 태어나고 성
장했던 곳은 콘크리트와 시멘트로 범벅이 된 고층 아파트에 묻혔다.
녹색 성장을 국가의 성장 동력으로 삼겠다는 사람의 머릿속에서 가장
CO_2를 많이 발생시키는 고층 집합 건물로 서울 구 도심을 뒤집어엎
겠다는 생각만 튀어나온다. 이는 정말 광기다.

파리나 로마 시장이 바보라서 불편한 주거환경, 복잡한 도로 상황
을 털끝 하나 건드리지 않고 보존하는 게 아니다.

역사의식과 생각이 없는 인간이 권력을 쥐었을 때 얼마나 많은 사
람들을 불편하게 하는지 우리는 많이 보아왔다.

나는 '된장' 들이 스스로 잘나서 잘 먹고 잘 사는 것을 비난할 생각
이 조금도 없다. 그러나 공직에 있으면서 많은 사람을 불행하게 하고
역사를 퇴행시키는 것만은 용서가 되지 않는다. 용산 참사가 왜 일어
났는가. 왜 그들이 죽어야했는가. 철거민, 경찰관 다 안타까운 죽음
이다. 불을 지른 놈들은 따로 있는데……

역사는 정의롭지 않으며 인간의 이성은 매번 탐욕 앞에 무릎 꿇
는다.

근대 국가에서는 도저히 생각할 수도 없는 구 도심 뒤집기가 인
구의 절반이 모여 산다는 수도권 구 도심 거의 전체에서 추진된다는
것은 말이 되지 않는다. 과거에 뉴타운 · 재개발이 추진된다는 소문
만으로도 평당 대지 지분 가격이 5배, 10배, 최소한 2~3배 이상 올
랐다.

전부 미쳤다. 탐욕에 눈이 먼 국민, 이를 부추기는 정치 집단, 이들의 머릿속에 조국의 미래는 없다. 모두가 탐욕에 눈이 멀어 집단 광기에 빠져 있을 때 아니라고 말할 수 있는 단 한 사람이 소중하다.

뉴타운사업이 좌초된 것은 예견된 것이었다. 다만 부동산 버블기에는 긍정의 논리만이 시장을 지배했기 때문에 파국이 다가오는 것이 보이지 않았을 뿐이다. "세계적인 유동성 호전으로 전 세계에서 부동산 시장이 성장하였고 경제성장으로 소득이 증가하여 1인당 주거 공간을 확장하고자 하는 욕구는 강해졌으나 1970년 초에 만들어진 국민주택 규모로는 수요자를 만족시키지 못한다. 90년대 초까지 지어진 아파트는 2-Bay구조로 공간이 부족하고 너무 낡아 살기 불편하기 때문에 3-Bay 구조의 중대형 신축아파트에 대한 수요가 급증했다." 여기까지가 부동산 버블기에 시장 흐름을 대변하는 논리였다. 그러나 현재, 리먼브라더스 파산으로 금융 위기가 시작되었고, 독신 가구가 비약적으로 증가하고 있다. 독신가구 비율은 선진국 수준인 40% 까지 계속 증가할 것이기 때문에 소형 아파트와 소위 한국형 스튜디오 주택으로 부르는 오피스텔, 원룸, 다층주택의 수요가 폭발적으로 늘고 있다. 반면 부동산 버블기의 블루칩이었던 중대형 아파트는 바닥을 알 수 없는 가격 하락이 계속되고 있다.

부동산 버블기에는 정말 이성은 작은 조랑말이고 감성은 코끼리다. 그러나 침체기가 오면 사라졌던 이성이 돌아와서 시장을 냉정하게 바라본다. 하지만 다시 시장 유동성이 부동산에 집중되고 공급이

토건주의자에게 돌을 던져라 ●

부족해지면 침체기의 논리는 사라지고 만다. 이런 흐름이 반복되는 것이 시장이다.

정부는 시장의 탐욕을 부추기고 방조하는 존재가 아니다. 정부는 시장의 조종자가 되어야 한다. 정부의 시장 개입은 정당성을 가져야 한다.

한강 르네상스 사업은 전체 서울시민을 위한 개발이 아니다. 서울시민에게 따뜻한 공동체의 온기를 확산시키는 사업도 아니다. 세빛 둥둥섬이 민자로 건설되었다고 한다. 민간자본이 투자했다는 것은 투자금 이상의 이익을 반드시 회수한다는 것으로 서울시민이 이곳의 시설을 이용하기 위해서는 비싼 이용료를 내야 한다. 서울시가 민간자본을 위해 사업허가권을 준 것이나 다름 없다. 거대한 인공건축물을 강물에 띄었다고해서 인간이 주체가 되는 문화의 회복을 뜻하는 '르네상스' 라는 단어를 갖다 붙인 것은 블랙코메디다.

1987년 6 · 10 항쟁 이후 한국 민주주의가 제도적으로 완성되었다고 말한다. 그러나 국민의 희생의 결과로 얻어진 민주주의 하에서 국민 다수의 뜻에 반하는, 국민을 불행하게 하는 정치가가 있다는 것은 제도적 민주주의의 한계이며 우리 국민의 불행이다.

선출인 지자체장이 국민의 혈세를 함부로 쓰는 것은 공익 범죄다. 반드시 책임을 물어야 한다.

02 고용 없는 성장에 대처하는 법

경제 위기로부터 실업을 줄이는 정책 중 가장 효과적인 방법이 소위 삽질하는 것이다. 삽질이라고 말했지만 이는 정부의 재정 확대 정책을 지지하고 총수요량을 중시하는 케인스 학파의 논리다. 이념적으로는 좌 또는 진보에 가까운 정책이다.

국토균형개발 아젠다부터 시작된 혁신 도시, 기업 도시, 행정 신도시 등 모두 삽질 정책의 연장선에 있다. 한국에서는 이 정책들이 불행한 결과를 가져온다는 게 문제다.

기업 도시, 혁신 도시, 행정 도시 그 밖의 지자체에서 행하는 개발 사업으로 풀린 막대한 토지보상금이 투기 자본화하여 전국의 땅값을 올리고 전국구 부동산이라는 서울·수도권에 집중됨으로써 부동산 버블과 함께 불평등이 심화되어 최악의 지니 계수를 만들어냈다.

토건주의자에게 돌을 던져라 ●

고용 없는 성장에 대처하는 법, 정말 삽질밖에 없을까?

국내 기업들은 글로벌을 지향하는 다국적기업이다. 생산비가 싸고 관세를 회피해 많이 팔아먹을 수 있는 곳에 공장을 짓는다. 몰아세운다고 기업들이 국내에 공장을 짓는 시대는 지났다.

어느 대학교 총장이 젊은이들을 대상으로 하는 강의를 TV로 보았다. 그가 말하기를 구글은 창업한 지 12년밖에 안 됐지만 시가총액은 삼성전자보다 높다고 한다. 매출액 대비 시가총액 비율이 이보다 높은 기업은 국내에도 얼마든지 있다. 네이버, 메가스터디, 엔씨소프트 등이 그렇다. 인터넷 시장의 특성은 마켓이 one-to-one 마케팅을 기초로 하는 단일 시장으로, 한 기업이 시장을 독점하는 구조다. 인터넷 기업이 시가총액이 높다고 해서 시가총액이 낮은 오프라인 기업보다 매출액이 높은 것도 아니고, 상대적으로 고용 인력이 많은 것도 아니다. 인터넷 기업에 대한 시장의 찬양은 시장에 대한 성찰이 부족하기 때문이다.

미국인들은 구글보다 조지아 주에 있는 현대·기아자동차 클러스터(cluster: 비슷한 업종과 산업군이 모여 있는 것)를 더 가치 있게 받아들일 것이다. 현대·기아 클러스터는 예하 협력 업체까지 수만 명의 미국 노동자를 고용한다. 휴대폰, 반도체 같은 메카트로닉스형 IT산업이 아니고서는 인터넷 기업이 신규 고용을 창출한다는 것은 한계가 있다. 굴뚝 장치산업의 전형이라는 자동차, 조선, 제철까지 해외 생산 기지를 확장하고 있는 것이 현실이다.

전 세계에서 생산 비용이 가장 높은 나라가 우리나라다. 땅값은 세계 최고 수준이며, 바다를 통해야만 원자재 구매를 할 수 있는 환경이다. 무한의 경쟁 시대에서 생산 가격 우위 요소가 낮다. 이런 흐름에서 정부의 재정 확대 정책은 부동산 가격을 상승시켜 기업의 생산 기지 이전을 독려한 꼴이 됐다. 정부가 공공 기관의 인턴 채용을 늘리고 기업들에게 고용을 독려한다 한들 일시적 효과 외에는 없다.

고용 없는 성장의 문제는 경제 이론으로 해법을 찾기 어렵다.

잡세어링 등의 새로운 생산관리, 인사관리 기법을 도입하고, 국가 사회적 차원에서는, '사회연대'의 확고한 실행만이 이 문제를 푸는 해법이 될 것이다.

혁명은 계급 간 갈등이 첨예화된 상황에서 어느 일방이 총칼로 상대를 죽여야만 성립하는 것이 아니다. 새로운 철학, 그것을 근간으로 만든 새로운 세상을 이루어내는 것도 혁명이다.

유럽은 일찍이 레닌주의의 폭력과 독재를 배척하고 '민주적인 방법에 의한 사회개혁'이라는 사회민주주의 이상이 1차 세계대전이후 정착됐다. 사회민주주의가 성숙한 나라에서는 '고용 없는 성장시대'를 경쟁에서 떨어진 특정 개인의 문제가 아니라 사회 구성원 전체의 문제로 인식하고 있다는 점이 우리와 다르다.

국내에서도 제한적이지만 의미 있는 일자리 나누기를 실천하는 기업이 있다. 그중 유한킴벌리의 사례는 참고할 만하다. 유한킴벌리는 기업이 구조 조정의 위기에 몰렸음에도 직원을 감축하지 않고 탄

력적인 근무시간과 유휴 인력의 지식 교육을 강화해 지식화 사회에 대비하고, 강제적인 퇴직을 시행하지 않고 오히려 채용을 늘렸다. 어느 기업도 해보지 못한 일이다. 결과적으로 유한킴벌리의 생산성은 높아졌고 직원 해고는 없었다.

현재 실업자 중 절대 다수는 자발적 실업자가 아니다. 산업 재편 과정에서의 희생자들이다. 그들이 개인적으로 책임질 문제가 아니다.

경제가 양적으로 빛의 속도로 성장했음에도 중산층에서 이탈해 빈곤 계층으로 편입되는 비중이 늘어나는 것은 성장의 방법에 문제가 있다는 것을 인정해야 하는 부분이다.

물류와 자본의 이동이 왼진 자유화된 시장경제에서 경제 위기는 수시로 찾아오고 주기도 짧다. 이때마다 직원 감축을 주요 내용으로 하는 구조 조정 방식으로 대응할 수는 없다. 우리나라 제조 기업들의 이익 구조를 분석해보면 십중팔구는 환율 동향에 따라 크게 차이가 난다. 환율이 마술을 부려 만든 경제 수치를 믿어서는 실물경제의 흐름을 제대로 알 수 없다.

환률 조작으로 GDP가 성장하면 GDP성장이 오히려 분배 왜곡을 발생시켜 경제 불평등을 심화하고 사회적 갈등만 초래한다. 신자유주의 경제 시스템하에서, 국제 분업화는 자국 노동자(선진국일수록 생산 역량의 국제 분업화로 생산직 노동자의 위치가 불안정하다)의 경제적 불안정을 필연적으로 수반한다. 하지만 유럽의 국가들이 이를 개인의 문제로 치부하지 않고 노동시장 유연화, 잡셰어링, 실업자 급여를 확충하는 방법으로 적극적으로 끌어안는 것은 '나도 언젠가는 사회적 약자가 될 수 있으며 그래서 내가 여유 있을 때 그들을 도와야 한다'는 사회적 연대 의식이 살아 있기 때문이다.

서구 유럽 중에서도 소국인 스칸디나비아 3개국은 세계화에 유연하게 대응하면서도 사회복지라는 두 마리 토끼를 다 잡고 있다. 이들 국가는 금융 위기 이후에도 유치원 및 그 후의 상급 학교까지 필요한 등록금과 최고의 의료 서비스를 국가가 제공한다. 실업급여자나 파트타임 노동자도 충분한 생활비를 벌 수 있다.

고용 없는 성장 시대는 신자유주의 경제 시스템하에서는 상수다. 신자유주의는 삶의 모든 영역에서 시장적 가치를 강요한다. 투입 요소 대비 이익이라는 관점에서만 사물을 본다. 신자유주의 노동시장에서는 해고와 감축이 자유롭게 이뤄진다. 또 전통적인 공동체의 가치를 파괴할 뿐만 아니라 과거 시장에서 투쟁하여 얻은 사회복지의 가치마저 축소하고 파괴한다.

고용 없는 성장 시대가 국내에서 고착화되고 있는 것에는 정부와 기업의 책임이 크다. 이명박 정부 들어와서 국내 재벌들은 법인세 감면, 각종 규제 완화, 고환율 정책으로 사상 초유의 기업 실적을 냈다. 그들은 자신들의 노력으로 이룬 성과라고 항변할 것이다. 그러나 이는 거짓말이다.

법인세 감면과 고환율 정책으로 삼성전자 같은 글로벌 기업은 강력한 경쟁 상대인 소니, 도시바, 노키아가 생산한 제품보다 최소 30%

토건주의자에게 돌을 던져라 ●

이상(전문가의 시각은 다소 차이가 있다)의 가격 우위가 확보됐다. 정부가 밀어주고 당겨주고 코까지 풀어줬다.

법인세 감면, 고환율 정책으로 빈 곳간은 국민의 부담이다. 고환율로 물가가 상승하고 국내 노동자의 실질 임금은 줄었다. 재벌들은 정부의 은혜에 300만 일자리를 만들어 보답하겠다고 했지만, 이명박 정부들어 고용 지수는 더 떨어졌다.

자본의 눈에는 가난한 자는 능력이 없는 자일뿐이다. 그리고 경멸의 대상이다.

나는 국내 재벌 중에도 이단아처럼 행동하는 사람이 있었으면 한다. 남아프리카 공화국 더반에서 2018년 동계올림픽 평창 유치가 확정됐다. 유치의 주역 중 한 명인 삼성 이건희 회장은 그 순간 눈물을 흘렸다. 그의 눈물이 악어의 눈물이라고 믿은 사람은 없을 것이다. 진정성을 보여줬기 때문이다. 이건희에게도 삼성이 사상 최대의 실적을 냈던 2010년보다 우리나라가 동계올림픽을 유치했다는 사실이 더 행복했을 것이다.

삶의 가치는 원래 그런 것이다. 사회 구성원의 공통된 선을 위해 헌신하는 것보다 보람과 가치 있는 일은 없다. 국내 대기업 중 삼성전자만큼 신입 사원을 뽑을 때 출신 학교를 차별하지 않는 기업은 없다. 실제 삼성전자의 임직원 대부분은 소위 말하는 스카이 대학 출신이 아니다. 이는 칭찬받아야 한다. 그러나 이건희가 더 존경받기 위해서는 더 많은 고용을 책임져야 한다. 이건희에게 남은 마지막 미션이 그의 외아들 이재용에게 삼성을 대물림 하는 것은 아닐 것이다. 삼성은 절대 무너질 수 없는 기업이다. 메모리 반도체 사업의 특성을 제대로 알고 있는 사람이라면 이 말을 이해할 것이다.

삼성은 이미 훌륭한 기업의 반열에 올라있다. 삼성이 훌륭한 기업을 넘어 위대한 기업이 되기 위해서는 삼성 성장의 물적 토대가 된 사회에 대한 공헌을 크게 늘려야 한다. 삼성이 사회에 공헌하는 최선의 방법이 고용을 늘리는 일이다. 삼성이 고용을 일만 명 이상 늘린다고 해서 삼성이 망할 리 없다. 인력을 효율적으로 배치하고 관리하면 삼성에 큰 부담이 아니다.

만약 고용 창출 때문에 삼성의 고정비용이 증가해 기업 실적이 악화되어 삼성의 시가총액이 떨어진다고 해도 삼성그룹과 이건희가 받게 될 사회적 존경은 그 이상의 가치가 있다. 이건희가 죽기 전에 사회 구성원으로부터 존경받는 기업인이 된다면 이건희의 삶은 선대 회장보다 더 훌륭한 삶이 되지 않겠는가.

세상의 문제는 이성과 계산으로만 풀 수는 없다. 이성과 계산 없이 공동체를 위해 자신의 경제적 이득을 포기하고 헌신하는 행위는 항상 큰 감동을 준다. 최저임금 4,320원을 20% 올리자는 데도 재벌들이 쩨쩨하게 기업 경영 운운하면서 반대하는 것을 보면 이 일이 가능하지 않다는 것을 알면서도 그래도 기대를 해본다.

03 행복은 GDP 순서가 아니다

행복의 실체가 무엇일까. 쉬우면서도 매우 어렵다. 돈이 많으면 행복한가? 아니다. 그럼에도 우리는 행복의 기준을 돈이라고 믿고 있다. 국가도 마찬가지다. GDP에 국가의 성장 전략이 맞춰져 있다. 그러나 GDP가 높아지는 것과 행복은 비례하지 않는다.

GDP를 통하여 한 나라의 경제력을 평가할 수는 있다. 그러나 GDP로 생활의 질적 수준, 삶의 만족도를 측정하는 데는 한계가 있다. GDP는 일정 기간 동안 한 나라와 국민이 생산한 생산물의 최종 가치다. GDP에는 시장에서 거래되지 않는 가치는 포함되지 않는다. 삶의 질을 높여주는 여가 활동, 한 가정을 이루기 위한 주요한 가치인 주부들의 가사 노동도 GDP에는 포함되지 않는다. 명목상의 소득은 증가할지언정 삶의 질을 나아지지 않는다.

　GDP 중심의 국가 성장 전략은 자원을 고갈시키고, 이산화탄소 배출량을 크게 늘려 삶의 조건을 악화시키고, 국가 간, 개인 간 부의 양극화 문제를 야기한다. GDP 제일주의의 성장 모델을 반성하고 대안적 성장 모델을 찾기 위한 지구적 차원의 노력이 시작되고 있다. 최근 GDP 대안 지표로 부각되는 것은 4가지다. 대표적인 것이 유엔개발계획(UNDP)이 매년 발표하는 인간개발지수(HDI)다. 이 지표는 행위자 자신의 목적, 지향, 가치 등을 평가해 실제로 수행할 수 있는 역량을 측정한다. 이 지표를 가지고 182개 국가의 1인당 국민소득, 교육 수준(성인 문맹률), 평균 수명, 유아 사망률, 1인당 구매력을 종합평가할 수 있다.

　세계에서 가장 빈곤한 국가(GDP 기준) 중 하나인 히말라야 산맥에 위치한 부탄은 기존의 GDP지표 대신 대안 지표인 국민총행복지수(GNH)를 사용한다. 부탄 국민의 행복 지수는 무척 높게 나온다. GNH지수는 국민 경제에서 생산되는 산출물이 사회적으로 필요한 것인지 또 바람직한지를 평가한다. 여기에는 9개의 핵심 영역이 있다. 심리적 웰빙, 건강, 시간 활용, 교육, 문화, 좋은 거버넌스, 생태계, 지역사회의 생명력이 포함된다. GNH지수는 9개 영역의 충족 기준선을 설정하고 기준선 이상의 성취를 달성한 상태를 0의 값이라 놓고 충족 기준이 미달되면 충족 기준선과의 거리를 계산해 산출한다. 9개 영역 중 기준선 미만의 값들을 합산한 후 평균을 내면 국민 총 행

토건주의자에게 돌을 던져라 ●

복에서 벗어난 정도가 지표로 나타난다.

캐나다 웰빙연구소가 개발한 웰빙지수(CIW)도 주목해 볼만한 대안 지표다. CIW는 예술, 문화, 레크레이션, 시민 참여, 지역사회 생명력, 시민 교육, 생태계 건강, 건강한 국민, 생활수준, 시간 활용 등 8개 항목을 측정해 산출한다. CIW지표를 통해 GDP로는 알 수 없는 여성, 최하위 빈곤층, 청년층 등 서로 다른 사회 집단의 건강과 생활 수준, 고용, 소득지표 등을 세밀하게 분석할 수 있다.

녹색GDP는 자연 자산의 소모나 환경오염에 따른 환경 자산의 질적 악화 등 환경 손실분을 화폐가치로 환산해 순 국내총생산(NDP)에서 차감한 지수다. 환경적으로 조성된 GDP로서 기초·기말의 환경 자산 물량과 기간 중 변동량을 국민재정연구소에서 정한 방식에 따라 기록하는 것이다.

GDP 대안 지표에서 우리나라는 OECD국가 중에서 최하위 그룹에 속해 있다. 그렇다고 경제 GDP에서 실질적인 성장을 하고 있는 것도 아니다.

OECD 국가 중 출구 전략을 생각해야 할 만큼 금융 위기 이후 경제 회복이 가장 빠르다는 우리나라의 국가별 GDP 순위는 오히려 떨어지고 있다.

이유가 무엇일까. 우리나라는 금융 위기가 닥치면 원화 평가절하(환율 인상) 정책을 통해 수출을 늘리고 성장률을 높이는 정책을 써 왔다. 이 정책은 실제 가시적인 성과를 가져와 금융 위기 이후 경기 회복세가 가장 빠르다는 평가를 받아왔다.

　그런데 국부는 오히려 떨어졌다. 이유는 국부를 평가하는 데는 세계 기축통화인 달러를 가지고 비교하지만 성장률을 비교할 때는 원화를 사용하는 데서 오는 착시 현상이다.

　미국 발 금융위기가 왔던 2008년 우리나라의 GDP는 원화 가격으로는 5% 늘었다. 하지만 달러 베이스로 계산하면 11.5%가 줄었다. 원 달러 평균 환율이 2007년 929원에서 2008년 1,103원으로 인상됐기 때문이다. 달러 베이스로 이 시기에 8,000억 달러(900조 원)의 국부가 줄었다. 결과적으로 정부의 고환율 정책이 국부는 줄이고 대기업에는 막대한 이익을 안겨 주었다.

　GDP 성장률이라는 것은 환율 조작으로 얼마든지 높일 수 있다. GDP 성장률이 높다고 경기가 나아졌다고 생각해서는 안 된다. 신경제주의 구도하에서 한국 경제는 과거처럼 고성장을 할 수 없다. 성장은 정체되는데 소득 구조는 심히 왜곡되고 있는 것이 현실이다.

　지금의 경제 수준에서 어떻게 이 문제를 직접적으로 해결할 것인지를 생각해야지 성장률이 높아지면 일자리가 늘고 부의 양극화가 해소되는 걸로 착각해서는 안 된다.

　인센티브 자본주의의 영향으로 단기적으로 소득이 급증한 산업에는 세금을 더 내게 하고 세계노동시장의 변화로 위기에 빠진 제조업 노동자에게는 사회적 지원을 통해 소득의 양극화를 막는 것이 현실적 대안일 수 있다.

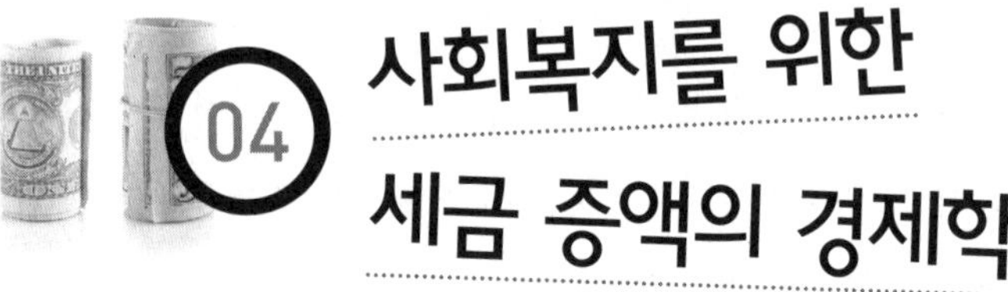

사회복지를 위한 세금 증액의 경제학

사회복지는 경험한 사람만이 그 가치를 깨닫는다. 무상 급식이 정파적 이념 공세로 빛바랜 측면이 있다. 그러나 초등학생에게 밥 한 끼 제공하자는 취지만으로도 복지가 단지 가난한 집 아이들만을 위한 것에서 우리 모두의 권리라는 인식을 사회 전반에 심어 주었다.

지금까지 진보 진영은 국민이 피부로 체감하는 정책을 실현시켜오지 못했다. 무상 급식은 진보 진영이 최초로 국민의 삶 속에서 그들이 추구하는 가치가 이 세상 모든 이들을 얼마나 행복하게 하는지를 깨닫게 해준 역사적 의미를 갖는 쾌거였다.

사회복지 실행에는 세금 증액이 필수이다. 이는 전 국민의 조세 저항을 불러 올 수 있다. 이를 두고 보수 진영은 자유민주주의국가 대한민국의 정체성에 도전하는 것이라고까지 말하고 있다. 시작도 하기 전에 김 빠지는 얘기다. 그러나 무상 급식 논쟁 이후 사회복지에 대한 국민의 사고 전환이 광범위한 계층에서 이뤄지고 보수정당마저 복지 국가 대한민국에 대한 구체적 비전을 제시하고 나오자 무상 급식 반대론자 오세훈도 무료 보육에 대해서는 180도 달라진 포지션을 취하고 있다. 강력한 대권주자 박근혜 캠프의 대권 전략용 트로이 목마가 파격적인 복지국가 청사진이라는 얘기까지 흘러나오고 있다.

OECD 국가 중 가장 비참한 자본주의 국가로 평가되는 대한민국이 나아갈 미래는 사회복지 국가의 건설에 있다. 복지국가 건설에 정파적 대립이 있을 수 없다. 누가 더 구체적이며, 실현 가능한 복지 모델을 만드는지가 경쟁의 대상일 뿐이다.

OECD 국가의 사회복지 평균 예산에 도달하기 위해서는 세금 증액이 필수다. 보편적 사회복지는 수혜자와 부담자가 다르다는 문제를 안고 있다. 반드시 가야 할 길이지만 쉽지 않은 길이다.

진보신당에서는 무상 급식, 무상 의료, 무상 보육, 대학 등록금 절반으로 줄이는 데 50조 원+알파를 제시하고 있다. 민주당은 16조 4천억 원을 제시한다. 한 번도 안 가본 길이기 때문에 어느 안이 근사치라고 하기 어렵다. 보육 예산만 150조인 프랑스와 비교하면 현실적이지 않은 면이 있다.

이렇게 보면 진보 정당들이 제시하고 있는 사회복지 예산은 많은 것이 아니다.

토건주의자에게 돌을 던져라 ●

경제가 어렵고 개인주의가 팽배해 있는 나라에서 세금 증액은 그 비율이 높을수록 국민의 저항 수위도 높아진다. 국민의 저항이 보수 언론에 의해 포장되고 조작되면 사회복지는 일회성 포퓰리즘이란 비난만 듣고 끝날 수 있다. 국민 성향이 우경화되어 있으며, 사회연대 가치의 중요성을 경험하지 못한 국민이 끝까지 양심적인 정치 세력을 지켜주지 못한다는 것을 과거 우리 정치사는 반복적으로 증명하고 있다.

사회복지는 정치적으로 매우 민감해 경제 부문처럼 압축 성장이 가능하지 않다. 유럽은 사회복지가 생산의 주체인 노동조합에서부터 시작돼, 확산되는 과정으로 발전해왔다. 그러나 우리 실정에서는 꿈도 못 꿀 일이다. 국내 노동조합은 조직률이 낮고 대기업 노조가 주도한다. 이들은 동일 노동을 하는 비정규직을 차별한다. 노-노 갈등의 원인 제공자이고, 기업 복지의 틀에 만족한다. 지난 대선에서 한국노총 집행부의 한나라당 줄서기 행태를 보면 이를 잘 알 수 있다. 이들에게 과연 무엇을 기대한단 말인가.

시민단체도 국민의 참여를 끌어내기에는 힘이 미약하다. 다 뭉쳐도 힘이 부족한데 정작 정책의 차별점도 없으면서 분열을 획책하는 정치 세력이 있다. 정치학 교과서에는 정당은 정권을 잡기 위해 존재한다고 나온다. 이는 민권이 약한 시대나 가능하다. 정치는 국민의 삶의 질을 높이기 위해 존재한다. 그들의 시장은 유권자의 표다.

지금 우리가 할 일은 국민의 세금을 최소화시키면서 이를 지출 개혁으로 보완하는 일에 집중하는 것이다.

레임덕이 현실화되면서 지자체가 추진한 사업들의 부실과 부패, 무능이 속속들이 밝혀지고 있다. 지자체의 재정 관리를 중앙 정부가 엄격히 관리할 수 있는 상설 기구를 만들고 법제화해 감시 기능을 강화해야 한다. 비과세 혜택, 법인세 감면 중지, 대규모 토목 사업에 대한 국회 감시 기능을 강화해 대통령 1인이 국민 동의 없이 국책 사업을 결정짓고 국민의 혈세를 함부로 쓰는 짓을 못하게 해야 한다. 조세 개혁, 정부·지자체의 예산 투명성을 골자로 하는 지출 개혁만으로도 많게는 수십조 원 이상 세원 조달이 가능하다.

이 돈만으로도 지금 당장 대학 등록금을 절반으로 낮추고 보육 시설을 획기적으로 늘릴 수 있다. 칠레 바첼레트 정부는 원자재 가격 폭등으로 들어온 돈 중에서 200억 달러로 국부펀드를 만들어 칠레의 여성, 미혼모를 유아·보육으로부터 해방시키고 일자리로 돌아가게 했다.

1인당 GDP가 우리의 반밖에 되지 않는 나라에서 이뤄낸 일이다. 신자유주의 경제모델을 받아들인 나라에서 말이다.

사회복지 예산에 쓰여지는 돈은 국내로, 국외로 유출되지 않는다. 이 돈이 오히려 서민과 사회적 약자의 소비를 촉진시키고, 내수 경기에도 도움이 된다. 무상 급식은 농·어촌 주민의 소득을 늘리고 우리 아이들에게는 국내에서 생산된 농산물로 만든 양질의 식사를 제공하는 경제성 이상의 의미가 있다.

토건주의자에게 돌을 던져라 ●

표면적으로 들어난 세금 증액만으로 사회복지를 소모적으로 보는 시각은 경제 논리에도 안 맞는다.

다시 한 번 말하지만 가난한 자에게 쓰는 돈은 절대 비용이 아니다.

금융 위기 이후 3년

2008년 9월 14일 월가의 대형 투자은행 리먼 브라더스가 파산했다. 빛의 속도로 변하는 세상, 잘 잊는 인간의 속성 때문에 이제 기억도 가물가물하다.

리먼 브라더스 파산으로 시작된 금융 위기는 대공황 이후 세계 최고의 경제 위기라고 했다. 주가는 폭락했고, 채권 금리는 치솟았다. 투자은행의 연쇄 파산이 이어졌다. 월가가 기침만 해도 감기에 걸린다는 국내 증시도 주가는 1,000포인트 아래로 주저앉았고, 회사채 금리는 연중 최고치를 기록했다. 집단 공포의 최면에 빠진 시장은 투매하기 바빴다.

금융 위기는, 먼저 유동성의 위기가 발생하고 금융 시스템 전체에 심각한 위기가 온 후 이것이 실물경제의 위기로 이어지는 것이 전형적이다.

위기의 극복 과정은 역순으로 진행된다. 유동성의 위기가 극복된 후, 유동성 위기를 불러온 금융 시스템을 개혁하고 자연스럽게 실물 경제의 선순환으로 이어지는, 이른바 '위기 극복의 3단계론' 이다.

위기 극복의 3단계론에 기초하여, 금융 위기 이후 3년이 지난 세계 경제는 완전하게 회복되었는가.

이 부분에 대해서는 비판적이다. 유동성 위기는 회복됐으나 금융 시스템은 회복되지 못했고 실물경제는 이전보다 더 불안정성이 커 졌다.

금융 위기가 터지자 시장은 극도의 공포에 휩싸였다. 그러나 불과 1년도 안 되는 시간에 주가는 전 고점을 돌파했고 금리는 낮아졌다. 주가 예측 기법에 있어 탁월한 감각의 소유자 조지 소로스의 '자기 암시 가설' 을 기초로 해서 금융위기 이후의 금융시장의 흐름을 분석해 보자.

이 가설대로라면 금융 위기 이후 세계경제는 Ⅰ국면과 Ⅱ국면을 거쳐 Ⅲ국면에 진입했다. 이것은 시장 변동성이 금융 위기 시점과 비교해 축소된 것으로 볼 수 있다.

이 이론대로라면 세계 증시가 다시 상승장으로 가기 위해서는 유동성보다 기업 실적, 거시 경제지표 등 펀더멘털(기초 경제 여건)이 어떻게 달라질 것인가에 달려있다.

90년대 이후 세계경제는 기존의 경제 사이클에서 벗어나 장기 호황이 이어졌다. 금융 위기가 오기 전까지는 말이다. 그러나 금융 위기 이후 새로운 흐름이 부각되고 있다.

하지만 과거든 현재든 아직 어느 것이 주도적 흐름인지를 단정하기 어렵다. 분명한 것은 세계 통화의 98%를 움직이는 펀드에 의해 변동성은 커졌다.

과거 경기순환은 주로 인플레이션과 관련해 발생했다. 기존의 경기순환론대로라면 경기 호황으로 인플레이션이 불거지면 중앙은행은 금리를 올려 물가를 통제하는 대신 경기 하락을 지켜봤다.

90년대 이후의 경기 호황은 대개 자산 버블이 초래한 불안정성에서 발생했다. 서브 프라임론 모기지 사태로 불거진 금융 위기는 금융 시장의 불안전성에서 발생했다. 과거의 금융 위기가 국지적 수준에서 진행됐다면 서브 프라임 모기지론 사태로 발생한 금융 위기는 세계에서 동시다발적으로 일어났다는 것이 크게 다르다. 펀드자본주의 시대에 자본의 경계가 사라지면서 보이는 현상이다.

금융 위기가 발생한 후 주류 경제학계 내에서는 우리가 알고 있는 경제학이 현실 경제를 전혀 진단하지 못하는 '경제학의 혼돈' 시대로 진입했다고 정의한다.

최근의 금융 위기가 과거와 다른 점은 동시다발적으로 진행된다는 점, 금융 위기가 실물경제로 전이 되는 속도가 유례가 없을 정도로 빠르다는 점이다. 경기 하강 속도가 대공황 때만큼 짧은 시간에 이뤄진다는 것도 과거의 금융 위기와 본질적으로 다르다.

이 때문에 이전의 경기순환 패턴을 기초로 하는 전망은 어떠한 효용성도 갖지 못한다는 '예측 무용론'이 지배적이다.

금융 위기 이후에도 국지적 금융 위기는 끊이지 않고 있다. 금융 위기 이후 월가의 투자은행은 공적 자금으로 소생했으나 과거의 탐욕적 행보를 계속하고 있고 워싱턴은 월가에 어떤 재갈도 물리지 못했다.

반면 회사가 파산했음에도 인센티브와 함께 유유히 사라졌던 투기 펀드사의 임직원들은 다시 그들 자리로 돌아왔다. 이들의 먹잇감이 었던 주주, 투자자, 납세자의 고통은 잊혀졌다.

이것이 세계 금융시장을 공포에 떨게 했던 금융 위기의 결과라면 앞으로도 지구촌 사람은 투기 핀드가 반드는 위기와 공포에서 벗어날 수 없다.

금융 위기 이후 3년이 지난 시점에 국내 금융시장은 어떻게 변했는가. 사회생활 20년 이상을 금융시장에서 활동해온 필자의 눈에 비친 한국 금융시장은 그 이전보다 부패의 고리는 확대되고 금융회사와 고객과의 관계는 불공정해졌다.

한 예를 들어보자. 2009년 서브프라임 모기지론 사태의 후유증으로 국내 펀드 시장은 최악의 실적을 기록했다. 그러나 2009년의 경영 성과를 반영하는 2010년 펀드 회사의 주주배당은 사상 최고였다.

야심차게 출발했던 인사이트펀드가 박살나면서 투자자는 피눈물을 흘렸다. 하지만 인사이트펀드 운용사 미래에셋은 대주주 박현주에게 150억 원을 배당했다. 도대체 어떻게 된 것인가. 투자자의 눈에 피눈물 나게 한 자산 운용사의 대주주가 회사 설립 이래 최고액의 배당을 받을 수 있는 이치는 간단하다.

펀드는 원금 손실이 발생하건 말건 수수료와 비례해 이익을 챙기는 매우 불공정한 상품이다. 펀드 운용을 책임지는 회사는 돈을 벌고 여기에 투자한 사람은 원금 손실로 피눈물을 흘리는, 참 웃기는 일이 일어난다.

이것이 자본의 국경이 사라진 펀드자본주의의 실체다.

이것과 비교해 부산저축은행 사태는 더 심각했다. 예금자보호가 되지 않는 '후순위채권'에 투자했던 사람은 원금을 돌려받지 못하게 되었기 때문이다.

부산저축은행 사태는 한국 자본주의에 내재된 총체적 모순의 결정체다. 금감원 감사는 대개 5억 원 이상의 대출건에서 크로스체크를 하는 것이 일반적이다. 그런데 이 원칙이 부산저축은행에서만은 지켜지지 않았다. 자산 규모가 10조 원이 겨우 넘는 금융회사의 부실 총액이 그 절반에 이른다. 한국 특유의 지역주의와 관리들이 저지른 공익 범죄의 탄탄한 고리가 아니고서는 벌어질 수 없는 일이다. 저축은행은 정기예금·적금 등 고객 계정 중심으로 사업을 영위한다. 저축은행 전체 자산 규모는 신협중앙회보다 적다. 충분한 대체 금융기관이 존재한다. 그럼에도 저축은행 파산 시마다 공적 자금을 투입해 살려주는 것은 이치에 맞지 않는다. 왜 존재하는지도 모를 저축은행 예·적금 대지급에 국민의 혈세가 사용되는 것은 경제 논리로 이해되

토건주의자에게 돌을 던져라 ●

지 않는다. 서민 경제는 어려워졌는데 왜 이렇게도 많은 금융회사가 존재하는지를 생각해본 적이 있는가. 최근 금융회사 영업 방식은 피라미드 구조로 되어 있어 상층부에 속하는 대주주, 임·직원이 잉여 가치를 독식하는 구조다.

오죽하면 세계적 제조기업이라는 GE의 사업 포트폴리오 중에서 그룹 순이익보다 더 많은 돈을 벌어주는 사업이 고금리 대부업에 불과한 GE캐피털이란 말이 나온다. 내수 시장에서 현대자동차 판매로 가장 이득을 많이 보는 회사는 현대자동차그룹의 자동차 할부금 회사 현대캐피탈이다.

마을 신문을 펼쳐보면 하루도 빠짐없이 나오는 광고가 카드사, 보험사 구인 광고다. 이 광고를 내는 주체는 금융회사가 아니다. 소위 SM(Sales Manager)이라고 하는 리쿠르팅 전문 비정규직들이다. 이들은 리쿠르팅이 곧 수익과 직결된다.

이들의 광고에 걸려든 사람은 고정급 하나 없이 자신들의 연고선상에 있는 잠재 고객층을 집중 공략해 처음에는 성과급을 받는다. 그러나 연고가 떨어지면 그것으로 용도 폐기된다.

금융회사 입장에서는 고정급도 주지 않고 4대 보험, 근로기준법을 전혀 책임질 필요 없는, 영업 조직이 성과를 내는 것이다. 리쿠르팅조차 비정규직에게 맡겨버릴 정도니, 이처럼 수익 구조가 좋은 인적관리 시스템은 없다. 그러나 피라미드 구조의 최말단에 위치하는 비정규직 영업 조직은 영업 성과가 없으면 수익이 없기 때문에 자진 퇴출한다. 이들이 퇴출되어도 또 다른 영업 조직이 이들의 자리는 메우고 또 시간이 지나면 이들 역시 퇴출된다. 이것이 무한 반복된다. 금융회사는 이들이 내는 영업 성과에 빨대를 꽂고 빨아 먹으면 된다. 제조업, 유통업 비정규직 문제보다 경제적 착취 구조가 더 심각한 곳이 바로 이 금융 피라미드 시장이다.

이렇게까지 해서 월급 많이 받고 회사가 성장하면 좋은가. 사람에게 일을 시켜야 한다면 커튼 뒤에 숨어만 있지 말고 당당히 근로기준법을 지키고 공정한 보상을 하라.

시장 시스템에 의해 성장했음에도 시장의 룰(rule)을 업신여기는 금융회사는 자본주의의 적이다. 사회적 약자의 노동에 대한 잉여가치를 빨아먹고 성공한들 인생에서 무엇이 남겠는가. 자본주의 시스템이 유지되는 근간은 '인간의 노동에 대한 정당한 보상'이다. 제발 대한민국 자본들이여, 이 원칙을 지켜라.

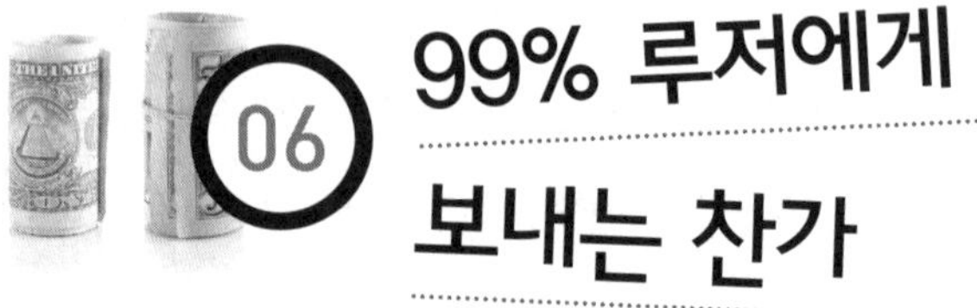

99% 루저에게 보내는 찬가

이 땅의 젊은 루저들이여, 미안하다. 지켜주지 못해서. 나 역시 루저였으며 내 아이도 루저로 이 땅에서 살아갈 것이다.

그리고 오늘날 조국의 번영을 만든 것은 루저들이며 또 미래의 조국도 루저들이 만들어가는 세상이 될 것이다.

그대들은 조국의 미래가 되는 아이들을 우리에게 선물할 것이며 수많은 산업 현장에서 그대들의 땀과 헌신으로 조국을 풍요롭게 할 것이다.

조국은 기억한다. 20살, 21살, 22살……

그 찬란한 젊음을 그대들이 푸른 제복에 바쳤다는 것을.

조국은 또 기억한다. 식민지 해방 후 우리 조국이 단 한 번도 성취하지 못한 IT산업, 스포츠, 해외봉사 분야에서 조국에게는 명예를, 우리에게는 놀라운 기쁨과 자랑거리를 안겨주었다는 것을.

또 우리 세대가 극복하지 못한 서구 콤플렉스를 한 방에 날려 버렸다는 것을.

고맙고 또 고맙다.

세상은 1%의 인재가 먹여 살리는 것이 아니다. 99%의 범재가 생산하는 잉여가치를 1%가 먹고 사는 것이다.

그 1%는 세상의 독(毒)이다.

그 1%가 모여 있다는 월가는 파생 상품을 만들어 세계를 금융 위기의 공포 속으로 몰아넣었다. 주주, 투자자, 납세자, 일반 시민이 피해자다. 그러나 그들은 아무 책임도 지지 않고 인센티브와 함께 사라져버렸다.

1% 논리는 그 1%가 만들어 놓은 덫이다. 우리 조국은 그 1%가 만든 덫에 갇혀 미래를 향해 한 발자국도 나가지 못하고 있다.

학벌 줄 세우기, 지역에 기초한 정치, 고용 없는 성장, 청년 실업, 부동산 버블로 인한 부의 양극화, 녹색 성장에 역행하는 4대강 사업, 젊은 여성을 좌절시키는 육아, 교육 문제 등등. 우리 사회를 위협하는 이 모든 문제들은 경제성장으로 해결될 수 없다.

변동성이 지나치게 커져버린 지금의 경제는 괴물이다. 누구든지 통제할 수도 예측할 수도 없다.

경제성장률 7%, 국민 소득 4만 달러, 세계 7대 경제대국 시대를 연다는 소위 747공약으로 집권한 현 정부는 현재의 성적표를 보고 반성하고 겸손해져야 된다.

이명박 정부의 문제는 능력 부족이 아니다. 세상을 보는 통찰력 문제다.

자본과 교역의 경계가 무너진 세계화된 경제에서는 고용 없는 성장 시대를 해결할 수 없다. 이 문제를 푸는 키워드는 세상을 다른 시각으로 바라보는 사고의 전환뿐이다.

그러나 이것이 불가능한 것은 바로 그 1% 때문이다. 정치, 경제, 사회 모든 분야의 주류들은 1% 논리를 앞세워 성장한 기득권 세력이다.

이들은 낡은 프레임에 갇혀있고 사회변혁을 위해 아무런 노력도 할 생각이 없다. 올드보이들이 귀환해서 한 일들을 보라.

올드보이들의 귀환으로 조국의 민주주의는 퇴행하고 있고 사회적 약자의 처지는 더 열악해졌다.

우리보다 경제 규모나 1인당 GDP에서 훨씬 뒤진 중남미 국가 코스타리카, 칠레 국민의 행복 지수는 우리보다 월등히 높다. 왜 그럴까?

이들 국가는 사회연대가 살아있고, 육아, 교육, 노동 문제에 정부 예산의 우선순위를 집중하기 때문이다.

우리 조국은 세계에서 가장 근성 있고 뛰어난 재능을 갖고 있는 젊은이를 자산으로 가지고 있다. 그런데 이들이 스펙 때문에 좌절하고 조국을 원망하고 있다. 모두 우리 세대의 잘못이다.

우리 국민들은 유사 부르주아지 증후군에 빠져있다. 자신이 부르주아지가 아니고 부르주아지가 될 수 없음에도 부르주아지처럼 생각하고 목표한다. 그 피해는 고스란히 우리의 미래이며 소망인 이 땅의 젊은이에게 전가된다.

우리들이 얄팍한 욕망으로 집값 담합에 나서는 동안 젊은이들은 주거 공간을 확보하지 못해 결혼을 미루고 있고, 고용의 원천이 되는 생산 기지는 급속히 해외로 빠져나가고 있다. 세계적인 유동성, 국토 균형개발 아젠다로 말미암은 부동산 버블의 주단은 노무현이 깔아 놨는데 그 주단 위를 걷는 수혜자는 엉뚱하게도 기득권층이다.

경제성장이 지향하는 가치는 무엇인가? 그것이 기득권의 파이를 키우고 빈자를 양산하는 것이라면 개나 줘버리는 것이 낫다.

교역으로 경제성장을 이루는 데는 한계가 있다. 환율 변동만으로도 GDP는 언제든지 달라질 수 있다. 공황과 불황이 반복되는 경제 흐름에서 대외적 위기에 매우 취약한 우리 경제 구조로는 성장에 한계가 있다. 최근의 경제지표가 이것을 말해주고 있다.

고용 없는 성장을 막을 길이 없다. 기업의 성장이 일자리를 보장하지 않는다. 삼성 휴대전화의 60%는 중국 공장에서 생산되고 있고 현대자동차는 해외 생산 비중이 50%를 넘고 있다. 대기업들이 해외로 생산 공장을 이전하면 수많은 협력 업체, 하청 기업도 함께 따라간다.

세계화된 경제에서 기업은 세계라는 단일 마켓에서 경쟁한다. 따

토건주의자에게 돌을 던져라 ●

라서 생산비가 낮은 곳이라면 어디든지 간다. 기업의 성장이 고용을 창출하지 못하는 이유가 여기에 있다.

물량적인 경제성장에만 올인하면 고용 없는 성장 시대는 계속될 수밖에 없다. 이제는 경제 성장의 가치를 양이 아닌 질로 평가해야 한다.

모든 국가들은 사회보장과 정부 재정 사이에서 고민한다. 약자에 대한 사회보장은 사회연대, 국민 통합을 이루기 위한 근대 자본주의 국가의 기초 이념이고 정파를 떠나 모두가 공유하는 가치다.

우리나라의 사회보장제도, 사회복지 예산은 OECD 국가 중 최하위 그룹에 속해있다.

경제 성장이 국민의 삶의 질을 높이지 못했다. 정부의 재정은 국민의 돈이다. 빈곤의 문제를 개인의 탓으로 돌리는 것은 중세주의 시대에나 있을 법한 이야기다.

개발 독재의 망령이 국토를 뒤집어엎고 있다. 무엇을, 누구를 위한 일인가? 우리나라 정도의 경제 규모에서는 국가 경영의 통치 철학만 바뀌어도 우리 사회를 위협하는 많은 문제들을 동시에 해결할 수 있다. 나랏돈은 그렇게 하라고 국민이 낸 것이다.

우리 젊은이들을 좌절시키고 있는 육아, 취업, 교육, 주거 확보 등의 문제들은 해결점을 찾는 것이 어려운 일이 아니다. 우리나라 정도의 경제 규모를 갖고 있는 나라에서는 다 하고 있는 일들이다.

그런데 왜 우리는 이것이 안 되는 것인가.

이유는 과거의 낡은 프레임에 갇혀 사는 똥차들이 앞길을 막고 있기 때문이다. 이들은 국가를 장악하고 있는 절대적인 세력이다.

출세주의자이면서 기득권층인 정치하는 인간, 매년 입학철이 오면 친절하게 입학 통계를 가지고 학벌 줄 세우기에 나서는 언론, 사회연대나 국민 통합에는 관심이 없고 오직 내 일족만 잘살면 된다는 의식을 가진 어리석은 국민, 배운 게 도둑질이라고 죽을 날이 가까웠는데도 과거를 반성하지 않고 국민 분열을 부추기는 올드보이들. 이들이 바로 대한민국의 적이다.

현재의 대한민국 판을 갈아엎지 않는 한 한 걸음도 미래를 향해 나갈 수가 없다.

대한민국에 저항하라. 그리고 파괴하라. 파괴는 새로운 역사를 다시 쓰는 것이며 이 땅에 모든 국민들의 행복 지수를 최고치로 높이는 행위다.

그래도 모두가
행복한 세상을 꿈꾼다

경제학의 창시자인 아담 스미스가 대한민국의 현재 모습을 보고 무슨 말을 할까?

"바로 이것이 내가 원하던 사회의 모습이야"라며 기뻐할까? 아마도 그 반대일 것이다.

그는 대한민국의 현실을 보고 아마도 이렇게 말할 것이다.

"내가 원했던 세상은 인간의 탐욕이 극대화된 불평등한 세상이 아니었어. 『국부론』을 한 번이라도 잘 읽어 보았다면 내가 원하던 세상을 잘 알 텐데……. 내가 꿈꾸던 세상은 자유, 경제, 정의가 조화롭게 공존하는 것이었어. 나는 절대왕권이 지배하는 시장을 그 주체에게 돌려주면 분업과 협력을 통해 생산량은 증가하고 상품의 가격은 낮아져 시민들이 잘살게 될 것이라고 생각했지. 내가 생각하는 자유,

경쟁, 정의의 가치 중에서 정말 소중하게 생각했던 것은 정의와 평등한 세상이었어. 당시로서 나의 생각은 혁명적인 것이었어. 절대 왕권의 기득권을 시장의 주체에게 돌려주자고 말했으니……. 후세의 학자들이 나의 진실을 보지 못하고 겨우 국부론 첫 장에서 딱 한 번밖에 언급하지 않은 '보이지 않는 손'을 경제학의 절대 원리로 삼은 것은 인문 철학자이자 계몽주의 사상가로 살아온 내가 지향하는 가치를 제대로 알지 못했기 때문이야. 현재의 대한민국 자본주의, 그리고 불평등은 내가 원하던 세상과는 반대로 가고 있어."

경제학의 실패는 처음부터 인간을 이성적이며 합리적 존재로 규정하면서부터 시작됐다. 심리학자이자 2002년 노벨경제학상을 수상한 다니엘 카너멀은 "이성은 작은 조랑말이고 감성은 거대한 코끼리이다"라는 말로 경제학적 합리성은 가능하지 않다고 말하고 있다.

시장을 방임하면 독점 자본이 시장을 지배하고 불평등은 심화된다. 외환 위기 이후 우리 경제·사회가 신자유주의에 완전 백기를 들면서 나타난 현실을 보라. 주주자본주의의 영향으로 기업들은 투자 대신 단기적 수익을 중시하는 안정 경영으로 돌아섰다. 단기적 수익을 중시함으로써 비정규직을 늘리고 하청 업체의 납품가를 후려치는 것이 당연시되었다. 이에 따라 대기업의 시장 독점이 강화됐고, 중소기업, 소상업자들은 고사 직전이다. 계층 간 소득 불평등은 더 악화되었다.

역사는 정·반·합의 변증법에 따라 발전한다.

세계경제는 1세기 전 야수적인 탐욕의 자본주의로 퇴행하고 있다. 1차 세계대전 이후 대공황을 맞은 세계경제는 시장을 방임해서는 사회 모순이 비등했고 경제 공항은 계속될 수밖에 없다는 반성 아래 케인즈의 ‘수정자본주의’를 새로운 경제 발전 이론으로 채택하게 된다.

수정자본주의는 정부가 시장에 적극적으로 개입하여 소득의 균형과 완전 고용을 이룸으로써 ‘복지국가’를 이루는 것을 목표로 한다. 수정자본주의가 쇠퇴하기 전인 1970년 초까지 미국은 반독점규제법이 강력하게 실시되는 나라로 현재처럼 금융 자본에 의해 세계경제를 도탄에 빠트리는 일은 없었다. 또 사무직 노동자와 생산직 노동자의 시간당 임금 차이가 적어 열심이 일하는 자는 누구나 부자가 될 수 있다는 희망이 숨 쉬는 사회였다.

그러나 신자유주의가 세계경제를 지배하면서 그 발상지 미국은 어떻게 되었나? 세계화에 유연하게 대응하면서 사회복지 정책은 후퇴하지 않은 유럽 국가와 비교해 미국인의 행복 지수는 형편없이 떨어졌다.

현재 미국인의 기대 수명은 코스타리카보다 낮고 가난한 자는 의료 혜택도 받지 못하는 국가로 전락하였다.

경제성장의 혜택이 상위 계층에 집중되는 2 대 8 자본주의가 현실화되는, 그래서 사회 갈등이 고조되는 불평등한 사회에서 여러분은 살고 싶은가?

세금을 내는 주체임에도 내 아이들이 등록금 때문에 학업을 포기하고, 내 딸아이가 결혼을 해서도 육아와 직장 생활을 병행하는 고통 속에서 살아가고, 본인은 노후 생활을 위한 복지가 전무한 상황이다. 사회복지 없는 자연 수명의 연장은 축복이 아니라 저주다. 최근 10년간 왜 노인 자살률이 3배나 증가했겠는가.

'좌파 경제학'은 이데올로기가 아니다. 심오한 경제 사상도 아니고 그들만의 언어로 말하는 복잡한 경제 이론은 더더욱 아니다. 또 누구를 공격하는 수단도 아니다.

'좌파 경제학'이 추구하는 사회 통합의 가치는 어떤 비용을 치르더라도 지켜야 할 '민주공화국'의 기본 가치다.

4대강 사업에 2015년까지 총 42조 원이 들어간다고 한다. 이 돈의 절반이면 대학등록금을 반값으로 낮출 수 있고 육아와 직장 생활을 병행해야 하는 이 땅의 미래 세대를 키우는 젊은 엄마를 행복하게 해줄 수 있다.

어느 쪽에 예산을 쓰는 것이 국민을 행복하게 하는 것인가.

답은 명확하다. 그러나 소통하지 못하고 국민의 울부짖음을 듣지 못하는 '올드보이'들은 예산 타령만 한다. 대한민국이 복지국가를 목표로 한다면 세금은 큰 문제가 되지 않는다. 지출 개혁을 통해서도 가능하기 때문이다. 문제는 올드보이가 지배하고 있는 국회, 정부, 관료 집단…… 그리고 이들을 준엄하게 견제하지 못하는 국민에 있다.

오늘날의 스웨덴을 최상의 복지국가로 만드는 데 첫 단추를 끼운 1930년대 총리 페르 알빈 한손은 노동자의 가정만이 아니라 인민의 가정을 꿈꾸고 모든 사회집단의 이익을 위해 싸우겠다고 그의 소속 정당 사민당 성명서를 통해 밝혔다. 이 성명서대로 보편적 사회 복지는 사회적 약자의 이익뿐 아니라 사회 구성원 모두의 행복을 위한 것이다.

이재오의 말대로 1인당 GDP가 3만 달러가 되면 국민이 행복해지는가? 웃기는 소리다. 지금은 1인당 GDP 3만 달러가 중요한 것이 아니다. 왜 이런 경제성장을 계속해야 하는가에 대한 근원적 질문을 던져야 할 때다.

GDP 성장이 부의 독점을 심화시키고 빈곤층이 확대되어 사회적 약자의 고통이 가중되는 것이라면 GDP 성장은 삶의 질이 향상되는 것과는 아무 관계성이 없다. 현재 서울시의 25세~35세 미혼 여성 비율이 61.7%로 지난 10년간 24.7포인트 증가했다. 이 연령대의 결혼 여성 비율은 2000년 61.6%에서 37.2%로 급감했다.

대졸 이상 여상의 경제활동 인구비율은 65.4%로 대졸 이상 남성의 88.9%보다 한참 떨어진다. 이유가 뭐겠는가. 육아 문제 때문이다. 민주공화국의 이념은 모든 사람에게 기회의 평등을 보장한다고 말하고 있다. 비싼 등록금으로 교육의 기회를 박탈당하고 육아 문제로 여성들이 사회생활 속에서 차별받는 것은 민주공화국의 이념에도 반하는 것이다. 과연 이 문제를 경제성장으로 해결할 수 있는가. 사회 통합의 가치가 실종된 천민자본주의로 대한민국 자본주의가 전락한 때문이다.

우리는 잘살기를 꿈꾸지 않는다.

다만 우리는 행복해지기를 꿈꾼다.

무엇이 우리를 행복하게 할 수 있는가. 속도와 경쟁만을 쫓는 우리가 진정으로 성찰해봐야 할 문제다.

나는 지금 꿈을 꾸고 있다. 당신의 몸조차 가누기 어려운 어른들이 힘에 부치면서까지 폐지를 줍지 않아도 되는 세상을…….

나는 지금 꿈을 꾸고 있다. 이 땅의 비정규직 노동자들의 노동에 대한 정당한 보상이 이루어져 함께 잘 사는 세상이 오기를…….

나는 지금 꿈을 꾸고 있다. 내 아이가 사는 세상에서는 학벌로, 지역으로, 돈으로부터 사람을 차별하는 세상이 사라지기를…….

나는 지금 꿈을 꾸고 있다. 이 땅의 청년들이 더 이상 돈 때문에 학업을 포기하고 젊은 엄마들이 육아와 가사노동으로 고통을 받지 않는 세상이 오기를…….

나는 지금 꾸고 있다.

사랑하는 조국 대한민국이 인간을 인간답게 대하는, 그래서 세계인으로부터 존경받는 나라가 되기를…….

나는 지금 꿈을 꾸고 있다. 이 땅에 사는 사람들이 나와 같은 꿈을 꾸기를…….

가난해도 평등한 세상이 행복하다.

참고 문헌

01 고든 벨 외, 2010, 『디지털 혁명의 미래』, 청림출판

02 그레고리 맨큐, 2009, 『맨큐의 경제학』, 교보문고

03 노모노 노리오, 2007, 『행동경제학』, 지형

04 밀턴 프리드먼, 2009, 『화폐 경제학』, 한국경제신문사

05 박연수, 2010, 『재테크, 망해봐야 성공한다』, 내하출판사

06 박연수 외, 2001, 『디지털아빠의 경제읽기』, 디지털머니캡

07 박현우, 2001, 『체 게바라식 경영』, 디지털머니캡

08 박현채, 1989, 『민족경제론의 기초이론』, 돌베개

09 서상덕, 2007, 『명품은 걸어다니지 않는다』, 제플린북스

10 스테판 에젤, 2011, 『계급사회학』, 한울

11 신필균, 2011, 『복지국가 스웨덴』, 후마니타스

12 애덤 스미스, 2007, 『국부론』, 비봉출판사

13 역사신문편찬위원회, 1997, 『역사신문 6』, 사계절

14 이영희, 1993, 『우상과 이성』, 한길사

15 이영희, 1994, 『새는 좌우의 날개로 난다』, 두레

16 이준구 외, 2010, 『경제학원론』, 법문사

17 장 코르미에, 2005, 『체 게바라 평전』, 실천문화사

18 장하준, 2010, 『그들이 말하지 않는 23가지』, 부키

19 장하준, 2007, 『나쁜 사마리아인들』, 부키

20 조지프 스티글리츠, 2002, 『세계화와 그 불만』, 세종연구원

21 조지프 스티글리츠 외, 2011, 『GDP는 틀렸다』, 동녘

22 존 메이너드 케인즈, 2010, 『고용, 이자, 화폐의 일반이론』, 필맥

23 주경철, 2008, 『대항해시대』, 서울대학교출판부

24 찰스 펜, 2001, 『호치민 평전』, 자인

25 칼 카우츠키, 1991, 『사회민주주의 기초』, 백의

26 크리스 하먼, 2010, 『부르주아 경제학의 위기』, 책갈피

27 폴 콜리어, 2010, 『빈곤의 경제학』, 살림출판사

28 폴 크루그먼, 2009, 『불황의 경제학』, 세종서적

29 한스 페터 마르틴 외, 2003, 『세계화의 덫』, 영림카디널

30 홍완표, 2011, 『환율의 경제학』, 신론사

31 프레시안, 한겨레 21, 시사인 라이브, 오마이뉴스, 신동아,

자본주의 시계는 어디로 가고 있는가?